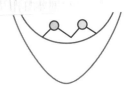

统计学
基于Python

贾俊平　吴翌琳　著

中国人民大学出版社

· 北京 ·

前　言

　　统计学是一门数据分析学科，它提供了一套适用于所有学科领域的通用数据分析方法。要做数据分析必然要与某款统计软件相关联，否则就是纸上谈兵。统计分析软件有多种，包括一些优秀的商业统计软件，如 SAS，SPSS 等。由于这些软件价格不菲，多数人难以企及。幸运的是，Python 和 R 语言的出现使价格问题不复存在，这就为多数人学习统计和数据分析提供了良好的条件。使用语言分析数据已经成为现实。

　　Python 是一种面向对象的解释型高级编程语言。因其简单易学、拥有丰富而强大的开源第三方库等诸多优点，被广泛应用于系统和网络编程、数据处理、云计算、人工智能等多个领域，已成为目前广泛使用的编程语言之一。数据分析仅仅是 Python 的一部分功能，并不是它的特别关注之处。尽管如此，Python 仍然提供了一些数据处理、数据分析、科学计算、可视化等多个模块，如 pandas，numpy，statsmodels，matplotlib，seaborn 等，即便这些模块不能完全满足需要，也可以通过编程来解决数据分析问题。

　　本书是一本基于 Python 实现全部例题计算的统计学教材，书中例题解答均给出了详细的实现代码和结果。全书共 11 章，第 1 章和第 2 章介绍数据、Python 的下载与安装、Python 的数据类型和基本操作、Python 绘图基础等。第 3 章和第 4 章介绍数据的描述性分析方法，包括数据可视化和描述统计量。第 5～7 章介绍数据的推断性分析方法，包括概率分布、参数估计和假设检验。第 8～11 章介绍实际中常用的一些统计方法，包括类别变量分析、方差分析、回归分析、时间序列分析等。本书代码的编写和运行使用的是 Anaconda 平台的 Jupyter Notebook 界面，代码文件也均存成其专属格式，读者需要在 Jupyter Notebook 中打开代码文件。

　　本书可作为高等院校各专业开设统计学课程的教材，也可作为数据分析工作者、Python 数据分析和可视化爱好者的参考书。Python 是个储量丰富的资源矿，其中的更多资源还需要读者自己挖掘。使用 Python 或 R 语言讲授或学习统计是必然趋势，希望本书能起到抛砖引玉的作用。因作者水平所限，书中错误或不当之处难免，希望广大读者多提宝贵意见，以便进一步修改和完善。

贾俊平

统计学课程
思政建设的总体目标

　　《统计学——基于 Python》以习近平新时代中国特色社会主义思想为指导，全面贯彻党的二十大精神，根据教育部《高等学校课程思政建设指导纲要》的要求，把立德树人作为根本任务。

　　统计学既是方法课，也是应用课。课程思政建设的重点应放在应用层面。将统计方法的应用与中国实际问题相联系，紧密结合中国社会建设的成就讲授统计方法的应用是思政建设的核心主题。具体应从以下几个方面入手。

　　● **树立正确的价值观，反映社会发展成就。**统计学是一门应用性很强的学科。在内容讲授过程中，应结合中国社会经济发展的成就，利用实际案例和数据，通过知识传授将正确的价值观传递给学生，引导学生科学合理地应用统计方法解决实际问题。

　　● **坚持实事求是的理念，合理应用统计方法。**统计学课程的内容涵盖数据收集、处理、分析并得出结论。要树立正确的统计理念，就应始终本着实事求是的态度，科学和客观地收集数据，避免弄虚作假。在数据分析中应科学合理地使用统计方法，避免主观臆断。在对数据分析结果进行解释和陈述结论时，应保持客观公正的态度，避免为一己私利而违背科学和实事求是的理念。

　　● **牢记统计使命，将统计应用与以人民为中心的发展思想相结合。**统计学作为一门通识课，学习目标是应用统计方法解决实际问题。在课程内容的讲授过程中，应牢记统计服务于社会、服务于生活、服务于管理、服务于科学研究的使命，坚持以人民为中心的发展思想。鼓励学生将统计方法应用于分析和研究中国特色社会主义建设成就、应用于反映人民生活水平变化、应用于反映社会主义制度的优越性。

贾俊平

目　　录

第 1 章　数据与 Python

在日常工作和生活中，经常会接触到各类数据，比如，PM2.5 的数据、国内生产总值
（GDP）数据、居民消费价格指数（CPI）数据、股票交易数据、电商经营数据等。这些数
据如果不去分析，那么它们也仅仅是数据，提供的信息十分有限。只有经过分析，数据才
会有更大的价值。如何分析这些数据就是统计学要解决的问题。本章首先介绍与统计学有
关的一些概念，然后介绍 Python 的初步使用。

1.1　数据与统计学

本节首先介绍统计学和数据分析的含义，然后介绍数据分析方法和分析工具，最后介
绍数据及其来源。

1.1.1　统计学与数据分析

统计学（statistics）是分析数据的一门科学，它所提供的是一套通用于所有学科领域
的获取数据、处理数据、分析数据并从数据中得出结论的原则和方法。获取数据是取得分
析所需的数据；处理数据是对所获得的数据进行加工和处理，以符合进一步分析的需要；
分析数据是选择适当的统计方法和分析工具对数据进行分析并得出结论。

统计学是一套通用的数据分析方法，虽然这些方法可用于对不同学科领域的数据进行
分析，但它们不是为某个特定的问题领域构造的。因此，统计方法不是一成不变的，使用
者在特定情况下需要根据所掌握的专业知识选择使用这些方法，如果需要，还可以进行必
要的修正。

数据分析（data analysis）是使用统计方法把隐藏在数据中的信息有效地提炼出来的过
程，目的是找出所研究问题的内在特征和规律。在实际应用中，数据分析可帮助人们做出
判断和决策，以便采取适当的行动。比如，对股票交易数据的分析可以帮助你做出买进或
卖出某只股票的决策；对客户消费行为数据的分析可以帮助电商精准确定客户，并提供有
效的产品和服务；对患者医疗数据的分析可以帮助医生做出正确的诊断和治疗；等等。

1.1.2　数据分析方法和工具

1. 数据分析方法

数据分析所使用的方法均可视为统计方法。由于数据分析有不同的视角和目标，因此

可以从不同角度对分析方法进行分类。

从分析目的看，可以将数据分析分为**描述性分析**（descriptive analysis）、**探索性分析**（exploratory analysis）和**验证性分析**（confirmatory analysis）。其中，描述性分析是对数据进行初步的整理、展示和概括性度量，以找出数据的基本特征，为推断或建模提供依据；探索性分析侧重于从数据中发现新的特征，目的是形成某种理论或假设；验证性分析则侧重于对已有理论或假设的证实或证伪。当然，这三个层面的分析并不是截然分开的，多数情况下，数据分析是对数据进行描述、探索和验证的综合研究。

从数据分析所使用的统计方法看，可大致分为**描述统计**（descriptive statistics）和**推断统计**（inferential statistics）。描述统计主要是利用图表形式对数据进行汇总和展示，并计算一些简单的统计量（诸如平均数、标准差、比例、比率等）来进行分析，以便发现数据的基本特征。推断统计主要是根据样本信息来推断总体的特征，其基本方法包括参数估计和假设检验。参数估计是利用样本信息推断所关心的总体参数，假设检验则是利用样本信息判断对总体的某个假设是否成立。比如，从一批电池中随机抽取少数几块电池作为样本，测出它们的使用寿命，然后根据样本电池的平均使用寿命估计这批电池的平均使用寿命，或者检验这批电池的平均使用寿命是否等于某个假定值，这就是推断分析要解决的问题。

2. 数据分析工具

实际分析中的数据量通常非常大，有些统计方法的计算也十分复杂，因此不用计算机处理和分析数据是很难实现应用的。在计算机时代到来前，计算问题使统计方法的应用受到极大限制。在计算机普及的今天，各种统计分析软件的出现使计算和分析变得十分容易，只要理解统计方法的基本原理和应用条件，就很容易使用统计软件进行数据分析。

统计软件大致可分为商业类软件和非商业类软件两大类。商业类软件种类繁多，较有代表性的有 SAS，SPSS，Minitab，Stata 等。多数人较熟悉的 Excel 虽然不是统计软件，但也提供了一些常用的统计函数，并且提供了常用的数据分析工具，其中包括一些基本的数据分析方法和图形，可供非专业人员进行简单的数据分析。商业类软件虽有不同的侧重点，但功能大同小异，基本上能满足多数人进行数据分析的需要。商业类软件的使用相对简单，容易上手，但其主要问题是价格不菲，多数人难以承受。此外，商业类软件更新速度较慢，难以提供最新方法的解决方案。

非商业类软件则不存在价格问题。目前较为流行的非商业类软件有 R 语言和 Python，二者都是免费的开源平台。R 语言是一种优秀的统计软件，是一种统计计算语言。R 语言不仅支持各个主要的计算机系统（在 CRAN 网站 http://www.r-project.org/上可以下载 R 语言的各种版本，包括 Windows、Linux 和 MacOS 版本），还有诸多优点，比如，更新速度快，可以包含最新方法的解决方案；提供丰富的数据分析和可视化技术，功能十分强大。此外，R 语言中的包和函数均由统计专家编写，函数中参数的设置也更符合统计和数据分析人员的思维方式和逻辑，并且有强大的帮助功能和多种范例，即便是初学者也很容易上手，这也是很多专业统计和数据分析人员使用 R 语言的原因之一。

Python 则是一种面向对象的解释型高级编程语言，拥有丰富而强大的开源第三方库，具有强大的数据分析可视化功能。Python 与 R 语言的侧重点略有不同，R 语言的主要功能是数据分析和可视化，且功能强大，多数分析都可以由 R 语言提供的函数实现，不需要太多编程，代码简单，容易上手。Python 的侧重点则是编程，具有很好的普适性，但数据分析并不是其侧重点，虽然从理论上讲都可以实现，但往往需要编写很长的代码，帮助功能也不够强大，这对数据分析的初学者来说可能显得麻烦，但仍然不失为一种有效的数据分析工具。

总之，商业类软件不仅价格不菲，而且相对呆板，对于较新的分析方法（如机器学习等）也难以实现，已经不是未来的趋势，不推荐使用或应避免使用。相反，作为免费开放平台的 R 语言和 Python 则是未来的发展趋势，它们不仅功能强大，而且更有利于数据分析者理解统计方法的实现过程，加深对数据分析结果的理解和认识。此外，R 语言和 Python 不仅有自助抽样、机器学习等新方法的解决方案，而且可以根据需要编写程序实现所需的分析。因此，本书推荐读者使用 Python 来分析数据，这有助于读者提高自身的数据分析和实际应用能力。

1.1.3　数据及其来源

进行数据分析时首先需要弄清楚数据和数据的类型是什么，因为不同的数据适用的分析方法是不同的。

1. 变量、数据及其分类

数据（data）是一个广义的概念，任何可观测且有记录的信息都可以称为数据，它不仅包括数字，也包括文本、图像等。比如，一篇文章可以看作数据，一幅照片也可以视为数据，等等。

本书使用的数据概念则是狭义的，仅仅是指统计变量的观测结果。因此，要理解数据的概念，需要先清楚变量的概念。

观察某家电商的销售额会发现这个月和上个月可能不同；观察股票市场某只股票的收盘价，今天与昨天可能不一样；观察每个学生的月生活费支出，一个人和另一个人可能不一样；投掷一枚骰子观察其出现的点数，这次投掷的结果和下一次也可能不一样。这里的"电商的销售额""某只股票的收盘价""月生活费支出""投掷一枚骰子出现的点数"等就是变量。简言之，**变量**（variable）用来描述观察对象的某种特征，其特点是从一次观察到下一次观察可能会出现不同结果。变量的观测结果就是数据。

根据观测结果的不同，变量可以粗略分为类别变量和数值变量两类。

类别变量（categorical variable）是取值为对象属性或类别以及**区间值**（interval value）的变量，也称为**分类变量**（classified variable）或**定性变量**（qualitative variable）。比如，观察人的性别、上市公司所属的行业、顾客对商品的评价，得到的结果就不是数字而是对象的属性。例如，性别的观测结果是"男"或"女"；上市公司所属行业的观测结果为"制造业""金融业""旅游业"等；顾客对商品评价的观测结果为"很好""好""一般""差""很差"。人的性别、上市公司所属的行业、顾客对商品的评价取值不是数值，而是对象的属性或类别。此外，学生的月生活费支出可能分为 1 000 元以下、1 000～

1 500 元、1 500～2 000 元、2 000 元以上 4 个层级，"月生活费支出"的层级这 4 个取值也不是普通的数值而是数值区间，因而也属于类别变量。因此，人的性别、上市公司所属的行业、顾客对商品的评价、学生的月生活费支出的层级等都是类别变量。

类别变量根据取值是否有序可分为**无序类别变量**（disordered category variable）和**有序类别变量**（ordered category variable）两种。无序类别变量也称名义（nominal）值变量，其取值的各类别间是不可以排序的。比如，"上市公司所属的行业"这一变量取值为"制造业""金融业""旅游业"等，这些取值之间不存在顺序关系。"商品的产地"这一变量的取值为"甲""乙""丙""丁"，这些取值之间也不存在顺序关系。这些变量的取值没有大小之分，只表示属于某一类或不属于某一类。有序类别变量也称为顺序（ordinal）值变量，其取值的各类别间可以排序。比如，"顾客对商品的评价"这一变量的取值为"很好""好""一般""差""很差"，这 5 个值之间是有序的。取区间值的变量自然是有序的类别变量。只取两个值的类别变量也称为**布尔变量**（Boolean variable）或**二值变量**（binary variable）。比如，"性别"这一变量只取男和女两个值，"真假"这一变量只取"真"和"假"两个值，等等。这里的"性别"和"真假"就是布尔变量。

类别变量的观测结果称为**类别数据**（categorical data）。类别数据也称为分类数据或定性数据。与类别变量相对应，类别数据分为无序类别数据（名义值）和有序类别数据（顺序值）两种。布尔变量的取值也称为布尔值（Boolean value）或二值（two-value）。

数值变量（metric variable）是取值为数字的变量，也称为**定量变量**（quantitative variable）。例如，"电商销售额""某只股票的收盘价""学生的生活费支出""投掷一枚骰子出现的点数"等这些变量的取值可以用数字来表示，都属于数值变量。数值变量的观察结果称为**数值数据**（metric data）或**定量数据**（quantitative data）。

数值变量根据取值的不同，可以分为**离散变量**（discrete variable）和**连续变量**（continuous variable）。离散变量是只能取有限个值的变量，而且其取值可以列举，通常（但不一定）是整数，如"企业数""产品数量"等就是离散变量。连续变量是可以在一个或多个区间中取任何值的变量，它的取值是连续不断的，不能列举，如"年龄""温度""零件尺寸的误差"等都是连续变量。

此外，还有一种较为特殊的变量，即**时间变量**（time variable）。如果所获取的是不同时间点的观测值，这里的时间就是时间变量，由时间和观测值构成的数据称为**时间序列**（time series）。时间变量的取值可以是年、月、日、小时、分钟、秒等任何形式。根据分析目的和方法的不同，时间变量可以作为数值变量，也可以作为类别变量。比如，当将时间序列数据绘制成条形图，旨在展示不同时间上的数值多少时，这实际上是将时间作为类别处理了，此时可将时间视为类别变量；当以时间序列中的时间作为变量来建模时，这实际上是将时间作为数值变量来处理，此时可将时间视为数值变量。考虑到时间的特殊性，可以将其单独作为一类变量。图 1-1 展示了变量的基本分类。

由于数据是变量的观测结果，因此，数据的分类与变量的分类是相同的，观测结果对应的变量分类就是数据的相应分类。为表述方便，本书会混合使用变量和数据这两个概念，在讲述分析方法时多使用变量的概念，在例题分析中多使用数据的概念。

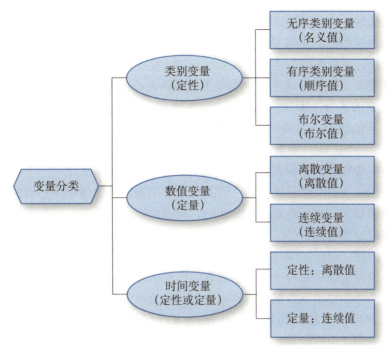

图 1-1 变量的基本分类

了解变量或数据的分类十分重要，因为不同的变量或数据适用的分析方法是不同的。通常情况下，数值变量或数值数据适用的分析方法更多。实际数据分析中面对的数据集往往不是单一的某种类型，而是类别数据、数值数据甚至是时间序列构成的混合数据，对于这样的数据，要做何种分析取决于分析目的。

2. 数据来源

数据分析面临的一个首要问题是数据来源，也就是到哪里去找所需要的数据。从使用者的角度看，数据来源主要有两种：一是直接的调查和实验，称为直接来源；二是别人调查或实验的数据，称为间接来源。

对大多数使用者来说，亲自去做调查或实验通常是不可能的。使用的大多数是别人调查或实验的数据，对使用者来说就是二手数据，这就是数据的间接来源。二手数据主要是官方网络、公开出版或公开报道的数据，这类数据主要来自国家和地方的统计部门、其他管理部门、专业的调查机构、研究机构以及广泛分布在各种媒体中的数据等。现在，随着计算机网络技术的发展，出现了各种各样的**大数据**（big data）。使用者可以在网络上获取所需的各种数据，比如，各种金融产品的交易数据、国家统计局官方网站（www.stats.gov.cn）的各种宏观经济数据等。利用二手数据对使用者来说既经济又方便，但使用时应注意统计数据的含义、计算口径和计算方法，以避免误用或滥用。同时，在引用二手数据时，需要注明数据来源，以示对他人劳动成果的尊重。

数据的直接来源主要是实地调查、互联网调查或实验。比如，统计部门调查取得的数据，其他部门或机构为特定目的调查取得的数据，利用互联网收集的各类产品交易、生产和经营活动等产生的大数据。实验是获取自然科学数据的主要手段，比如，医药实验、医学实验、生物实验、农业实验、商品实验等。

当已有的数据不能满足需要时，可以亲自去调查或实验。比如，想了解全校学生的月生活费支出状况，可以从全校学生中抽取一个由 500 个学生组成的样本，通过调查获得样本学生的生活费支出数据。这里"全校学生"是所关心的**总体**（population），它是包含所研究的全部元素的集合。所抽取的 500 个学生就是一个**样本**（sample），它是从总体中抽取的一部分元素的集合。构成样本的元素的数目称为**样本量**（sample size），比如，抽取 500 个学生组成一个样本，样本量就是 500。

怎样获得一个样本呢？假定要从全校学生中抽取 500 个学生组成一个样本，如果全校的每个学生被抽中与否完全是随机的，而且每个学生被抽中的概率是已知的，这样的抽样方法就称为**概率抽样**（probability sampling）。概率抽样方法有简单随机抽样、分层抽样、系统抽样、整群抽样等。

简单随机抽样（simple random sampling）是从含有 N 个元素的总体中抽取 n 个元素组成一个样本，使得总体中的每一个元素都有相同的概率被抽中。采用简单随机抽样时，如果抽取每一个个体并记录下数据后，再把这个个体放回原来的总体中参加下一次抽选，这样的抽样方法就叫作**有放回抽样**（sampling with replacement）；如果抽中的个体不再放回，再从剩余的个体中抽取第二个元素，直到抽取 n 个个体为止，这样的抽样方法就叫作**无放回抽样**（sampling without replacement）。当总体元素数无限或很大时，无放回抽样可以视为有放回抽样。由简单随机抽样得到的样本称为**简单随机样本**（simple random sample）。多数统计推断都是以简单随机样本为基础的。

分层抽样（stratified sampling）也称为分类抽样，它是在抽样之前先将总体的元素划分为若干层（类），然后从各个层中抽取一定数量的元素组成一个样本。比如，要研究学生的生活费支出，可先将学生按性别进行分类，然后从各类中抽取一定数量的学生组成一个样本。分层抽样的优点是可以使样本分布在各个层内，从而使样本在总体中的分布比较均匀，降低抽样误差。

系统抽样（systematic sampling）也称为等距抽样，它是先将总体各元素按某种顺序排序，并按某种规则确定一个随机起点，然后每隔一定的间隔抽取一个元素，直至抽取 n 个元素组成一个样本。比如，要从全校学生中抽取一个样本，可以找到全校学生的名册，按名册中的学生顺序，用随机数找到一个随机起点，然后依次抽取就得到一个样本。

整群抽样（cluster sampling）是先将总体划分成若干个群，然后以群作为抽样单元，从中抽取部分群组成一个样本，再对抽中的每个群中包含的所有元素进行调查。比如，可以把每个学生宿舍看作一个群，在全校学生宿舍中抽取一定数量的宿舍，然后对抽中的宿舍中的每一个学生都进行调查。与其他抽样方法相比，整群抽样的误差相对要大一些。

1.2　Python 的初步使用

Python 是一种面向对象的解释型高级编程语言。因其具有简单易学、免费、拥有丰富的开源第三方库等诸多优点，被广泛应用于系统和网络编程、数据处理、云计算、机器学习和人工智能等多个领域，已成为目前广泛使用的编程语言之一。目前广泛使用的 Python

版本主要是 Python 3.X。Python 的版本更新较快，每年有数次版本更新，但并不建议使用时盲目更新到最新版本。因为 Python 已搭建的环境或者安装的模块对版本有依赖，升级后可能出现原环境或模块无法使用的情况。当有多个版本需求时，建议同时安装多个版本。

1.2.1　Python 的下载与安装

使用前，需要在你使用的计算机系统中安装 Python 软件。Python 有多个开发环境或平台，使用者可根据个人需要选择不同的平台下载和安装 Python。本书使用的是 Anaconda 平台的 Jupyter Notebook 界面，下面只介绍 Anaconda 的下载、安装和使用。

1. Anaconda 的下载与安装

Anaconda 是一种适合数据分析的 Python 开发环境，也是一个开源的 Python 版本。Anaconda 包含了多个基本模块，如 numpy，pandas，matplotlib，IPython 等，安装 Anaconda 时，这些模块也就一并安装好了，Anaconda 还内置了 Jupyter Notebook 开发环境，非常方便代码的编写、修改和运行。

下载和安装 Anaconda 非常方便。首先，进入官网（https://www.anaconda.com），点击右上角的"Get Started"，然后选择 Anaconda 个人版选项"Download Anaconda installers"，并单击。在弹出的页面中选择自己的电脑系统，如果是 Windows 系统，则需要选择电脑系统的位数，比如 64 位，即可下载。下载完成后，可根据提示完成安装。

2. Anaconda 的界面

Anaconda 有几种不同的界面可供使用，如 Jupyter Notebook，Spyder，Ipython 等，使用者可根据自身偏好进行选择。本书代码编写和运行使用的就是 Jupyter Notebook 界面，推荐初学者使用。

Jupyter Notebook 是一个交互式编辑器，它是以网页的形式打开程序，可以在线或非在线编写和运行代码。代码的运行结果可以直接在**代码块**（code block）下显示，对使用者而言比较直观，便于代码的编写和修改。Jupyter Notebook 还允许使用 Markdown 和 HTML 来创建包含代码块、标题或注释的文档，便于代码块的区分。

（1）创建 Jupyter Notebook 文件

打开 Jupyter Notebook，点击右上角的"New"按钮，选择"Python 3"，即可创建一个 Python 文件，如图 1-2 所示。

新建文件以扩展名 ipynb 命名，如 Untitled.ipynb，使用者可点击"Files"下拉菜单中的"Rename"随时修改文件名。

（2）在 Jupyter Notebook 中编写代码

创建好 Jupyter Notebook 文件后，点击该文件，系统会自动弹出一个窗口，如图 1-3 所示。

在 In[ ]后的代码框（称为"cell"）中可输入代码。点击"运行"按钮或使用组合键 <Ctrl+Enter>，即可运行该代码，运行结果会在代码块的下方显示，其中 Out[ ]内的数字表

图 1-2　新建 Jupyter Notebook 文件

图 1-3　代码编辑窗口

示代码块的第几次运行输出。比如，输入"2+3"，然后运行，结果会在代码块下显示为5。其中，In[1]表示代码块的第 1 次运行，Out[1]表示代码块第 1 次运行的输出。要增加新的代码编辑框，可以点击"+"在下方增加代码编辑框，可以点击"Insert"在上方或下方增加代码编辑框，继续编写代码。比如，要编写计算"80，87，98，73，100"这 5 个数值的平均数的代码，然后运行，界面如图 1-4 所示。其中，In[2]表示代码块的第 2 次运行，Out[2]表示第 2 次运行的输出结果。

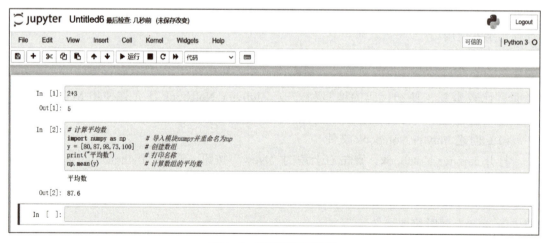

图 1-4　代码运行及结果

（3）保存 Jupyter Notebook 文件

保存编写的代码有两种常用的格式：一种是 Jupyter Notebook 的专属文件格式，另一种是 Python 格式。

若要保存成 Jupyter Notebook 格式，可在文件界面中点击"File"，在下拉菜单中选择

"Save and Checkpoint"，文件会自动保存在默认路径下，文件的扩展名为 ipynb。如果要保存在自己的文件夹中，可以在桌面上先建立一个文件夹，比如，Python_code，进入 Jupyter Notebook 后，点击"Desktop"就能显示你的文件夹 Python_code，点击该文件夹，并点击右上角的"New"按钮，选择"Python 3"，即可以创建一个 Python 文件，这个文件会自动保存至文件夹 Python_code 中，你可以建立多个不同名称的文件保存在该文件夹中。本书的代码文件均以章（chap）的名字命名，并保存在特定的文件夹中，每个文件中均使用 Markdown 做了注释，以区分各代码块，便于读者查找和使用。

若要保存成 Python 文件，可点击"File"，在下拉菜单中选择"Download as"下的"Python(.py)"，文件会自动保存在默认路径下。

1.2.2　模块的安装与加载

Python 中的**模块**（module）也称为库或包（package），它是指包含 Python 类、函数等信息的集合，可以看作一个工具包。大部分统计分析和绘图都可以使用已有的 Python 模块中的函数来实现。一个 Python 模块可能包含多个函数，能进行多种分析和绘图。对于同一问题的分析或绘图，也可以使用不同模块中的函数来实现，用户可以根据个人需要和偏好选择所用的模块。模块的下载与安装可以在 Python 中进行，也可以在 Anaconda 中进行，这取决于用户使用的操作平台或环境。

在最初安装 Python 软件时，其自带了一系列内置模块，如 time，random，sys，os，json，pickle，shelve，xml，re，logging 等。Python 作为一种强大的编程语言，使用场景很多，因此，内置模块多用来实现与操作系统的交互或用于不同数据格式的存储与读取。除内置模块外，Python 还提供了丰富的开源第三方模块，统计中常用的模块有数值计算模块 numpy、数据处理模块 pandas、作图模块 matplotlib、统计计算模块 statistics、统计建模模块 statsmodels 等。内置模块和第三方模块提供了种类繁多的函数，使用前需要导入这些模块才能使用其中的函数。

pip 工具是 Python 自带的第三方安装工具，在 Python 安装过程中就已经安装完成，无须独立安装。如果安装 Python 时成功将其加入 PATH，就可以在操作系统终端直接使用"pip install<*模块名称*>"命令安装第三方模块。在 Windows 系统操作时，同时按下电脑上的 win+R 键，在左下角弹出的运行窗口输入"cmd"即可打开终端。在 MacOS 系统中直接打开 Terminal 即可。

使用 Anaconda 安装模块需要在 Anaconda Prompt 中输入命令。点击 Windows 的"开始"，在 Anaconda 中点击"Anaconda Prompt"，在打开的界面中输入安装命令即可完成安装。比如，要安装模块 pandas，输入"pip install pandas"或"conda install pandas"即可完成安装。安装完成后，要使用该模块时，需要使用 import 命令将其加载到 Python 环境中。使用 Anaconda 进行模块操作的代码如代码框 1-1 所示（使用 Python 时将 conda 更换成 pip 即可）。

代码框 1-1   Python 模块的一些操作

pip install pandas	# 安装模块 pandas
import numpy	# 导入模块 numpy
import numpy as np	# 导入模块 numpy 并重命名为 np
conda list	# 列出已经安装的所有模块
conda uninstall pandas	# 从 Python 中彻底删除 pandas 模块

对于名称较长的模块，为方便使用，通常在导入后将其命名简化。比如，"import pandas as pd"表示导入模块 pandas 并简化命名为 pd，"import matplotlib as plt"表示导入模块 matplotlib 并简化命名为 plt，等等。因此，pd.read_csv 表示引用的是 pandas 模块中的 read_csv 函数，np.average 表示引用的是 numpy 模块中的 average 函数，等等。

1.2.3　查看帮助文件

在数据分析和可视化过程中，使用的 Python 函数通常来自不同的模块，每个 Python 模块和函数都有相应的帮助说明。使用中遇到疑问时，可以随时查看帮助文件。

查询 Python 内置的模块或函数时，直接使用"help(函数名)"或"help('模块名')"即可。比如，要想了解 sum 函数的功能及使用方法，可以使用"help(sum)"或"?sum"来查询。要了解 random 模块的功能及使用方法，可使用"help('random')"查询，或先使用 import 导入该模块，再使用"help(random)"查询。要查询从第三方平台安装的模块和其中的函数时，需要先用 import 导入模块，确保环境内有这个对象。查看帮助的代码如代码框 1-2 所示。

代码框 1-2   查看帮助

help(sum)	# 查看 sum 函数的帮助信息或写成"?sum"
help('random')	# 查看模块 random 的帮助信息
# 或	
import random	# 导入 random 模块
help(random)	# 查看模块 random 的信息
help(random.gauss)	# 查看模块 random 中 gauss 函数的信息

运行上述代码后，会在代码块下方弹出帮助窗口。比如，输入"help(sum)"并运行后会输出 sum 函数的形式、参数设置与用法信息，有些函数还包含示例等内容。"help(random)"可以输出 random 模块的简短描述以及模块中各函数与方法的名称及其用法，"help(random.gauss)"可以查看 random 模块中 gauss 函数的用法。

1.2.4　编写代码脚本

在 Python 中完成任何一项工作都需要编写代码。一组代码称为代码块，它可以由一行或多行代码组成。一条完整的命令通常写成一行，当代码较长时，可以使用<Enter>换行书写。多条命令也可以写成一行，命令之间用";"号隔开即可。

1. 对象赋值

Python 是一门面向对象的语言，它有一个重要的概念，即**对象**（object）。在 Python 中，数字、字符串、元组、列表、字典、函数、方法、类、模块，以及编写的代码都是对象。

对象也就是给某个变量、数据集或一组代码命名。比如，要对数据做多种分析，如计算平均数和标准差、绘制直方图等，每次分析都输入数据就非常麻烦，这时，可以将多个数据组合成一个**数据集**（data set），并给数据集命名，然后把数据集赋值给这个名称，也就是将某个数据集或一组代码暂时储存在这个对象下，需要运行时直接运行这个名称即可。比如，"d=example1_1"就是将数据框 example1_1 赋值给对象 d，要使用该数据框，直接使用 d 就可以了。

Python 语言的标准赋值符号是"="。用户可以给对象赋一个值、一个列表、一个矩阵或一个数据框、一个代码块等。比如，将 5 个数据组成的列表[80，87，98，73，100]赋值给对象 x，将数据文件 example1_1 赋值给对象 d 等，代码如代码框 1-3 所示。

代码框 1-3　对象赋值

```
x = [80,87,98,73,100]      # 将 5 个数据组成的列表赋值给对象 x
d = example1_1             # 将数据框 example1_1 赋值给对象 d
s=sum(x)                   # 计算对象 x 的总和并赋值给对象 s
n=len(x)                   # 计算对象 x 的元素个数并赋值给对象 n
m=s/n                      # 计算对象 x 的平均数并赋值给对象 m
```

通过赋值可以方便数据引用和简化代码编写。比如，要分析 80，87，98，73，100 这 5 个数据，就可以直接分析对象 x。例如，计算平均数可以写成 s/n，要运行 s/n 直接运行 m 即可。在编写较复杂的代码块时，经常需要引用前面赋值的对象，从而简化代码。

代码框 1-3 中"#"是 Python 语言的注释符号，运行代码遇到注释符号时，会自动跳过"#"后的内容而不运行，对于未使用"#"标示的内容，Python 都会将其视为需运行的代码，没有"#"的注释，Python 就会显示错误信息。

2. 变量命名

分析数据时，通常需要写入变量或引用变量。在 Python 中，变量名是所指定的一种特定标识符（字符串）。Python 的变量命名规则如下：

（1）标识符可以由字母、数字、下划线（_）组成，其中不能以数字开头。字母并不局限于 26 个英文字母，可以包含中文字符等。

（2）Python 语言区分大小写，因此 abc 和 Abc 是两个不同的标识符。

（3）标识符不能包含空格。

此外，Python 有 33 个关键字，如表 1-1 所示。这些关键字在语法中有特定的含义和功能，不能作为变量名。使用关键字作为变量名时 Python 解释器会报错。

Python 有一些**内置函数**（built-in functions），这些内置函数不需要导入任何模块就可以使用，如代码框 1-3 中的 sum 函数和 len 函数，较常用的还有查看变量类型的 type 函数、创建整数序列的 range 函数等。如果尝试使用内置函数的名字作为变量名，虽然 Python 解释器不会报错，但该内置函数却被这个变量覆盖，该内置函数就不能使用了。

表 1-1　Python 的 33 个关键字

and	continue	except	if	None	raise	yield
as	def	finally	import	nonlocal	return	False
assert	del	for	in	not	try	True
break	elif	from	is	or	while	
class	else	global	lambda	pass	with	

1.2.5　数据读取和保存

在对数据进行分析或绘图时，可以在 Python 环境中录入数据，但比较麻烦。如果使用的是已有的外部数据，如 Excel 数据、SPSS 数据、SAS 数据、Stata 数据等，就可以将外部数据读入 Python 环境中。建议读者在 Excel 中做数据录入和简单处理，然后在 Python 中读入该数据并进行分析。

1.　读取外部数据

Python 软件可以读取不同格式的外部数据，这里主要介绍如何读取 csv 格式和 Excel 格式的数据。本书使用的数据格式均为 csv 格式，其他很多类型的数据也可以转换为 csv 格式，比如，Excel 数据、SPSS 数据等均可以转换成 csv 格式。

需要注意的是，csv 文件的编码格式有两种，即 GBK 格式和 UTF-8 格式。使用 Excel 将数据存为 csv 格式时，默认编码格式为 GBK，要将其存为 UTF-8 格式，需要使用 CSV UTF-8 进行保存。

使用 pandas 库中的 read_csv 函数可以将 csv 格式的数据读入 Python 环境中。默认读取编码格式为 UTF-8 的 csv 文件，读取编码格式为 GBK 的 csv 文件时，需要指定编码格式并设置参数 encoding='gbk'，否则会出现报错信息。

使用 read_csv 函数读取 csv 格式的数据时，函数默认参数 header='infer'，即将读取的 csv 数据的第一行作为标题（即列索引）。如果数据中没有标题，则可以使用 Names 参数手动设置；如果数据标题不是从第一行开始，则可以使用 header 参数确定标题行。假定有一个名为 table 的数据文件，并以 csv 和 Excel 两种格式存放在路径 "C:/pydata/example/chap01/" 下，读取该数据的代码如代码框 1-4 所示。

代码框 1-4　读取 csv 和 Excel 格式数据

```
# 读取编码格式为 "UTF-8" 的 csv 格式的数据（table1）
import pandas as pd
table1 = pd.read_csv("C:/pydata/example/chap01/table1.csv", encoding='UTF-8')
                                              # 指定编码格式为 UTF-8（可小写）
# 或省略参数 encoding
table1 = pd.read_csv("C:/pydata/example/chap01/table1.csv")   # 默认，可省略参数
table1
```

姓名	统计学	数学	经济学
刘文涛	68	85	84
王宇翔	85	91	63
田思雨	74	74	61
徐丽娜	88	100	49
丁文彬	63	82	89

```
# 读取编码格式为"GBK"的 csv 格式的数据（table2）
import pandas as pd
table2 = pd.read_csv("C:/pydata/example/chap01/table2.csv", encoding='gbk')
# table2    # 未运行
```

```
# 读取 Excel 格式的数据（table3）
import pandas as pd
df = pd.read_excel("C:/pydata/example/chap01/table3.xlsx")    # 读取数据并重命名为 df
# df    # 未运行
```

为读取方便，本书例题和习题数据均已保存为"UTF-8"的 csv 格式，读取时可省略参数 encoding='UTF-8'。

2. 保存数据

在分析数据时，如果读入的是已有的数据，并且未对数据做任何改动，就没必要保存，下次使用时，重新加载该数据即可。如果在 Python 中录入的是新数据，或者对加载的数据做了修改，保存数据就十分必要。

如果在 Python 环境中录入新数据，或者读入的是已有的数据，想要将数据以特定的格式保存在指定的路径中，则要先确定保存为何种格式。如果想将数据框保存成 csv 格式，则数据文件的后缀必须是 csv，并指定编码格式，可以使用数据框的 to_csv 函数。如果要将数据保存成 Excel 格式，则数据文件的后缀必须是 xlsx，可以使用数据框的 to_excel 函数。假定要将 table1 保存在指定的路径中，代码如代码框 1-5 所示。

代码框 1-5　保存数据

```
# 将 table1 保存成编码格式为 UTF-8 的 csv 格式，并存放在指定的路径中（未运行）
import pandas as pd    # 加载模块
table1 = pd.read_csv("C:/pydata/example/chap01/table1.csv",encoding='utf-8')
table1.to_csv("C:/pydata/example/chap01/df1.csv",index=False, encoding='utf-8')
            # 将 table1 保存在指定的目录下，并命名为 df1，编码格式为 utf-8
```

```
# 将 table1 保存成编码格式为 GBK 的 csv 格式，并存放在指定的路径中（未运行）
table1.to_csv("C:/pydata/example/chap01/df2.csv",index=False, encoding='gbk')
            # 将 table1 保存在指定的目录下，并命名为 df2，编码格式为 gbk
```

```
# 将 table1 保存成 xlsx 格式，并存放在指定的路径中（未运行）
table1.to_excel("C:/pydata/example/chap01/df3.xlsx", index=False)
            # 将 table1 保存在指定的目录下，并命名为 df3
```

注：两种方法的 index 参数默认为 True，设置为 False 表示不保存行索引，encoding 选择文件编码形式。建议保存为'GBK'编码格式的 csv 格式，或保存为 xlsx 格式，否则在 Excel 中打开数据会出现乱码。

习题

1.1 指出下面的变量属于哪一类型。

（1）年龄。

（2）性别。

（3）汽车产量。

（4）员工对企业某项改革措施的态度（赞成、中立、反对）。

（5）购买商品时的支付方式（现金、信用卡、支票）。

1.2 一家研究机构从 IT 从业者中随机抽取 1 000 人作为样本进行调查，其中 60% 的人回答他们的月收入在 30 000 元以上，30% 的人回答他们的消费支付方式是信用卡。

（1）这一研究的总体是什么？样本是什么？样本量是多少？

（2）"月收入"是无序类别变量、有序类别变量还是数值变量？

（3）"消费支付方式"是无序类别变量、有序类别变量还是数值变量？

1.3 一项调查表明，消费者每月在网上购物的平均花费是 2 000 元，他们选择在网上购物的主要原因是"价格便宜"。

（1）这一研究的总体是什么？

（2）"消费者在网上购物的原因"是无序类别变量、有序类别变量还是数值变量？

1.4 为了解毕业生的就业倾向，某大学的商学院分别从会计专业抽取 50 人、市场营销专业抽取 30 人、企业管理专业抽取 20 人进行调查。

（1）这种抽样方式是分层抽样、系统抽样还是整群抽样？

（2）样本量是多少？

1.5 在 Python 中录入数据：28，25，56，88，37，65，并将其赋值给对象 d，保存成名为 data1_1 的 csv 格式。

第2章　数据处理和绘图基础

在做数据分析前，首先需要对获得的数据进行审核和清理，并录入计算机，形成数据文件，之后再根据需要对数据进行必要的预处理，以便满足分析的需要。本章首先介绍Python 的数据类型及其处理，然后介绍数据频数分布表的生成方法。

2.1　Python 的基本数据结构

Python 中有 6 种基本的数据结构（或称数据类型），分别是**数字**（number）、**字符串**（string）、**元组**（tuple）、**列表**（list）、**字典**（dictionary）、**集合**（set），这 6 种数据类型通过不同的组成方式和定义可以产生更多类型。使用内置函数 type()可以查看数据的类型。

2.1.1　数字和字符串

1. 数字

数字用于存储数值。Python 支持 4 种类型的数字，即 int（整数型）、float（浮点型，即取小数的数字）、Bool（布尔型，即只取 True 和 False 两个值的逻辑型数字，也可以用 0 和 1 表示）、complex（复数型）。

2. 字符串

字符串由数值、字母、下划线组成。可以使用单引号（' '）、双引号（" "）或三引号（""""）来指定字符串，使用"+"连接两个字符串。

2.1.2　元组和列表

1. 元组

元组是一维序列，其长度是固定的，内容不能修改，通常用"（ ）"标识，元素之间用","分隔。比如，输入"(1,2,3,4,5)"就生成了一个元组。

2. 列表

列表是一维序列，与元组不同的是其长度是可变的，它所包含的内容可以进行修改。列表中的元素可以是相同类型，也可以是不同类型，元素之间用逗号分隔。使用中括号"[ ]"或 list 类型函数可以创建列表，如代码框 2-1 所示。

代码框 2-1　创建列表

l1 = [2, 3, 4, 5] l1	# 元素同为数字的列表
[2, 3, 4, 5]	
l2=['甲','乙','丙','丁'] l2	# 元素同为字符串的列表
['甲', '乙', '丙', '丁']	
l3 = ['甲', 23, True, [1,2,3]] l3	# 不同类型元素的列表
['甲', 23, True, [1, 2, 3]]	
l4 = list(range(10)) l4	# 用 range 函数生成等差数列，起始值为 0，步长为 1
[0, 1, 2, 3, 4, 5, 6, 7, 8, 9]	
l5=list(range(100, 200, 20))	# 在 100～200 之间生成数列，步长为 20
l5	
[100, 120, 140, 160, 180]	
注：range 函数是 Python 的内置函数，用于生成整数等差序列，共有 3 个参数，分别是起始值、终点值和步长。默认起始值为 0，也可以为负值，但不能为小数，默认步长为 1，生成规则是左闭右开。	

　　使用索引可以访问列表中的元素，索引的符号也是"[ ]"。比如，访问代码框 2-1 中列表 l2 的第 1 个元素，输入代码"l2[0]"，显示的结果为"甲"；访问列表 l3 的第 3 个元素，输入代码"l3[2]"，显示的结果为"True"。注意：Python 的索引从左到右是从 0 开始的，从右到左是从 -1 开始的。

　　根据需要可以对列表进行一些其他操作，比如，使用 append 函数将元素添加到列表的尾部；使用 insert 函数将元素插入到指定的列表位置；使用 pop 函数将列表中特定位置的元素移除并返回；使用 sort 函数对列表中的元素排序；使用"+"连接两个列表；等等。代码框 2-2 给出了列表的几种不同操作。

代码框 2-2　列表的几种不同操作

# 向列表添加或插入元素 	
l1 = [2, 3, 4, 5]
l1.append(6)　　# 将数字 6 添加到列表 l1 的尾部
l1

[2, 3, 4, 5, 6]
l2= ['甲','乙','丙','丁'] l2.insert(2,'戊')　　# 在列表 l2 的第 3 个位置插入"戊"（插入位置的范围从 0 到列表的长度） l2
['甲', '乙', '戊', '丙', '丁']

# 移除列表中特定位置的元素并返回 	
l2 = ['甲','乙','丙','丁']
l2.pop(2)　　　　# 移除列表 l2 中第 3 个位置的元素并返回
l2

```
['甲', '乙', '丁']
```

```
# 连接两个列表
l1 = [2, 3, 4, 5]
l2= ['甲','乙','丙','丁']
l12=l1+l2                    # 将列表 l1 和列表 l2 连接成一个新列表 l12
l12
```

```
[2, 3, 4, 5, '甲', '乙', '丙', '丁']
```

```
# 列表元素的排序（使用 sort 函数或 sorted 函数）
l6 = [2, 3, 4, 5, 2, 8]     # 创建列表 l6
l6.sort()   # 默认参数 reverse=False，升序排序，设置参数 reverse=True，则逆向排序（降序）
l6

# 或写成
sorted(l6)
```

```
[2, 2, 3, 4, 5, 8]
```

```
l7=['甲', '乙', '戊', '丙', '丁']      # 创建列表 l7
sorted(l7)                       # 列表元素的排序，或写成 sorted(l7)
```

```
['丁', '丙', '乙', '戊', '甲']
```

注：使用 sort 或 sorted 函数对列表排序时，对中文的支持不友好，排序的结果与我们常用的按拼音排序或者笔画排序都不一致。要想实现对中文内容的排序，需要重新编写相应的函数，不能直接使用 sort 函数。具体应用见代码框 2-10。

2.1.3 字典和集合

1. 字典

字典是 Python 最重要的内置结构之一，它是大小可变的键值对集，其中**键**（key）和**值**（value）都是 Python 对象。字典中的元素用"{ }"括起来，用"："分隔键和值，不同的键值组合之间用"，"分隔。用"{ }"或 dict 函数可以创建字典，其形式如下：

dictionary={key1:value1,key2:value2,……}

或写成：

dictionary=dict(key1=value1,key2=value2,……)

与列表类似，字典也包括多种操作方法，代码框 2-3 列出了创建字典和字典操作的几个例子。

代码框 2-3　字典的一些简单操作

```
# 用大括号{}创建字典
dc1={'刘文涛':68,'王宇翔':85,'田思雨':74,'徐丽娜':88,'丁文彬':63} # 创建 5 名学生考试分数的字典
dc1
```

```
{'刘文涛': 68, '王宇翔': 85, '田思雨': 74, '徐丽娜': 88, '丁文彬': 63}
```

```
# 用 dict 函数创建字典
dc2=dict(刘文涛=68,王宇翔=85,田思雨=74,徐丽娜=88,丁文彬=63) # 创建 5 名学生考试分数的字典
dc2
```

{'刘文涛': 68, '王宇翔': 85, '田思雨': 74, '徐丽娜': 88, '丁文彬': 63}
dc1.keys()   # 以列表的形式返回字典 dc1 中的键
dict_keys(['刘文涛', '王宇翔', '田思雨', '徐丽娜', '丁文彬'])
dc1.values()   # 以列表的形式返回字典 dc1 中的值
dict_values([68, 85, 74, 88, 63])
dc1.items()   # 以列表的形式返回字典 dc1 中的键值对
dict_items([('刘文涛', 68), ('王宇翔', 85), ('田思雨', 74), ('徐丽娜', 88), ('丁文彬', 63)])
dc1['徐丽娜']   # 返回（查询）字典 dc1 中某个键上的值
88
del dc1['田思雨']   # 删除字典 dc1 中的某个键值对 dc1
{'刘文涛': 68, '王宇翔': 85, '徐丽娜': 88, '丁文彬': 63}

2. 集合

集合是由唯一元素组成的无序集，可看作只有键没有值的字典。由于集合中的元素是无序的，不记录元素的位置，因此集合不支持索引等类似序列的操作，只能遍历或使用"in""not in"等访问或判断集合元素。使用 set 函数或大括号"{ }"等方式可以创建集合，空集合必须使用 set 函数创建。集合的创建和一些简单操作如代码框 2-4 所示。

代码框 2-4   集合的一些简单操作

# 使用 set 函数创建集合 	
set1 = set([2,2,2,1,8,3,3,5,5])
set1

{1, 2, 3, 5, 8}

# 使用大括号{ }创建集合 	
set2 = {2,2,2,1,4,3,3,5,6,6}
set2

{1, 2, 3, 4, 5, 6}
两个集合的并集（两个集合中不同元素的集合） set1|set2   # 或写成 set1.union(set2)
{1, 2, 3, 4, 5, 6, 8}
两个集合的交集（两个集合中相同元素的集合） set1&set2   # 或写成 set1.intersection(set2)
{1, 2, 3, 5}

2.2　数组、序列和数据框

在实际数据分析中，除了 Python 提供的基本数据结构外，经常用到的数据结构（类型）还有**数组**（array）、**序列**（series）、**数据框**（data frame）等。数组是 numpy 模块的主要对象，序列和数据框则是 pandas 模块的主要对象。

2.2.1　numpy 中的数组

numpy 是 numerical python 的简称，它是 Python 中数值计算最重要的基础模块。其他模块也提供了基于 numpy 的函数功能。**_n_ 维数组**（ndarray）是 numpy 模块中定义的对象，它可以是一维、二维和多维的，数组中的元素类型是数值型。_n_ 维数组由实际数据和描述这些数据的元数据（数据维度、数据类型等）组成，一般要求所有元素类型都相同，数组下标从 0 开始。

一维数组就是通常所说的**向量**（vector），二维数组就是通常所说的**矩阵**（matrix）。可以通过构造函数 array 创建 _n_ 维数组，也可以使用 numpy 中的其他函数创建 _n_ 维数组，如 arange 函数、ones 函数以及 zeros 函数等。代码框 2-5 是有关数组的一些操作。

代码框 2-5　数组的一些操作

```
# 创建一维数组（向量）
import numpy as np
a1=np.array([5,4,1,2,3])          # 使用 array 函数创建数组
a2=np.arange(10)                  # 使用 arange 函数生成等差数列，起始为 0，步长为 1
a3=np.arange(2,6,0.5)             # 使用 arange 函数在 2 ~ 6 之间生成步长为 0.5 的等差序列
print('a1:',a1)                   # 输出结果
print('a2:',a2)
print('a3:',a3)
```

```
a1: [5 4 1 2 3]
a2: [0 1 2 3 4 5 6 7 8 9]
a3: [2.  2.5 3.  3.5 4.  4.5 5.  5.5]
```

```
# 创建二维数组（矩阵）
import numpy as np
a4= np.array([[1, 2], [3, 4], [5, 6]])    # 创建 3×2 的矩阵
a4
```

```
array([[1, 2],
       [3, 4],
       [5, 6]])
```

```
# 改变数组的形状
import numpy as np
a5= np.arange(12)                 # 创建一维数组
a6=a5.reshape(3,4)                # 改变一维数组为 3×4 的二维数组（矩阵）
a6
```

```
array([[ 0,  1,  2,  3],
       [ 4,  5,  6,  7],
       [ 8,  9, 10, 11]])
```

```
# 数组的其他操作（读者可以自己运行代码并查看结果）
a6.ndim                    # 查看数组 a6 的维度
a6.shape                   # 查看数组 a6 的形状
a6.dtype                   # 查看数组 a6 的数据类型
a6.astype(float)           # 改变数组 a6 的数据类型为浮点型
a6[2]                      # 访问数组 a6 中的第 3 个元素（索引从 0 开始）
a3[5]                      # 访问数组 a3 中的第 6 个元素（索引从 0 开始）
a1.sort()                  # 对数组 a1 中的元素排序
```

注：int 表示整数，如 int32 表示 32 位整数；int64 表示 64 位整数。
float 表示浮点数，如 float32（代码：f4 或 f）表示标准单精度浮点数；float64（代码：f8 或 d）表示标准双精度浮点数；float128（代码：f16 或 g）表示拓展精度浮点数。

2.2.2　pandas 中的序列和数据框

pandas 是 Python 中的核心数据分析模块，它提供了两种数据结构，即序列和数据框。这里主要介绍序列和数据框的创建及一些简单操作。

1. 序列及其操作

序列类似于一维数组，不同的是它由索引和一维数值组成。序列可以存储整数、浮点数、字符、Python 对象等多种类型的数据，但一个序列最好只存储一种类型的数据，若存在多种数据类型，则该序列的类型会自动转换成对象。使用 Series 函数可以创建序列，但在使用前需要导入 pandas 模块。下面介绍几种比较常见的构造序列的方式，如代码框 2-6 所示。

代码框 2-6　用 pandas 创建序列

```
import pandas as pd
s1 = pd.Series([2, 3, 4, 5])                          # 省略索引时自动生成索引
s1
```

```
0    2
1    3
2    4
3    5
dtype: int64
```

```
s2 = pd.Series([5, 8, 7, 6], index=['a', 'b', 'c', 'd'])          # 自行指定索引
s2
```

```
a    5
b    8
c    7
d    6
dtype: int64
```

```
# 由标量生成序列时，不能省略索引
s3 = pd.Series([60,80,50], index=['甲', 25, True])     # 索引可以是不同类型的元素
s3
```

```
甲        60
25        80
True      50
dtype: int64
```

```
# 由 Python 字典生成序列
s4 = pd.Series({'a': 1, 'b': 'boy', 'c': 3})    # 索引与数据以字典形式导入
s4
```

```
a        1
b        boy
c        3
dtype: object
```

```
# 由其他函数生成序列
s5 = pd.Series(range(5))              # 使用 range 函数，类似于列表
print(s5)                            # print 函数用于标准输出（也可以直接运行对象 s5）
```

```
0    0
1    1
2    2
3    3
4    4
dtype: int64
```

　　Series 函数可以接受多种类型的数据并将其转换为序列。理解序列时需要关注的最重要的两点是索引和数据。序列有两类索引并存，即自动索引和自定义索引（若未设置，则不存在）。两类索引不能混用，即访问数据时只能使用一类索引。序列的访问同样使用方括号 "[ ]"。比如输入代码 "s2[1]" 得到 8，输入 "s2[[1,2]]" 得到一个值为[8, 7]的序列切片（slice），输入 "s2[['b', 'c']]" 同样得到值为[8, 7]的序列切片。但不能输入 "s2[['a', 2]]"，解释器会报错。

　　序列与序列索引都能设置名称（name）属性，序列的类型可以转换，序列对象的索引和数据可以随时修改并即刻生效。不同序列可以根据索引进行对齐运算。具体操作代码如代码框 2-7 所示。

代码框 2-7　序列的基本操作

```
# 获取序列索引、数据、类型
import pandas as pd
s6 = pd.Series([5, 8, 7, 6], index=['a', 'b', 'c', 'd'])
print('类型：',s6.index)                        # 获取序列索引
print('数据：',s6.values)                       # 获取序列数据
print('类型：',s6.dtype)                        # 获取序列类型
```

```
类型：    Index(['a', 'b', 'c', 'd'], dtype='object')
数据：    [5 8 7 6]
类型：    int64
```

```
# 设置序列与索引的名称属性
s6.name = '我是一个 pandas 的 Series'              # 设置序列名称
s6.index.name = '我是索引'                         # 设置序列索引名称
s6
```

我是索引

a	5
b	8
c	7
d	6

Name: 我是一个 pandas 的 Series, dtype: int64

```
# 转换序列类型
s6 = s6.astype(float)              # 将整数型转换为浮点数类型
s6
```

我是索引

a	5.0
b	8.0
c	7.0
d	6.0

Name: 我是一个 pandas 的 Series, dtype: float64

```
# 修改序列中的数据
s6[[1, 3]] = [2, 8]                # 将序列 s6 中的第 2 个值和第 4 个值修改为 2 和 8
s6
```

我是索引

a	5.0
b	2.0
c	7.0
d	8.0

Name: 我是一个 pandas 的 Series, dtype: float64

```
# 序列的对齐运算
s7 = pd.Series([1, 2, 3], index=['a', 'c', 'e'], dtype=float)
s6 + s7                            # 两个序列相加
```

a	6.0
b	NaN
c	9.0
d	NaN
e	NaN

dtype: float64

注：序列的运算完全根据索引来对齐，如果两者都有自定义索引，优先使用自定义索引；如果只有一个有自定义索引，另一个是自动索引，则会使用自定义索引，这种情况下运算结果会出现大量空值（NaN）；如果两者都使用自动索引，则根据自动索引进行对齐。

```
# 序列的一些简单计算
import pandas as pd
s8 = pd.Series([1, 2, 3, 4, 5], index=['a', 'b', 'c', 'd', 'e'], dtype=float)
c=s8.cumsum()      # 求序列 s8 的累加
s=s8.sum()         # 求序列 s8 的总和
m=s8.mean()        # 求序列 s8 的平均数
print("累加:",'\n',c,'\n',"总和  =",s,'\n',"平均数  =",m)
```

累加:

a	1.0
b	3.0
c	6.0
d	10.0
e	15.0

dtype: float64

总和 = 15.0

平均数 = 3.0

2. 数据框及其操作

数据框是 pandas 中另一个重要的数据结构，它是一种表格结构的数据，类似于 Excel 中的数据表，也是较为常见的数据形式。数据框实际上是带标签的二维数组，一个数据框由行索引、列索引和二维数值组成。数据框的每一行和每一列都是一个序列。为了便于分析，一般要求数据框的一列只存储一种类型的数据。

（1）创建数据框

使用 pandas 的构造函数 DataFrame 可创建数据框，其中的参数 data 为数组或字典。除此之外，也可以直接读入数据框形式的 csv 格式或 xlsx 格式的数据作为 pandas 的数据框。假定有 5 名学生的 3 门课程的考试分数数据，如表 2-1 所示。

表 2-1　5 名学生的 3 门课程的考试分数（table2_1）

姓名	统计学	数学	经济学
刘文涛	68	85	84
王宇翔	85	91	63
田思雨	74	74	61
徐丽娜	88	100	49
丁文彬	63	82	89

表 2-1 就是数据框形式的数据。要在 Python 中创建这样的数据框，可以向 DataFrame 函数传入列表类型的字典，或者使用 numpy 的数组。代码和结果如代码框 2-8 所示。

代码框 2-8　使用字典创建数据框

```
import pandas as pd
d = {"姓名": ["刘文涛","王宇翔","田思雨","徐丽娜","丁文彬"],    # 创建学生姓名列
"统计学": [68, 85, 74, 88, 63],              # 写入统计学分数列
"数学": [85, 91, 74, 100, 82],               # 写入数学分数列
"经济学": [84, 63, 61, 49, 89]}              # 写入经济学分数列
table1_1 = pd.DataFrame(d)                    # 创建数据框并命名为 table1_1
table1_1
```

	姓名	统计学	数学	经济学
0	刘文涛	68	85	84
1	王宇翔	85	91	63
2	田思雨	74	74	61
3	徐丽娜	88	100	49
4	丁文彬	63	82	89

虽然可以使用 pandas 中的 DataFrame 函数创建数据框，但创建过程较为烦琐，不推荐这种做法。如果只是关注数据分析而非编程，那么建议先在 Excel 中录入数据框形式的数据，然后在 Python 中读取该数据。

（2）数据框的操作方法

将数据读入 Python 时会直接显示数据框，为了方便后面的使用，可以为其命名。若要显示读入的数据框，输入数据框的名称即可。如果数据框中的行数和列数都比较多，可以只显示数据框的前几行或后几行。比如，使用"table1_1.head()"默认显示数据框 table1_1 的前 5 行，如果只想显示前 3 行，则可以写成"table1_1.head(3)"；使用"table1_1.tail()"默认显示数据框 table1_1 的后 5 行，如果想显示后 3 行，则可以写成"table1_1.tail(3)"。使用 type 函数可以查看数据的类型；使用"table1_1.shape"可以查看数据框 table1_1 的行数和列数属性。当数据量比较大时，可以使用 info 函数查看数据的结构。使用 describe 函数可以对数据框的数值型变量进行简单的描述统计（具体应用见第 4 章）。

假定数据框的名称为 df，表 2-2 列出了数据框操作的一些方法及其描述和示例。

表 2-2   数据框的操作方法及其描述

方法	描述	示例
columns	查看所有列名（列索引）	df.columns
dtypes	查看所有元素的类型	df.dtypes
head	查看前 n 行数据（默认前 5 行）	df.head(3)
index	查看所有行名（行索引）	df.index
info	查看数据结构（索引、数据类型等）	df.info
shape	查看行数和列数（行，列）	df.shape
T	数据框的行列转置	df.T
tail	查看后 n 行数据（默认后 5 行）	df.tail(3)
values	查看所有元素的值	df.values

实际分析中，可以对数据框进行各种操作。比如，选择指定的列或行进行分析、增加列或行、删除列或行、修改列名称或行名称、修改数据等。代码框 2-9 列出了几种常用的数据框操作。

代码框 2-9   常用的数据框操作

```
import pandas as pd
df = pd.read_csv("C:/pydata/example/chap02/table2_1.csv")
                                # 加载数据框 table2_1 并命名为 df

# 选择指定的列
df[['数学']]                     # 选择数学列
```

	数学
0	85
1	91
2	74
3	100
4	82

df[['数学','统计学']]　　　# 选择数学和统计学两列

	数学	统计学
0	85	68
1	91	85
2	74	74
3	100	88
4	82	63

选择指定的行
df.loc[2]　　　　　　　　# 选择第 3 行数据，或写成 df.iloc[2]

```
姓名        田思雨
统计学      74
数学        74
经济学      61
Name: 2, dtype: object
```

df.loc[[2,4]]　　　　　# 选择第 3 行和第 5 行数据，或写成 df.iloc[[2,4]]

	姓名	统计学	数学	经济学
2	田思雨	74	74	61
4	丁文彬	63	82	89

df.loc[2:4]　　　　　　# 连续选择第 3～5 行数据

	姓名	统计学	数学	经济学
2	田思雨	74	74	61
3	徐丽娜	88	100	49
4	丁文彬	63	82	89

dd=df.iloc[[1,3],[0,2,3]]　　　　# 选择第 2、4 行和第 1、3、4 列
# 或写成
dd=df.loc[[1,3],['姓名','数学','经济学']]　　# 不能使用":"连选
dd

	姓名	数学	经济学
1	王宇翔	91	63
3	徐丽娜	100	49

使用":"（切片符号）进行数据切片
df[:]　　　　　　　# 选择所有行，或写成 df.loc[:]

	姓名	统计学	数学	经济学
0	刘文涛	68	85	84
1	王宇翔	85	91	63
2	田思雨	74	74	61
3	徐丽娜	88	100	49
4	丁文彬	63	82	89

df[2:]		# 选择第 2 行后（不含第 2 行）的所有行		
	姓名	统计学	数学	经济学
2	田思雨	74	74	61
3	徐丽娜	88	100	49
4	丁文彬	63	82	89

df[:2]		# 选择第 2 行前（含第 2 行）的所有行		
	姓名	统计学	数学	经济学
0	刘文涛	68	85	84
1	王宇翔	85	91	63

df[::2]		# 每隔 1 行取一行		
	姓名	统计学	数学	经济学
0	刘文涛	68	85	84
2	田思雨	74	74	61
4	丁文彬	63	82	89

注：使用方括号"[ ]"或点"."符号来指定要分析的变量。比如，如果要分析统计学分数，可写成"df['统计学']"或写成"df.统计学"。如果要对指定行或指定行与列进行分析，可以使用 loc[ ]方法或 iloc[ ]方法，其中 iloc[ ]的方括号中只能写自动索引，若存在自定义索引，则 loc[ ]的方括号中只能写自定义索引，行和列均可以使用自定义索引与自动索引，注意，自动索引从 0 开始。比如，要分析第 3 行的数据，可写成"df.loc[2]"或"df.iloc[2]"；要分析第 2 行和第 4 行的统计学列，可写成"df.loc[[1, 3], '统计学']"。需要注意的是，数据框的每一行和每一列都可以看作一个序列 Series，上面对于序列的基本操作在这里也适用。比如需要将统计学列由数值型转换为字符串型，可使用代码"df['统计学'] = df['统计学'].astype(str)"。

```
# 增加列
df['会计学']=[88,75,92,67,78]
        # 在数据框的最后插入 1 列会计学分数，或写成 df.loc[:,'会计学']=[88,75,92,67,78]
df
```

	姓名	统计学	数学	经济学	会计学
0	刘文涛	68	85	84	88
1	王宇翔	85	91	63	75
2	田思雨	74	74	61	92
3	徐丽娜	88	100	49	67
4	丁文彬	63	82	89	78

```
df.insert(2,'会计学',[88,75,92,67,78])        # 在第 2 列后面插入 1 列会计学分数
df
```

	姓名	统计学	会计学	数学	经济学
0	刘文涛	68	88	85	84
1	王宇翔	85	75	91	63
2	田思雨	74	92	74	61
3	徐丽娜	88	67	100	49
4	丁文彬	63	78	82	89

```
# 删除数据
df.drop(['数学'],axis=1,inplace=True)
                # 删除指定的列，或写成 df.drop(labels='数学',axis=1,inplace=True)
df
```

	姓名	统计学	经济学
0	刘文涛	68	84
1	王宇翔	85	63
2	田思雨	74	61
3	徐丽娜	88	49
4	丁文彬	63	89

注：axis=1 表示列；axis=0 表示行。

```
df.drop(index=2,inplace=True)    # 删除第 3 行数据
df
```

	姓名	统计学	经济学
0	刘文涛	68	84
1	王宇翔	85	63
3	徐丽娜	88	49
4	丁文彬	63	89

```
# 修改列名称
df.rename(columns={'数学':'计算机','经济学':'管理学'})
                # 将"数学"修改为"计算机"，将"经济学"修改为"管理学"
```

	姓名	统计学	计算机	管理学
0	刘文涛	68	85	84
1	王宇翔	85	91	63
2	田思雨	74	74	61
3	徐丽娜	88	100	49
4	丁文彬	63	82	89

```
# 修改数据
df.iloc[2,1]=85    # 修改第 3 行（索引 2）田思雨的统计学成绩为 85
df
```

	姓名	统计学	数学	经济学
0	刘文涛	68	85	84
1	王宇翔	85	91	63
2	田思雨	85	74	61
3	徐丽娜	88	100	49
4	丁文彬	63	82	89

```
df.loc[:,'统计学']=[73,90,79,88,68]      # 修改所有学生的统计学成绩为[73,90,79,88,68]
df
```

	姓名	统计学	数学	经济学
0	刘文涛	73	85	84
1	王宇翔	90	91	63
2	田思雨	79	74	61
3	徐丽娜	88	100	49
4	丁文彬	68	82	89

（3）数据框的排序与合并

有时需要对数据进行排序。使用 sort_values 函数可以对数据框的某一列进行排序，函数默认参数 ascending=True，即升序排列，需要降序排序时，可设置参数 ascending=False。除此之外，还可以按照索引排序，使用 sort_index 函数，参数 axis 默认为 0，即按照行索引对行排序，设置 axis=1 即按照列索引对列排序，默认升序。排序的操作如代码框 2-10 所示。

代码框 2-10　数据框排序

```
import pandas as pd
table2_1 = pd.read_csv("C:/pydata/example/chap02/table2_1.csv")   # 加载数据框

# 按姓名笔画升序排序数据框
my_type=pd.CategoricalDtype(categories=['丁文彬','王宇翔','田思雨','刘文涛','徐丽娜'],
                            ordered=True)        # 设置类别顺序
table2_1['姓名']=table2_1['姓名'].astype(my_type)    # 转换数据框的性别为有序类
table2_1.sort_values(by='姓名', ascending=True)    # 按姓名笔画升序排序数据框
```

	姓名	统计学	数学	经济学
4	丁文彬	63	82	89
1	王宇翔	85	91	63
2	田思雨	74	74	61
0	刘文涛	68	85	84
3	徐丽娜	88	100	49

```
import pandas as pd
table2_1 = pd.read_csv("C:/pydata/example/chap02/table2_1.csv")

# 按统计学考试分数降序排序数据框
table2_1.sort_values(by='统计学',ascending=False)
```

	姓名	统计学	数学	经济学
3	徐丽娜	88	100	49
1	王宇翔	85	91	63
2	田思雨	74	74	61
0	刘文涛	68	85	84
4	丁文彬	63	82	89

　　如果需要合并不同的数据框，可以使用 concat 函数。函数默认参数 axis 为 0（默认的参数设置可以省略），表示将不同的数据框按行合并，设置 axis=1 则表示将不同的数据框按列合并。需要注意的是，按行合并时，数据框中的列索引必须相同；按列合并时，数据框中的行索引必须相同，否则合并是没有意义的。假定除了上面的数据框 table2_1 外，还有一个数据框 table2_3，如表 2-3 所示。

表 2-3　5 名学生的 3 门课程的考试分数（table2_3）

姓名	统计学	数学	经济学
李志国	78	84	51
王智强	90	78	59
宋丽媛	80	100	53
袁芳芳	58	51	79
张建国	63	70	91

　　表 2-3 是另外 5 名学生相同课程的考试分数。要将两个数据框按行合并，代码和结果如代码框 2-11 所示。

代码框 2-11　数据框合并

```
# 按行合并数据框
import pandas as pd
table2_1 = pd.read_csv("C:/pydata/example/chap02/table2_1.csv")
table2_3 = pd.read_csv("C:/pydata/example/chap02/table2_3.csv")

mytable = pd.concat([table2_1, table2_3]).reset_index(drop=True)
mytable
```

	姓名	统计学	数学	经济学
0	刘文涛	68	85	84
1	王宇翔	85	91	63
2	田思雨	74	74	61
3	徐丽娜	88	100	49
4	丁文彬	63	82	89
5	李志国	78	84	51
6	王智强	90	78	59
7	宋丽媛	80	100	53
8	袁芳芳	58	51	79
9	张建国	63	70	91

reset_index 函数将行索引重置为从 0 开始的连续整数。读者可以自行比较重置前后有什么不同。假定上面的 10 名学生还有两门课程的考试分数，可以将其按列合并到 mytable 中。

（4）数据框的应用函数

使用函数可以对数据框进行某些计算和分析，表 2-4 列出了数据框应用的一些主要函数。

表 2-4   数据框（df）应用的一些主要函数及其描述

函数	描述	示例
describe	返回数据框的主要描述统计量	df.describe( )
count	返回每一列中非空值的个数	df.count( )
sum	返回每一列的和（无法计算时返回空值）	df.sum( )
max	返回每一列的最大值	df.max( )
min	返回每一列的最小值	df.min( )
argmax	返回最大值所在的自动索引位置	df.argmax( )
argmin	返回最小值所在的自动索引位置	df.argmin( )
idxmax	返回最大值所在的自定义索引位置	df.idxmax( )
idxmin	返回最小值所在的自定义索引位置	df.idxmin( )
mean	返回每一列的平均值	df.mean( )
median	返回每一列的中位数	df.median( )
var	返回每一列的方差	df.var( )
std	返回每一列的标准差	df.std( )

这些函数的应用参见以后各章，读者可以用 table2_1 代替示例中的 df，运行代码并查看输出结果。

2.3   数据抽样和筛选

数据**抽样**（sampling）是从一个已知的总体数据集中抽取随机样本，数据**筛选**（filter）则是从数据集中找出符合特定条件的某类数据。

2.3.1   抽取简单随机样本

从一个已知的总体数据集中抽取一个随机样本可以采取不同的抽样方法，本节只介绍抽取简单随机样本的方法。下面通过一个例子来说明如何使用 Python 抽取简单随机样本。

【例 2-1】（数据：example2_1.csv）表 2-5 是选修统计学课程的 50 名学生的姓名、性别、专业、满意度和考试分数，采用简单随机抽样方法抽取随机样本。

表 2-5　50 名学生的姓名、性别、专业、满意度和考试分数（前 5 行和后 5 行）

姓名	性别	专业	满意度	考试分数
张青松	男	会计学	不满意	82
王宇翔	男	金融学	一般	81
田思雨	女	会计学	满意	75
徐丽娜	女	管理学	一般	86
张志杰	男	会计学	不满意	77
……	……	……	……	……
孙梦婷	女	管理学	不满意	86
唐国健	男	管理学	满意	75
尹嘉韩	男	会计学	一般	70
王雯迪	女	会计学	满意	73
王思思	女	会计学	满意	80

解：使用 random.sample 函数和 random.choices 函数可以从一个已知的数据集中抽取简单随机样本，代码和结果如代码框 2-12 所示。

代码框 2-12　抽取简单随机样本

```
import pandas as pd
import random
example2_1 = pd.read_csv("C:/pydata/example/chap02/example2_1.csv")

# 随机抽取 10 名学生组成一个样本
d1=example2_1['姓名']
n1 = random.sample(population=list(d1), k=10)      # 无放回抽取 10 个数据，k 为抽样次数
n2 = random.choices(population=d1, k=10)           # 有放回抽取 10 个数据

# 随机抽取 10 个考试分数组成一个样本
d2=example2_1['考试分数']
n3 = random.sample(population=list(d2), k=10)      # 无放回抽取 10 个数据
n4 = random.choices(population=d2, k=10)           # 有放回抽取 10 个数据

print('# 无放回抽取 10 名学生:','\n',n1,'\n'"# 有放回抽取 10 名学生:",'\n',n2,
      '\n'"# 无放回抽取 10 个考试分数:",'\n',n3,'\n'"# 有放回抽取 10 个考试分数:",
                                '\n',n4) # 打印结果

# 无放回抽取 10 名学生:
 ['黄向春', '徐丽娜', '张青松', '王思思', '袁芳芳', '杨小波', '马家强', '张志杰', '李佳佳', '王浩波']
# 有放回抽取 10 名学生:
 ['刘文涛', '王思思', '卢春阳', '蒋亚迪', '黄向春', '李国胜', '田思雨', '吴凯迪', '高凤云', '邵海阳']
# 无放回抽取 10 个考试分数:
 [73, 78, 80, 75, 71, 89, 74, 70, 82, 81]
# 有放回抽取 10 个考试分数:
 [90, 74, 76, 74, 77, 86, 74, 86, 63, 89]
```

由于是随机抽样，所以每次运行上述代码都会得到不同的结果。如果每次运行想得到相同的结果，就需要在抽样前设置随机数种子。

2.3.2　数据筛选

数据筛选是根据需要找出符合特定条件的某类数据。比如，找出每股盈利在 2 元以上的上市公司，找出考试成绩在 90 分及以上的学生，等等。

使用 Python 进行数据筛选的方法有很多，比如，直接在数据框的"[ ]"中写筛选的条件或者组合条件进行筛选；使用 loc 或 iloc 按标签值（列名和行索引）或按数字索引访问数据框，从行和列两个维度进行筛选；使用 df.isin 函数筛选某些具体数值范围内的数据；使用 df. Query 函数查询数据框的列；使用 filter 函数筛选特定的行或列；等等。

以例 2-1 为例，进行数据筛选的代码和结果如代码框 2-13 所示。

代码框 2-13　数据筛选

```
import pandas as pd
df = pd.read_csv("C:/pydata/example/chap02/example2_1.csv")
```

```
# 筛选出考试分数小于 60 的所有学生
df[df['考试分数']<60]
```

	姓名	性别	专业	满意度	考试分数
11	马凤良	男	金融学	满意	55
14	孙学伟	男	会计学	不满意	51
33	张天洋	男	会计学	一般	56

```
# 筛选出考试分数为 70、80 和 90 的 3 名学生
df.loc[df['考试分数'].isin([70,80,90]),:].sample(3)
```

	姓名	性别	专业	满意度	考试分数
49	王思思	女	会计学	满意	80
21	李国胜	男	金融学	一般	90
47	尹嘉韩	男	会计学	一般	70

```
# 筛选出所有不满意的学生
df[df['满意度']=='不满意'].head(3)           # 只显示前 3 行
```

	姓名	性别	专业	满意度	考试分数
0	张青松	男	会计学	不满意	82
4	张志杰	男	会计学	不满意	77
10	李佳佳	女	金融学	不满意	80

```
# 筛选出管理学专业满意的学生
df[(df['专业'] =='管理学') & (df['满意度'] =='满意')]
```

	姓名	性别	专业	满意度	考试分数
18	吴凯迪	女	管理学	满意	71
36	李宗洋	男	管理学	满意	79
37	刘皓天	男	管理学	满意	85
41	孟子铎	男	管理学	满意	82
46	唐国健	男	管理学	满意	75

```
# 筛选出会计学专业考试分数大于等于 80 的女生，并按分数多少降序排列
df[(df['专业'] =='会计学') & (df['考试分数']>=80) &
   (df['性别'] =='女')].sort_values(by='考试分数',ascending=False)
```

	姓名	性别	专业	满意度	考试分数
29	李爱华	女	会计学	不满意	98
7	宋丽媛	女	会计学	一般	92
34	李冬茗	女	会计学	满意	88
35	王晓倩	女	会计学	不满意	86
49	王思思	女	会计学	满意	80

```
# 筛选出考试分数大于等于 80、金融学专业满意的女生，并按分数多少降序排列
df[(df['考试分数']>=80) & (df['专业'] =='金融学') & (df['满意度'] =='满意')&
   (df['性别'] =='女') ].sort_values(by='考试分数',ascending=False)
```

	姓名	性别	专业	满意度	考试分数
5	赵颖颖	女	金融学	满意	97
26	丁丽佳	女	金融学	满意	89
28	于文静	女	金融学	满意	84
43	邱怡爽	女	金融学	满意	83

2.3.3　生成随机数

　　有时需要生成某种分布的随机数用于模拟分析。用 Python 生成随机数需要借助其他模块。内置模块的 random 函数一次只能生成一个随机数；第三方模块 numpy 中的 random 子模块可以同时生成多个随机数，还能组成不同形状的随机数数组。由于是随机生成，每次运行都会得到不同的随机数。要想每次运行都生成一组相同的随机数，可在生成随机数之前使用 seed 函数设定随机数种子，在括号内输入任意数字即可。若使用相同的随机数种子，则每次运行都会生成一组相同的随机数。代码框 2–14 是生成几种不同分布随机数的代码和结果。

代码框 2–14　生成随机数

```
# 生成不同分布的随机数（每种分布生成 5 个）
import numpy.random as npr

npr.seed(15)                              # 设定随机数种子
```

```
r1=npr.standard_normal(size=5)            # 标准正态分布
r2=npr.normal(loc=50,scale=5,size=5)      # 均值(loc)为 50、标准差(scale)为 5 的正态分布
r3=npr.uniform(low=0, high=10, size=5)    # 0～10 之间的均匀分布

print('# 标准正态分布:','\n',r1,'\n''# 均值为 50、标准差为 5 的正态分布:','\n',r2,
      '\n''# 0～10 之间的均匀分布:','\n',r3)     # 打印结果
```

```
# 标准正态分布:
 [-0.31232848   0.33928471 -0.15590853 -0.50178967   0.23556889]
# 均值为 50、标准差为 5 的正态分布:
 [41.18197372 44.52068978 44.56117129 48.47414974 47.63125814]
# 0～10 之间的均匀分布:
 [9.17629898 2.64146853 7.17773687 8.65715034 8.07079482]
```

2.4 生成频数分布表

频数分布表（frequency distribution table）是展示数据的一种基本形式，它是对类别数据（因子的水平）计数或数值数据类别化（分组）后计数生成的表格，用于展示数据的**频数分布**（frequency distribution），其中，落在某一特定类别的数据个数称为**频数**（frequency）。

使用频数分布表可以观察不同类型数据的分布特征。比如，通过不同品牌产品销售量的分布可以了解其市场占有率；通过一所大学不同学院学生人数的分布可以了解该大学的学生构成；通过社会中不同收入阶层的人数分布可以了解收入的分布状况；等等。

2.4.1 类别数据频数表

类别数据本身就是一种分类，只要将所有类别都列出来，然后计算出每一类别的频数，即可生成一张频数分布表。根据观测变量的多少，可以生成一维频数表、二维列联表和多维列联表。

1. 一维频数表

当只涉及一个类别变量时，这个变量的各类别既可以放在频数分布表中"行"的位置，也可以放在"列"的位置，将该变量的各类别及其相应的频数列出来就是一维频数表或称简单频数表，也称**一维列联表**（one-dimensional contingency table）或简称一维表。下面通过一个例子说明一维表的生成过程。

【**例 2-2**】（数据：example2_1.csv）沿用例 2-1。以专业为例，生成频数分布表，并将频数分布表转化成百分比表。

解：这里涉及 3 个类别变量，即性别、专业和满意度。对每个变量均可以生成一维表，分别展示性别、专业和满意度的分布状况。使用 Python 自带的 value_counts 函数、pandas 中的 pivot_table 函数等均可以生成一维表。使用 value_counts 函数生成专业一维表的代码和结果如代码框 2-15 所示。

代码框 2-15　生成单变量一维表

```
# 使用 value_counts 函数生成专业的简单频数表（一维表）
import pandas as pd
df = pd.read_csv("C:/pydata/example/chap02/example2_1.csv")

tab11=df['专业'].value_counts()        # 生成频数表（类型是序列）
pd.DataFrame(tab11)                    # 转换成数据框
```

	专业
会计学	19
金融学	16
管理学	15

```
# 将频数表转化成百分比表
tab12=pd.DataFrame(df['专业'].value_counts(normalize=True)*100)
tab12
```

	专业
会计学	38.0
金融学	32.0
管理学	30.0

2. 二维列联表

当涉及两个类别变量时，可以将一个变量的各类别放在"行"（row）的位置，将另一个变量的各类别放在"列"（column）的位置（行和列可以互换）。由两个类别变量交叉分类形成的频数分布表称为**二维列联表**（two-dimensional contingency table），简称二维表或**交叉表**（cross table）。比如，例 2-1 中的 3 个变量，可以分别生成性别与专业、性别与满意度、专业与满意度的 3 个二维表。

使用 pandas 中的 crosstab 函数和 pivot_table 函数均可以生成二维表。在 crosstab 函数中，设置参数 margins=True 可为二维表添加边际和；设置参数 margins_name 可以修改边际和的名称；设置参数 normalize='index'可以计算各行数据占该行合计的比例；设置参数 normalize='columns'可以计算各列数据占该列合计的比例；设置参数 normalize='all'可以计算每个数据占总和的比例。

以例 2-1 的性别和满意度为例，由 crosstab 函数生成二维表的代码和结果如代码框 2-16 所示。

代码框 2-16　生成两个变量的二维表

```
# 使用 pd 中的 crosstab 函数生成二维表
import pandas as pd
df = pd.read_csv("C:/pydata/example/chap02/example2_1.csv")
tab21=pd.crosstab(df.性别,df.满意度)
tab21
```

满意度 性别	一般	不满意	满意
女	3	6	13
男	12	6	10

```
# 为二维表添加边际和并修改边际和的名称
tab22=pd.crosstab(df.性别,df.满意度,margins=True,margins_name='合计')
tab22
```

满意度 性别	一般	不满意	满意	合计
女	3	6	13	22
男	12	6	10	28
合计	15	12	23	50

```
# 将二维表转换成百分比表
tab23=pd.crosstab(df.性别,df.满意度,margins=True, margins_name='合计',normalize='index')
round(tab23*100,2)    # 转换成百分比表，结果保留 2 位小数
```

满意度 性别	一般	不满意	满意
女	13.64	27.27	59.09
男	42.86	21.43	35.71
合计	30.00	24.00	46.00

```
# 计算各列所占的比例，并转换成百分比表
tab24=pd.crosstab(df.性别,df.满意度,margins=True,margins_name='合计',normalize='columns')
round(tab24*100,2)
```

满意度 性别	一般	不满意	满意	合计
女	20.0	50.0	56.52	44.0
男	80.0	50.0	43.48	56.0

```
# 计算各数据占总和的比例，并转换成百分比表
tab25=pd.crosstab(df.性别,df.满意度,margins=True,margins_name='合计',normalize='all')
tab25*100
```

满意度 性别	一般	不满意	满意	合计
女	6.0	12.0	26.0	44.0
男	24.0	12.0	20.0	56.0
合计	30.0	24.0	46.0	100.0

3. 多维列联表

当有两个以上类别变量时，通常将一个或多个变量按"行"摆放，其余变量按"列"摆放，这种由多个类别变量生成的频数分布表称为**多维列联表**（multidimensional contingency table），简称多维表或**高维表**（higher-dimensional tables）。比如，例 2-1 中的 3 个变量可以生成一个三维表，用于观察 3 个变量频数的交叉分布状况。

使用 pandas 中的数据透视表函数 pivot_table 可以生成多个类别变量的多维表（该函数可以生成一维表、二维表和多维表）。参数 index 用于指定行变量，columns 用于指定列变量（行和列可以互换，可根据需要指定）。参数 margins=True 可为多维表添加边际和，margins_name 可以修改边际和的名称。使用聚集函数 aggfunc 可以对类别数据计数（如果数据框中有数值变量，则设置其为 value，可以对其计算简单统计量，具体应用见第 4章）。由 pivot_table 函数生成多维表的代码和结果如代码框 2-17 所示。

代码框 2-17　生成多维表

```
# 性别和专业为行变量，满意度为列变量（行变量和列变量根据需要确定）
import pandas as pd
import numpy as np
df = pd.read_csv("C:/pydata/example/chap02/example2_1.csv")

df.drop(['姓名','考试分数'],axis=1,inplace=True)        # 删除姓名列和考试分数列
tab1 = pd.pivot_table(df,index=['性别','专业'],         # 设置行变量
            columns=['满意度'],                         # 设置列变量
            margins=True, margins_name='合计',          # 添加边际和并重命名为"合计"
            aggfunc=len)                                # 使用长度聚集函数
tab1
```

性别	满意度 专业	一般	不满意	满意	合计
女	会计学	1	3	5	9
	管理学	1	2	1	4
	金融学	1	1	7	9
男	会计学	4	3	3	10
	管理学	5	2	4	11
	金融学	3	1	3	7
合计		15	12	23	50

```
# 满意度为行变量，性别和专业为列变量
tab2 = pd.pivot_table(df,index=['满意度'],columns=['性别','专业'],
            margins=True, margins_name='合计',aggfunc=len)
tab2
```

性别 专业 满意度	女 会计学	管理学	金融学	男 会计学	管理学	金融学	合计
一般	1	1	1	4	5	3	15
不满意	3	2	1	3	2	1	12
满意	5	1	7	3	4	3	23
合计	9	4	9	10	11	7	50

2.4.2 数值数据类别化

在生成数值数据的频数分布表时，需要先将数据划分成不同的数值区间，这样的区间就是类别数据，然后生成频数分布表，这一过程称为**类别化**（categorization）。类别化的方法是将原始数据分成不同的组别。

数据分组是将数值数据转化成类别数据的方法之一，它是先将数据按照一定的间距划分成若干个区间，然后统计出每个区间的频数并生成频数分布表。通过分组可以将数值数据转化成具有特定意义的类别，比如，根据空气质量指数（air quality index，AQI）数据将空气质量分为 6 级：优（0～50）、良（51～100）、轻度污染（101～150）、中度污染（151～200）、重度污染（201～300）、严重污染（300 以上）；按收入的多少将家庭划分成低收入、中等收入、高收入；等等。

下面结合具体例子来说明数值数据频数分布表的生成过程。

【**例 2-3**】（数据：example2_3.csv）某电商平台 2023 年前 4 个月每天的销售额数据如表 2-6 所示。对销售额做适当分组并分析销售额的分布特征。

表 2-6　某电商平台 2023 年 1—4 月份每天的销售额　　　　　单位：万元

272	194	161	246	196	201	217	209	265	219	188	216
181	241	254	207	198	224	253	210	215	207	225	234
225	197	171	243	208	202	206	210	233	222	222	199
199	236	203	167	199	193	248	205	216	218	209	235
188	198	225	203	252	203	181	212	205	226	226	220
240	196	172	224	200	261	207	218	217	223	228	238
191	199	252	183	238	203	172	217	237	191	229	196
204	200	187	195	200	218	207	214	217	224	230	233
192	172	216	196	200	235	216	206	218	204	186	206
212	234	243	239	222	208	205	215	203	224	238	243

解：首先，确定要分的组数。确定组数的方法有几种。设组数为 K，根据 Sturges 给出的组数确定方法，$K = 1 + \lg n / \lg 2$。当然这只是一个大概的数，具体的组数可根据需要适当调整。表 2-6 中共有 120 个数据，$K = 1 + \lg 120 / \lg 2 \approx 8$，因此，可以将数据大约分成 8 组。实际分组时，可根据需要适当调整组数。

其次，确定各组的组距（组的宽度）。组距可根据全部数据的最大值和最小值及所分的组数来确定，即组距 = (最大值 − 最小值) ÷ 组数。对于表 2-6 的数据，最小值为 min(example2_3 ['销售额']) = 161，最大值为 max(example2_3 ['销售额']) = 272，则组距 = (272−161)/8 ≈ 14，因此组距可取 15（当然也可以取组距=10，组距=20，等等，使用者根据分析的需要确定一个大概数即可）。

最后，统计出各组的频数即可得到频数分布表。在统计各组频数时，对于恰好等于某一组上限的值有不同的处理方法。使用 R 语言或其他软件分组计数时，通常包含上限值，即一个组的数值 x 满足 $a < x \leqslant b$。此外，根据需要也可以将恰好等于上限的值计算在

下一组，即一个组的数值 x 满足 $a \leqslant x < b$。

　　使用 pandas 中的 cut 函数可实现数据分组并生成频数分布表，代码和结果如代码框 2-18 所示。

代码框 2-18　数据分组与生成频数分布表

```python
import pandas as pd
df = pd.read_csv("C:/pydata/example/chap02/example2_3.csv")

# 组距=10 的分组
f=pd.cut(df['销售额'],
        bins=[160,170,180,190,200,210,220,230,240,250,260,270,280],
        right=True)                  # 默认，含上限值
tf=f.value_counts()                  # 生成频数表
tab=tf.sort_index()                  # 按索引排序（函数默认按数据即频数排序）

# 修改 tab 的输出格式并添加其他信息
df=pd.concat({"频数": tab},axis=1)          # 构建数据框

df.loc[:,'频数百分比 (%)']=df['频数']/sum(df['频数'])*100   # 插入频数百分比
df.loc[:,'累积频数']=df['频数'].cumsum()         # 插入累积频数
df.loc[:,'累积频数百分比 (%)']=(df['频数'].cumsum()/df['频数'].sum())*100
                                    # 插入累积频数百分比
df.index.name = '销售额分组'                 # 设置索引名称

round(df,2)                         # 保留 2 位小数
```

销售额分组	频数	频数百分比 (%)	累积频数	累积频数百分比 (%)
(160, 170]	2	1.67	2	1.67
(170, 180]	4	3.33	6	5.00
(180, 190]	7	5.83	13	10.83
(190, 200]	21	17.50	34	28.33
(200, 210]	25	20.83	59	49.17
(210, 220]	19	15.83	78	65.00
(220, 230]	16	13.33	94	78.33
(230, 240]	13	10.83	107	89.17
(240, 250]	6	5.00	113	94.17
(250, 260]	4	3.33	117	97.50
(260, 270]	2	1.67	119	99.17
(270, 280]	1	0.83	120	100.00

```
# 组距为 15 的分组
f=pd.cut(df['销售额'],
         bins=[160,175,190,205,220,235,250,265,280],
         right=False)              # 不含上限值
tf=f.value_counts()               # 生成频数表
tab=tf.sort_index()               # 按索引排序

# 修改 tab 的输出格式并添加其他信息
df=pd.concat({"频数": tab},axis=1)          # 构建数据框

df.loc[:,'频数百分比 (%)']=df['频数']/sum(df['频数'])*100   # 插入频数百分比
df.loc[:,'累积频数']=df['频数'].cumsum()      # 插入累积频数
df.loc[:,'累积频数百分比 (%)']=(df['频数'].cumsum()/df['频数'].sum())*100
df.index.name = '销售额分组'                # 设置索引名称

round(df,2)
```

销售额分组	频数	频数百分比 (%)	累积频数	累积频数百分比 (%)
[160, 175)	6	5.00	6	5.00
[175, 190)	7	5.83	13	10.83
[190, 205)	30	25.00	43	35.83
[205, 220)	34	28.33	77	64.17
[220, 235)	21	17.50	98	81.67
[235, 250)	15	12.50	113	94.17
[250, 265)	5	4.17	118	98.33
[265, 280)	2	1.67	120	100.00

数据分组后掩盖了各组内的数据分布状况，因此，为了用一个值代表每个组的数据，通常需要计算出每个组的**组中值**（class midpoint），它是每个组的下限和上限之间的中点值，即组中值=(下限值+上限值)÷2。使用组中值代表一组数据时有一个必要的假定条件，即各组数据在本组内呈均匀分布或在组中值两侧对称分布。如果实际数据的分布不符合这一假定，那么用组中值作为一组数据的代表值会有一定的误差。

2.5 Python 绘图基础

2.5.1 Python 的主要绘图模块

Python 具有强大的可视化功能，可绘制式样繁多的图形。其中，最典型的可视化工具主要有两个：matplotlib 和 seaborn。此外，作为数据分析模块的 pandas 也提供了针对 DataFrame 对象的绘图函数，ggplot 模块则提供了类似于 R 语言中 ggplot2 的绘图方法。

1. matplotlib 模块

matplotlib 是 Python 中最常用的一种 2D 绘图库，是 Python 中的基础绘图模块，包含了大量绘图工具，可以创建灵活多样的静态和交互式图形，其中的 pyplot 子模块类似于 Matlab 的操作思想，很容易上手。matplotlib 可以对图形进行精确的设置，也可以与其他绘图模块结合使用。但由于 matplotlib 属于比较底层的绘图工具，在绘制漂亮或专业的图形时显得有些烦琐，需要编写大量代码，因此，实际中通常是将其与其他绘图模块结合使用。在官方网站（https://matplotlib.org/stable/tutorials/index.html）可以查看 matplotlib 的图表类型、示例、使用指南等。

2. seaborn 模块

seaborn 是统计数据可视化模块，也可视为 matplotlib 的扩展模块。它是在 matplotlib 的基础上进行了高级 API（application programming interface，应用程序编程接口）封装，使用较少的代码就可以绘制出漂亮的图形，可用于绘制分面图、交互图、3D 图等。seaborn 主要用于绘制比较专业的统计分析图形，基本上能满足大部分统计绘图的需求，尤其适合绘制按因子分组的图形以及概率分布图等。

3. pandas 中的绘图函数

pandas 的数据结构主要是数据框，由于数据框中有行标签和列标签，因此使用 pandas 提供的针对 DataFrame 对象的绘图函数绘图时所需的代码要比 matplotlib 少，容易实现，而且 pandas 提供了数据框绘图的高级方法，可以实现快速绘图。将 pandas 中的绘图函数与 matplotlib 的精细化设置结合使用，同样可以快速完成更有吸引力的图形。

4. ggplot 和 plotnine 绘图系统

ggplot 和 plotnine 是用于绘图的 Python 扩展模块，这两个模块基本上移植了 R 语言中 ggplot2 的绘图语法。对使用过 ggplot2 的读者来说，使用这两个模块绘图非常容易，输出的图形风格也与 R 语言中的 ggplot2 非常类似。

2.5.2　基本绘图函数

本书图形的绘制使用了不同的绘图模块和函数，下面主要介绍 matplotlib 模块的一些基本功能。

matplotlib 是 Python 的一个 2D 绘图库，它以各种硬拷贝格式和跨平台的交互式环境生成出版质量级别的图形。使用 matplotlib 时仅需要很少的代码就可以生成绘图，如直方图、条形图、散点图等。

使用 matplotlib 绘图首先要明确两个对象，即 figure 和 axes。figure 即绘图的区域（也称为画布），axes 即绘制的图像的主要部分（也称为画像），如条形图、折线图、散点图等。所有绘图操作的第 1 步都是创建 figure 和 axes，让 Python 明确你开始进行绘图操作了。一个画布上可以放置多个 axes。图 2-1 是 matplotlib 库官方文档中的一幅图，展示了绘制一幅图时应该包括的组件。

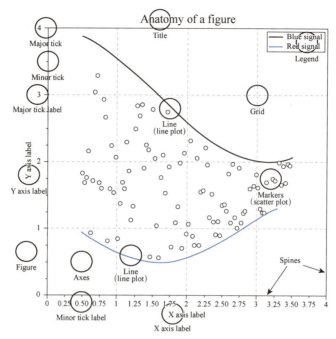

图 2-1 **matplotlib** 绘图的组件

matplotlib 使用不同的函数来控制图像的各个组件，如 legend 函数控制图例的名称、大小、颜色及位置等属性，title 函数控制标题，xlabel 函数控制 x 轴标题，相应的 ylabel 函数控制 y 轴标题，xticks 以及 yticks 函数分别控制 x 轴和 y 轴刻度等。可根据需要选择不同的函数绘制图像的内容，如 plot 函数绘制折线图，hist 函数绘制直方图，barh 函数绘制水平条形图，scatter 函数绘制散点图等。

下面通过一个例子简要说明使用 matplotlib 绘图的一些基本操作方法，如代码框 2-19 所示。

代码框 2-19 **matplotlib** 绘图的一些基本操作

```
# 图 2-2 的绘制代码
# 导入相关模块
import numpy as np
import matplotlib.pyplot as plt
plt.rcParams['font.sans-serif'] = 'SimHei'          # 显示中文
plt.rcParams['axes.unicode_minus']=False            # 显示负号


# 生成绘图数据
np.random.seed(2025)                                 # 设置随机数种子
x = np.random.standard_normal(200)                   # 生成 200 个标准正态分布随机数
y = 1 + 2 * x + np.random.normal(0, 1, 200)          # 生成变量 y 的随机数


# 绘制图像内容
```

```
plt.figure(figsize=(8, 6))                            # 设置图形大小（宽度和高度）
plt.scatter(x, y, marker='o',color='white',edgecolors='blue')
                                                      # 绘制散点图


fit = np.poly1d(np.polyfit(x, y, deg=1))              # 使用一项式拟合
y_hat = fit(x)                                        # 得到拟合 y 值
plt.plot(x, y_hat, c='r')                             # 绘制拟合直线，设置为红色
plt.plot(x.mean(), y.mean(), 'ro', markersize=20, fillstyle='bottom')
                                                      # 添加均值点并设置点的大小、颜色和填充类型
plt.axhline(y.mean(), color='black', ls='-.', lw=1)          # 添加 y 的均值水平线
plt.axvline(x.mean(), color='black', ls=(0, (5, 10)),lw=1)   # 添加 x 的均值垂直线


# 绘制其他组件
plt.grid(linestyle=':')                       # 添加网格线


ax = plt.gca()                                # 得到当前操作的图像
ax.spines['right'].set_color('green')         # 设置边框颜色
ax.spines['left'].set_color('#4169E1')
ax.spines['top'].set_color('royalblue')
ax.spines['bottom'].set_color('b')


plt.text(x=0.4, y=-2, s=r'$\hat{y}=\hat{\beta}_0+\hat{\beta}_1x$',
         fontdict={'size':12, 'bbox':{'fc': 'pink', 'boxstyle': 'round'}}, ha='left')   # 添加文本注释


plt.annotate(text=r'均值点', xy=(x.mean(), y.mean()), xytext=(-0.6, 3),
         arrowprops = {'headwidth': 10, 'headlength': 12, 'width': 2,
                       'facecolor': 'r', 'shrink': 0.1,},fontsize=14,
                       color='red', ha='right')               # 添加带箭头的文本注释


plt.title('散点图及拟合直线\n 并为图形增加新的元素', fontsize=14) # 添加标题，\n 表示换行
plt.xlabel('x = 自变量', fontsize=12)     # 添加 x 轴标题
plt.ylabel('y = 因变量', fontsize=12)     # 添加 y 轴标题
plt.legend(['拟合直线'], loc='best',fontsize=10)  # 添加图例


plt.show()                                    # 显示图像
```

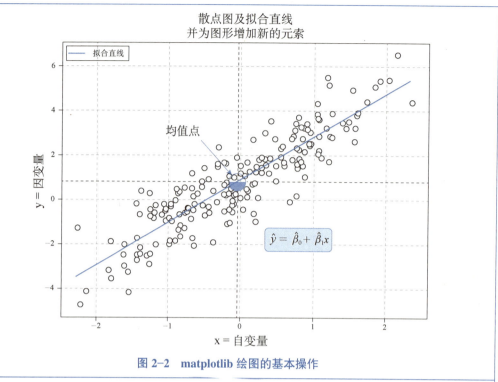

图 2-2   **matplotlib 绘图的基本操作**

注：直接使用 plt 函数绘图，会自动创建 figure 与 axes 对象。绘制散点图时，edgecolors 控制标记边框的颜色，c 控制标记填充的颜色，c=' '表示空心。plt 支持 Latex，文本内容可以是数学公式，在"$$"内写即可。使用 "help(plt.函数名)" 可查看更多可以设置的参数。

图 2-2 是用 matplotlib 的 pyplot 子模块中的 scatter 函数绘制的 *x* 和 *y* 的散点图，并使用多个控制函数为散点图添加各种组件，以增强图形的可读性。这里只是演示在现有图形上添加新元素的方法，在实际应用中，可根据需要选择要添加的元素。

2.5.3   图形布局

一个绘图函数通常只生成一幅独立的图形。当需要在一个画布（绘图区域）内同时绘制多幅不同的图形时，可使用 matplotlib 在一个画布上进行不同的布局。比如，使用子图函数 subplots 等分画布，使用 add_gridspec 函数、GridSpec 函数、subplot2grid 函数、add_gridspec 函数等自定义分割画布，生成页面的不同分割方法和图形组合方法。代码框 2-20 展示了不同函数布局的代码和结果。

代码框 2-20   画布的不同分割方法

```
# 使用 subplots 函数等分布局（见图 2-3）
import matplotlib.pyplot as plt
import numpy as np

np.random.seed(1010)    # 设置随机数种子
plt.subplots(nrows=2, ncols=2, figsize=(8, 6))    # 生成 2×2 网格，整幅图形宽度为 8，高度为 6
```

```
plt.subplot(221)          # 在 2×2 网格的第 1 个位置绘图
plt.scatter(x=range(50), y=np.random.randint(low=0, high=100, size=50),
            marker='*', c='red')      # 绘制散点图
plt.title('subplot(221)')                # 绘制标题

plt.subplot(222)          # 在 2×2 网格的第 2 个位置绘图
plt.plot(range(20), np.random.normal(5,10,20), marker='o',
            linestyle='-.', linewidth=2, markersize=5)      # 绘制折线图
plt.title('subplot(222)')

plt.subplot(223)          # 在 2×2 网格的第 3 个位置绘图
plt.bar(x=range(5), height=range(5, 0, -1), color=['cyan', 'pink'])   # 绘制条形图
plt.title('subplot(223)')

plt.subplot(224)          # 在 2×2 网格的第 4 个位置绘图
plt.hist(np.random.normal(loc=50, scale=10, size=500),
            bins=10, color='lightgreen')   # 绘制直方图
plt.title('subplot(224)')

plt.tight_layout()        # 紧凑布局
```

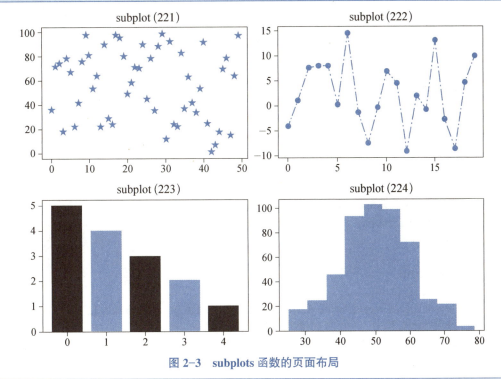

图 2-3　subplots 函数的页面布局

```
# 使用 GridSpec 函数自定义布局（见图 2-4）
import matplotlib.pyplot as plt

fig = plt.figure(figsize=(6, 5))          # 创建新图形，并设置图形大小
grid=plt.GridSpec(3,3)                      # 生成 3 行 3 列的网格
plt.subplot(grid[0,:2])                     # 占据第 1 行前 2 列
plt.subplot(grid[0,2])                      # 占据第 1 行第 3 列
plt.subplot(grid[1,:1])                     # 占据第 2 行第 1 列
plt.subplot(grid[1,1:])                     # 占据第 2 行后 2 列
plt.subplot(grid[2,:3])                     # 占据第 3 行前 3 列
fig.tight_layout()                          # 紧凑布局
```

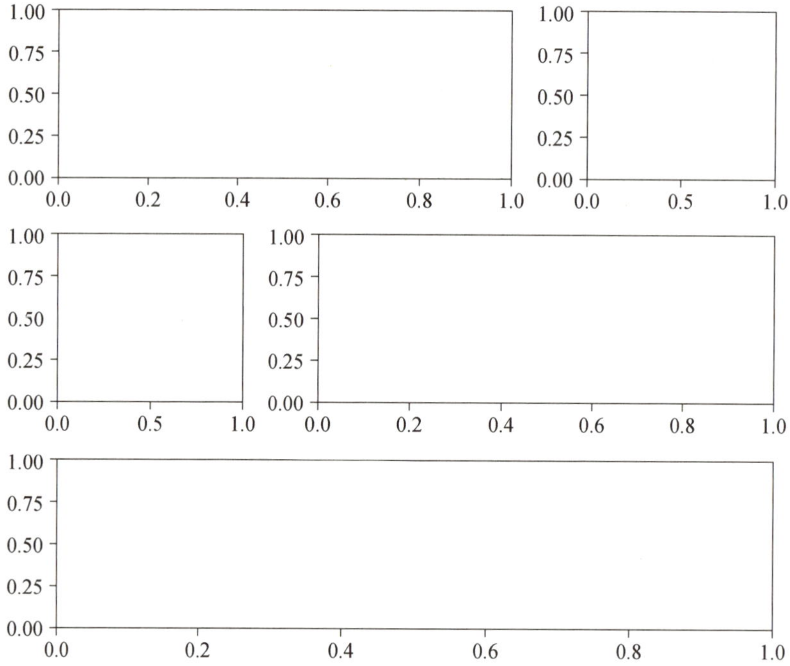

图 2-4 GridSpec 函数的不等分布局

```
# 使用 add_gridspec 函数布局（见图 2-5）
import matplotlib.pyplot as plt
import numpy as np

np.random.seed(1010)
fig = plt.figure(figsize=(7, 4))
spec = fig.add_gridspec(nrows=2, ncols=6, width_ratios=[1,1,1,1,1,1], height_ratios=[1,2])
fig.add_subplot(spec[0, 1:3])               # 占据第 1 行的 2~3 列
fig.add_subplot(spec[0, 3:])                # 占据第 1 行的后 3 列
ax = fig.add_subplot(spec[:, 0])            # 占据第 1 列
ax = fig.add_subplot(spec[1, 1:4])          # 占据第 2 行的 2~4 列
ax = fig.add_subplot(spec[1, 4:])           # 占据第 2 行第 4 列后的所有列（这里为 5~6 列）
fig.tight_layout()
```

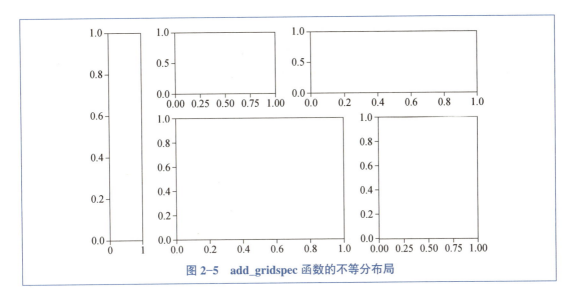

图 2-5　**add_gridspec** 函数的不等分布局

2.5.4　图形颜色、线型和标记

Python 的每个绘图函数都有多个绘图参数，它们用于控制图形细节，如标记大小和形状等。使用者可以用"help(函数名)"查阅函数参数的详细解释。绘图时，若不对参数做任何修改，则函数使用默认参数绘制图形。若默认设置不能满足个人需要，则可对其进行修改，以完善图形输出。

1.　图形颜色

图形配色在可视化中非常重要，从某种程度上来说，颜色可以作为展示数据的一个特殊维度。Python 软件提供了丰富的绘图颜色，可使用参数 color=" "控制图形内容颜色，对于散点图控制点的颜色、折线图控制线的颜色、直方图控制箱子的颜色，color 有时可简写为 c。颜色的名称一般是字符串，Python 对部分颜色有特定的命名，除了已命名的颜色外，Python 还支持以#开头的 16 进制颜色字符串，如"#3FD462"。此外也可以使用调色板（palette）为图形配色。

Python 为几种主要颜色设置了简写，如'b'表示蓝色，'r'表示红色，'g'表示绿色，'k'表示黑色等。设置单一颜色时，表示成 color="red"（或 color='r'）。设置多个颜色时，则为一个颜色列表，如 color=["red","green","blue"]。当需要填充的颜色多于设置的颜色向量时，颜色会被重复循环使用。比如，要填充 10 个条的颜色，color=["red","green"]两种颜色被重复使用。读者可以在 matplotlib 官网上查阅不同颜色对应的名称。

2.　线型和标记

绘制线段或折线图时，若需要在图形中添加多个线条组件，可以使用线条粗细、线条形状等进行区分。Python 使用参数 linestyle=" "控制线型，有时可简写为 ls；使用参数 linewidth 控制线条宽度，有时可简写为 lw。Python 常用的线型有：'-'表示实线，或使用名称"solid"；'--'表示破折线，或使用名称"dashed"；':'表示点虚线，或使用名称"dotted"；'-.'

表示点划线，或使用名称"dashdot"。此外，还可设置空字符串''表示无线条。

绘制散点图和折线图等图形时会用到点标记，Python 使用 marker=" "参数控制标记的形状，使用 markersize 参数控制标记的大小。图 2-6 展示了 Python 支持的标记形状。

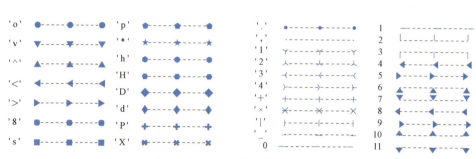

图 2-6 Python 支持的标记形状

习题

2.1   下表是按收入五等分的某地区城镇居民人均纯收入数据（单位：元）。

收入户等级	2019 年	2020 年	2021 年	2022 年	2023 年
低收入户	3 750	4 647	6 545	8 004	10 422
中等偏下户	7 338	9 330	12 674	17 024	21 636
中等收入户	10 508	13 506	18 277	24 832	31 685
中等偏上户	14 823	19 404	26 044	35 576	45 639
高收入户	28 225	36 957	49 175	67 132	85 541

在 Python 中录入上表数据，并保存成名为 exercise1_1 的 csv（GBK）格式的文件。

2.2   下面是随机抽取的 10 名学生的两门课程的考试分数。

姓名	性别	专业	数学	统计学
赵宇翔	男	经济学	91	85
程建功	男	金融学	85	68
田思雨	女	会计学	55	74
徐丽娜	女	金融学	90	88
张志杰	男	金融学	82	53
房文英	女	经济学	84	78
王智强	男	会计学	78	95
宋丽媛	女	金融学	100	90
洪天利	男	经济学	51	58
高见岭	男	会计学	70	63

（1）按数学分数降序排序数据框。

（2）采用有放回抽样方法，随机抽取 5 名学生组成一个样本。

（3）筛选出经济学专业的女生。

（4）筛选出统计学分数大于等于 90 的男生。

2.3　使用 Python 生成以下随机数：

（1）均值为 0、标准差为 1 的 10 个标准正态分布的随机数。

（2）均值为 100、标准差为 20 的 10 个正态分布的随机数。

（3）1～1 000 之间的 10 个均匀分布的随机数。

2.4　为评价旅游业的服务质量，随机抽取 60 个顾客进行调查，得到的满意度回答如下表所示（前 3 行和后 3 行）。

性别	满意度
女	不满意
男	非常满意
男	非常满意
……	……
女	不满意
男	不满意
女	非常满意

（1）分别生成被调查者性别和满意度的简单频数分布表。

（2）生成被调查者性别和满意度的二维列联表。

（3）对（2）生成的二维列联表做简单分析。

2.5　为确定灯泡的使用寿命，在一批灯泡中随机抽取 100 只进行测试，得到的使用寿命数据如下（单位：小时）。

7 000	7 160	7 280	7 190	6 850	7 090	6 910	6 840	7 050	7 180
7 060	7 150	7 120	7 220	6 910	7 080	6 900	6 920	7 070	7 010
7 080	7 290	6 940	6 810	6 950	6 850	7 060	6 610	7 350	6 650
6 680	7 100	6 930	6 970	6 740	6 580	6 980	6 660	6 960	6 980
7 060	6 920	6 910	7 470	6 990	6 820	6 980	7 000	7 100	7 220
6 940	6 900	7 360	6 890	6 960	6 510	6 730	7 490	7 080	7 270
6 880	6 890	6 830	6 850	7 020	7 410	6 980	7 130	6 760	7 020
7 010	6 710	7 180	7 070	6 830	7 170	7 330	7 120	6 830	6 920
6 930	6 970	6 640	6 810	7 210	7 200	6 770	6 790	6 950	6 910
7 130	6 990	7 250	7 260	7 040	7 290	7 030	6 960	7 170	6 880

选择适当的组距进行分组，制作频数分布表并分析数据分布的特征。

第 3 章　数据可视化

数据可视化（data visualization）是利用图形展示数据的一种方法。可视化是数据分析的基础，也是数据分析的重要组成部分。它不仅是用图形展示数据，而且是对数据信息的再提取过程。可视化既可以帮助我们理解数据，探索数据的特征和模式，也可以提供数据本身难以发现的潜在信息。对使用者而言，可视化分析需要弄清楚三个基本问题，即数据类型、分析目的和实现工具。数据类型决定你可以画出什么图形，分析目的决定你需要画出什么图形，实现工具决定你能够画出什么图形。本章以数据类型和分析目的为基础，介绍数据分析中一些常见的图形。

3.1　类别数据可视化

类别数据既包括类别的频数或百分比，也包括具有类别标签的其他数值或百分比。比如，男性和女性的人数，这里的人数就是男或女这两个类别出现的频数；男性和女性的月平均收入，这里的月平均收入并不是男或女这两个类别出现的频数，而是与这两个类别相对应的其他数值；各地区的地区生产总值，这里的地区生产总值是具有地区标签的其他数值，而不是地区的频数；等等。对于类别数据，主要关注的是各类别的绝对值或百分比等信息，其可视化的基本图形有条形图和饼图及其变种。

3.1.1　条形图

条形图（bar plot）是用一定长度和宽度的矩形表示各类别数值多少的图形，用于比较各类别的频数或其他数值，也可用于比较类别百分比。绘制条形图时，各类别可以放在 x 轴（横轴），也可以放在 y 轴（纵轴）。类别放在 x 轴的条形图称为**垂直条形图**（vertical bar plot）或柱形图，类别放在 y 轴的条形图称为**水平条形图**（horizontal bar plot）。根据绘制的变量多少，条形图有简单条形图、并列条形图和堆叠条形图等不同形式。

1. 简单条形图和帕累托图

简单条形图（simple bar plot）是根据一个类别变量各类别的频数或其他数值绘制的，主要用于展示各类别的频数或其他数值的绝对值大小，其中的各个类别可以放在 x 轴，也可以放在 y 轴。下面用一个例子说明简单条形图的绘制方法及其解读。

【例 3-1】（数据：example3_1.csv）表 3-1 是 2021 年北京、天津、上海和重庆居民人均消费支出数据。绘制简单条形图并分析各项消费支出金额的分布状况。

表 3-1　2021 年北京、天津、上海和重庆的居民人均消费支出　　　　单位：元

支出项目	北京	天津	上海	重庆
食品烟酒	9 306.6	9 138.4	12 604.5	8 154.5
衣着	2 104.4	1 872.0	2 086.9	1 708.3
居住	16 846.7	7 519.5	16 136.8	4 490.3
生活用品及服务	2 559.7	1 940.6	2 248.1	1 682.5
交通通信	4 226.8	4 390.4	5 626.2	3 049.8
教育文化娱乐	3 348.0	3 372.5	4 709.9	2 601.4
医疗保健	4 285.7	3 747.6	3 877.9	2 325.8
其他用品及服务	962.5	1 207.5	1 589.1	585.2

资料来源：国家统计局. 中国统计年鉴. 北京：中国统计出版社，2022.

解： 这里涉及 4 个地区和 8 项支出项目，可以对不同地区和不同支出项目分别绘制简单条形图。为节省篇幅，这里只绘制北京各项消费支出和每个地区总支出的两个条形图。

Python 提供了多个绘制条形图的函数。使用 matplotlib 中的 plt.bar 函数绘制条形图的代码和结果如代码框 3-1 所示。

代码框 3-1　绘制简单条形图

```
# 图 3-1 的绘制代码
import pandas as pd
import matplotlib.pyplot as plt
plt.rcParams['font.sans-serif'] = ['SimHei']       # 显示中文
df=pd.read_csv('C:/pydata/example/chap03/example3_1.csv')

# 图（a）北京各项支出的水平条形图
plt.subplots(1,2,figsize=(10,4))      # 设置子图和图形大小
plt.subplot(121)
plt.barh(y=df['支出项目'],width=df['北京'],alpha=0.6)   # 绘制水平条形图
plt.xlabel('支出金额',size=12)
plt.ylabel('支出项目',size=12)
plt.title('(a) 北京各项支出的水平条形图',size=15)
plt.xlim(0,19000)                 # 设置 x 轴的范围
# 为条形图添加标签（可根据需要选择）
x=df['北京']
y=df['支出项目']
for a,b in zip(x,y):plt.text(a+800, b, '%.0f'% a, # 标签位置在 x 值+800 处
        ha='center', va='bottom',color='black',fontsize=10)

# 图（b）每个地区总支出的垂直条形图
plt.subplot(122)
labels= pd.Series(['北京','天津','上海','重庆'])
h=[sum(df['北京']),sum(df['天津']),sum(df['上海']),sum(df['重庆'])]  # 各地区的总支出
plt.bar(x=labels,height=h,            # 绘制垂直条形图
        width=0.6,alpha=0.6,          # 设置条的宽度和颜色透明度
```

```
        align='center')
plt.xlabel('地区',size=12)
plt.ylabel('总支出',size=12)
plt.title('(b) 每个地区总支出的垂直条形图',size=15)
plt.ylim(0,55000)                 # 设置 y 轴范围
# 为条形图添加数值标签
x=labels;y=h
for a,b in zip(x,y):
    plt.text(a, b+500, '%.0f'% b, # 标签位置在 y 值+500 处
    ha='center', va= 'bottom',color='black',fontsize=10)

plt.tight_layout()                # 紧凑布局
```

图 3-1   2021 年北京各项消费支出和每个地区总支出的简单条形图

注：函数默认 align='center'，即 x 轴标签与条形中心对齐，'edge'表示 x 轴标签与条形左边缘对齐。如果是原始的类别数据，可以先生成频数表再绘制条形图。

图 3-1（a）显示，北京的各项支出中，居住支出最多，其他用品及服务支出最少。图 3-1（b）显示，在各地总支出中，上海的总支出最多，重庆的总支出最少。

帕累托图（Pareto plot）是以意大利经济学家帕累托（V. Pareto）的名字命名的，它是将各类别的频数降序排序后绘制的条形图。帕累托图可视为简单条形图的变种，利用该图很容易观察哪类数值出现得最多，哪类数值出现得最少，还可观察各类别频数的累计百分比。

以例 3-1 中北京的各项支出为例，绘制帕累托图的 Python 代码和结果如代码框 3-2 所示。

代码框 3-2   绘制帕累托图

```
# 图 3-2 的绘制代码
import pandas as pd
import matplotlib.pyplot as plt
plt.rcParams['font.sans-serif'] = ['SimHei']
df= pd.read_csv('C:/pydata/example/chap03/example3_1.csv')

# 处理数据
df=df.sort_values(by='北京', ascending=False)           # 按北京支出金额降序排序数据框
```

```
p = 100*df['北京'].cumsum()/df['北京'].sum()          # 计算累计百分比
df['累计百分比']=p                                    # 在数据框中插入累计百分比列

# 绘制条形图
fig, ax = plt.subplots(figsize = (10,7))             # 设置子图和图形大小
ax.bar(df['支出项目'], df["北京"], color="steelblue")  # 绘制条形图
ax.set_ylabel('支出金额',size=12)                     # 设置 y 轴标签
ax.set_xlabel('支出项目',size=12)                     # 设置 x 轴标签

ax2 = ax.twinx()                                     # 与条形图共享坐标轴
ax2.plot(df['支出项目'], df["累计百分比"], color="C1", marker="D", ms=7)  # 绘制折线图
ax2.set_ylabel('累计百分比(%)',size=12)               # 设置 y 轴标签

# 添加标签
for a,b in zip(df['支出项目'],df['累计百分比']):
    plt.text(a, b+1, '%.0f'% b,     # 标签位置在 y 值+1 处
    ha='center', va= 'bottom',color='black',fontsize=12)
```

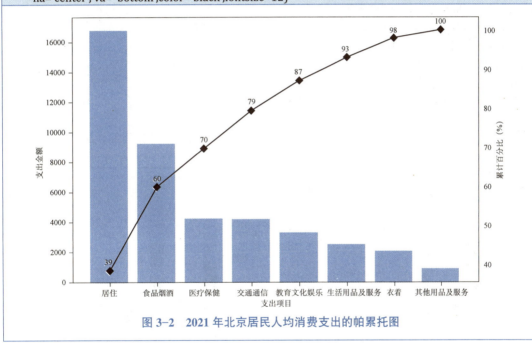

图 3-2　2021 年北京居民人均消费支出的帕累托图

2. 并列条形图和堆叠条形图

绘制两个类别变量的条形图时，可以先生成二维列联表再绘图。根据绘制方式的不同可分为**并列条形图**（juxtaposed bar plot）和**堆叠条形图**（stacked bar plot）等。在并列条形图中，一个类别变量作为分类轴，另一个类别变量用于分组，各类别频数的条形并列摆放；在堆叠条形图中，一个类别变量作为分类轴，另一个类别变量用于分组，各类别频数的条形按比例堆叠在同一个条形中。

以例 3-1 中 4 个地区的各项消费支出为例，绘制并列条形图和堆叠条形图的代码和结果如代码框 3-3 所示。

代码框 3-3   绘制并列条形图和堆叠条形图

```
# 图 3-3 的绘制代码
import pandas as pd
import matplotlib.pyplot as plt
plt.rcParams['font.sans-serif'] = ['SimHei']
df= pd.read_csv('C:/pydata/example/chap03/example3_1.csv')

plt.subplots(1,2,figsize=(10,4.2))        # 设置子图和图形大小
# 图（a）并列条形图
ax1=plt.subplot(121)      # 设置子图 1
df.plot(kind='bar',stacked=False,width=0.8,ax=ax1)    # 绘制并列条形图
plt.xlabel('支出项目',size=12)
plt.ylabel('支出金额',size=12)
plt.xticks(range(8),df['支出项目'],rotation=30)        # 添加 x 轴标签并设置旋转角度
plt.title('(a) 并列条形图',fontsize=13,color='black')

# 图（b）堆叠条形图
ax2=plt.subplot(122)      # 设置子图 2
df.plot(kind='bar',stacked=True,width=0.5,ax=ax2)    # 绘制堆叠条形图
plt.xlabel('支出项目',size=12)
plt.ylabel('支出金额',size=12)
plt.xticks(range(8),df['支出项目'],rotation=30)
plt.title('(b) 堆叠条形图',fontsize=13,color='black')

plt.tight_layout()                        # 紧凑布局
```

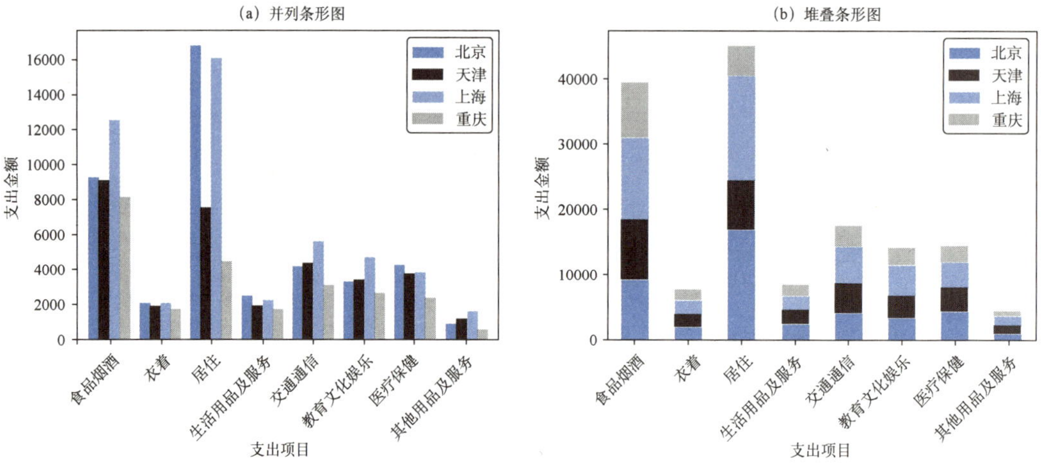

图 3-3   2021 年北京、天津、上海和重庆居民人均消费支出的并列条形图和堆叠条形图

注：设置参数 kind='barh'可以绘制水平条形图。

图 3-3（a）为并列条形图，每一个支出项目中的并列条表示不同的地区，条的高度表示支出金额。图 3-3（b）为堆叠条形图，每个条的高度表示不同项目的支出金额的多少，条中堆积的矩形大小与各地区的支出金额成正比。

3. 百分比条形图

如果要比较各类别构成的百分比,可以将堆叠条形图绘制成**百分比条形图**(percentage bar chart)。百分比条形图可以看作堆叠条形图的变种,图中每个条的高度均为 100%,条内矩形的大小取决于各地区支出金额构成的百分比。

以例 3-1 为例,绘制 4 个地区各项支出的百分比条形图,代码和结果如代码框 3-4 所示。

代码框 3-4 绘制百分比条形图

```
# 图 3-4 的绘制代码
import pandas as pd
import matplotlib.pyplot as plt
from plotnine import*
plt.rcParams['font.sans-serif'] = ['SimHei']
df= pd.read_csv('C:/pydata/example/chap03/example3_1.csv')

# 按支出项目排序并融合为长格式
my_type=pd.CategoricalDtype(categories=df['支出项目'],ordered=True)   # 设置类别顺序
df['支出项目']=df['支出项目'].astype(my_type)              # 转换数据框的支出项目为有序类
df= pd.melt(df, id_vars=['支出项目'],value_vars=['北京','天津','上海','重庆'],
             var_name='地区', value_name='支出比例')   # 融合数据为长格式

# 绘制百分比条形图
ggplot(df,aes(x='地区',y='支出比例',fill='支出项目'))+\
geom_bar(stat='identity',color='black',alpha=1,position='fill',\
         width=0.8,size=0.2)+scale_fill_brewer(palette='Reds')+\
         theme_matplotlib()
```

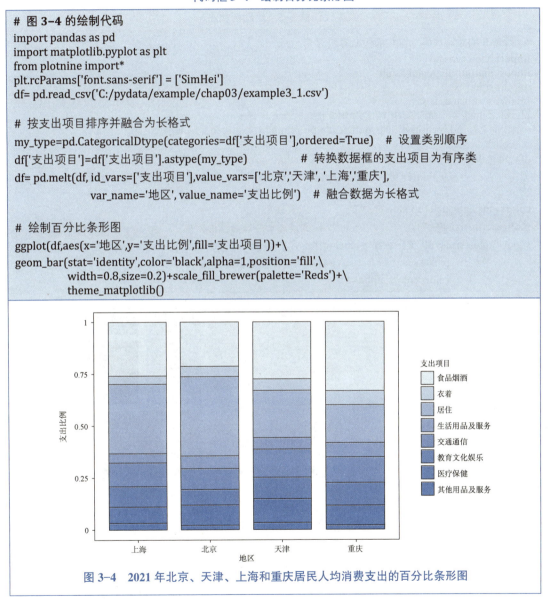

图 3-4 2021 年北京、天津、上海和重庆居民人均消费支出的百分比条形图

3.1.2 树状图

当有两个或两个以上类别变量时,可以将各类别的层次结构画成树状,称为**树状图**

（dendrogram）或分层树状图。树状图有不同的表现形式，主要用来展示各类别变量之间的层次结构关系，尤其适合展示两个及两个以上类别变量的情形。

树状图将多个类别变量的层次结构绘制在一个表示总数值的大矩形中，每个子类分别用不同大小的矩形嵌套在这个大矩形中，嵌套矩形的大小与相应的子类数值成正比。

为便于观察和分析，仅以例 3-1 中北京和上海的各项支出数据为例绘制树状图，Python 代码和结果如代码框 3-5 所示。

代码框 3-5　绘制树状图

```
# 图 3-5 的绘制代码（以北京和上海为例）
import pandas as pd
import matplotlib.pyplot as plt
import squarify
import seaborn as sns
plt.rcParams['font.sans-serif'] = ['SimHei']
example3_1= pd.read_csv('C:/pydata/example/chap03/example3_1.csv')

df= pd.melt(example3_1, id_vars=['支出项目'],value_vars=['北京', '上海'],
            var_name='地区', value_name='支出金额')   # 融合数据为长格式

colors=sns.light_palette('steelblue',8)      # 设置颜色
plt.figure(figsize=(9, 7))                    # 创建图形并设置图形大小
squarify.plot(sizes=df['支出金额'], label=df['地区'],value=df['支出项目'],    # 绘制地区支出的矩形
              pad=True,                # 画出各矩形之间的间隔
              color=colors,alpha=1)
```

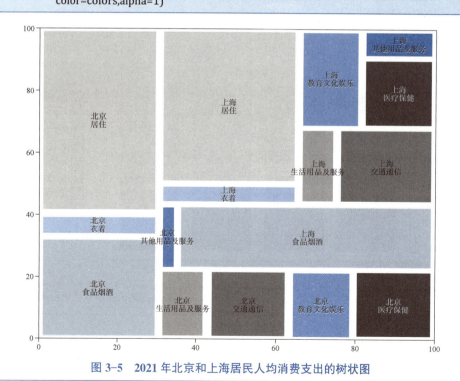

图 3-5　2021 年北京和上海居民人均消费支出的树状图

图 3-5 是将北京和上海的支出总金额绘制成一个大矩形，嵌套在这个大矩形中的小矩形表示北京和上海的各项支出的金额，其大小与每个地区各项支出金额占全部总金额的比例成正比，嵌套在各地区中的矩形大小与该地区各项支出占该地区支出总金额的比例成正比。

3.1.3　饼图和环形图

1. 饼图

饼图（pie chart）是用圆及圆内扇形的角度来表示数值大小的图形，主要用于表示样本（或总体）中各类别的频数（或其他数值）占总频数（数值总和）的百分比，对研究结构性问题非常有用。

以例 3-1 中北京和上海的居民人均消费支出为例，绘制饼图的 Python 代码和结果如代码框 3-6 所示。

代码框 3-6　绘制饼图

```python
# 图 3-6 的绘制代码
import pandas as pd
import matplotlib.pyplot as plt
plt.rcParams['font.sans-serif'] = ['SimHei']
df= pd.read_csv('C:/pydata/example/chap03/example3_1.csv')

# 图（a）绘制普通饼图（以北京为例）
plt.subplots(1,2,figsize=(10,6))
plt.subplot(121)
p1=plt.pie(df['北京'],labels=df['支出项目'],
            autopct='%1.2f%%')    # 显示数据标签为百分比格式，%1.2f 表示保留 2 位小数
plt.title('(a) 2021 年北京\n 居民人均消费支出的普通饼图',size=13)

# 图（b）绘制 3D 饼图（以上海为例）
plt.subplot(122)
p2=plt.pie(df['上海'],labels=df['支出项目'],autopct='%1.2f%%',
            shadow=True,                # 绘制立体带阴影的饼图
            explode=(0.11,0,0,0,0,0,0,0))  # 设置某一块与中心的距离
plt.title('(b) 2021 年上海\n 居民人均消费支出的 3D 饼图',size=13)

plt.subplots_adjust(wspace=0.1)         # 调整子图的间距
plt.tight_layout()
```

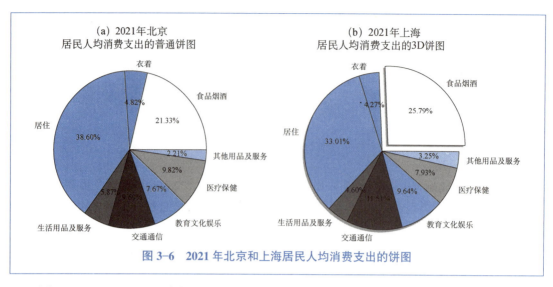

图 3-6　2021 年北京和上海居民人均消费支出的饼图

图 3-6（a）显示，北京的各项支出中，居住的支出占比达 38.60%，其他用品及服务的支出仅占 2.21%。图 3-6（b）显示，上海的各项支出中，居住的支出占比达 33.01%，其他用品及服务的支出仅占 3.25%。

2. 环形图

环形图（donut chart）是将饼图的中间部分挖掉后所剩的图形，也称为甜甜圈图。环形图可以看作饼图的变种，它用环形的各段表示各类别数值的百分比。当有两个及两个以上类别变量时，可以绘制出每个变量的各类别百分比的环形，并将各个环嵌套在一起。环形图可用于两个或两个以上类别变量的结构比较。

以例 3-1 中的北京、上海和天津为例，绘制环形图的代码和结果如代码框 3-7 所示。

代码框 3-7　绘制环形图

```
# 图 3-7 的绘制代码
import pandas as pd
import matplotlib.pyplot as plt
plt.rcParams['font.sans-serif'] = ['SimHei']
df= pd.read_csv('C:/pydata/example/chap03/example3_1.csv')

# 图（a）绘制单样本环形图（以北京的各项支出为例）
plt.subplots(1,2,figsize=(10,8))
plt.subplot(121)
p1=plt.pie(df['北京'],labels=df['支出项目'],startangle=0,
          autopct='%1.2f%%',pctdistance=0.8,
          wedgeprops={'width':0.5,'edgecolor':'w'})    # 环的宽度为 0.5，边线颜色为白色
plt.title('(a) 北京各项支出的环形图',size=13)

# 图（b）绘制多样本嵌套环形图（以北京、上海和天津为例）
plt.subplot(122)
colors=['red','yellow','slateblue','lawngreen','magenta',
        'green','orange','cyan','pink','gold'] # 设置颜色向量
```

```
p2=plt.pie(df['北京'],labels=df['支出项目'],autopct='%1.2f%%',
           radius=1,pctdistance=0.9,        # 半径为 1，标签距圆心距离为 0.9
           colors=colors,
           wedgeprops=dict(linewidth=1.2,width=0.3,edgecolor='w'))
p3=plt.pie(df['上海'],autopct='%1.2f%%',
           radius=0.75,pctdistance=0.85,colors=colors,
           wedgeprops=dict(linewidth=1,width=0.3,edgecolor='w'))
p4=plt.pie(df['天津'],autopct='%1.2f%%',
           radius=0.5,pctdistance=0.7,colors=colors,
           wedgeprops=dict(linewidth=1,width=0.3,edgecolor='w'))
plt.title('(b)  北京、上海和天津各项支出的环形图',size=13)

plt.tight_layout()
```

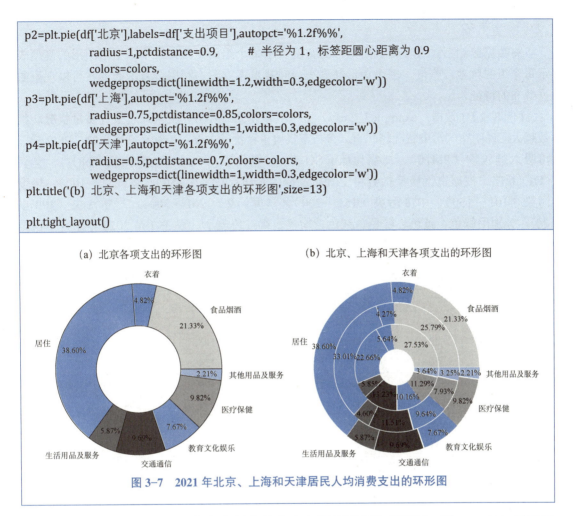

图 3-7　2021 年北京、上海和天津居民人均消费支出的环形图

图 3-7（a）是北京各项支出金额占总支出金额的百分比环形图。图 3-7（b）展示了 3 个地区各项支出的构成，其中，最外面的环是北京，向内依次为上海和天津。

3.2　数据分布可视化

数据的分布特征主要是指分布的形状是否对称、分布偏斜的方向和程度、分布中是否存在离群点，其可视化图形主要有直方图、核密度图、箱线图、小提琴图、点图、蜂群图等。对于一个或多个数值变量（如空气质量指数和 PM2.5）、按因子（类别变量）分类的一个或多个数值变量（如按空气质量等级分类的 PM2.5）等均可以使用这类图形来展示其分布特征。

3.2.1　直方图与核密度图

直方图（histogram）与核密度图（kernel density plot）是展示数据分布特征的常用图形，它们可以直观地展示数据分布的形状是否对称、偏斜的方向和程度等。

1. 直方图

将数据分组后，在 x 轴上用矩形的宽度表示每个组的组距，在 y 轴上用矩形的高度表示每个组的频数或密度，多个矩形并列在一起就是直方图。利用直方图的形状可以观察数据分布的特征。

【例 3-2】（数据：example3_2.csv）空气质量指数（AQI）用来描述空气质量状况，指数越大，说明空气污染状况越严重。参与空气质量评价的主要污染物有细颗粒物（PM2.5）、可吸入颗粒物（PM10）、二氧化硫（SO_2）、一氧化碳（CO）、二氧化氮（NO_2）、臭氧（O_3）6 项。根据空气质量指数将空气质量分为 6 级：优（0～50）、良（51～100）、轻度污染（101～150）、中度污染（151～200）、重度污染（201～300）、严重污染（300 以上），分别用绿色、黄色、橙色、红色、紫色、褐红色表示。表 3-2 是 2022 年 1 月 1 日至 12 月 31 日 6 个城市的 AQI 数据。绘制 AQI 的直方图并分析其分布的特征。

表 3-2   2022 年 1 月 1 日至 12 月 31 日 6 个城市的 AQI 数据（前 5 行和后 5 行）

日期	北京	上海	郑州	武汉	西安	沈阳
2022/1/1	52	68	92	128	114	66
2022/1/2	32	98	102	163	150	51
2022/1/3	50	97	147	134	169	57
2022/1/4	58	72	142	158	232	45
2022/1/5	84	41	175	49	254	107
……	……	……	……	……	……	……
2022/12/27	31	97	160	125	83	99
2022/12/28	36	105	160	169	78	54
2022/12/29	30	44	95	153	109	69
2022/12/30	48	68	193	129	165	89
2022/12/31	47	94	138	165	228	67

解：为理解直方图及其画法，这里绘制出包含不同信息的 6 个城市 AQI 的直方图，Python 代码和结果如代码框 3-8 所示。

代码框 3-8   绘制直方图

```python
# 图 3-8 的绘制代码
import pandas as pd
import matplotlib.pyplot as plt
import seaborn as sns
plt.rcParams['font.sans-serif'] = ['SimHei']
df= pd.read_csv('C:/pydata/example/chap03/example3_2.csv')

plt.subplots(2,3,figsize=(9,5))
plt.subplot(231)
sns.histplot(df['北京'],element='bars')   # 默认绘制，直方图为条形，y 轴为计数（观测频数）
plt.title('(a) 默认绘制(y 轴为频数)')
```

```
plt.subplot(232)
sns.histplot(df['上海'],kde=True,    # 显示核密度曲线
                stat='frequency')    # y 轴为频率（观测频数除以箱宽，即频数除以组距）
plt.title('(b) 显示核密度曲线(y 轴为频率)')

plt.subplot(233)
sns.histplot(df['郑州'],bins=20,              # 分成 20 组（箱子个数）
                kde=True,stat= "density")    # y 轴为密度（直方图的面积为 1）
plt.title('(c) 分成 20 组(y 轴为密度)')

plt.subplot(234)
sns.histplot(df['武汉'],bins=30,kde=True,stat="probability")    # y 轴为概率，条的高度之和为 1
plt.title('(d) 分成 30 组(y 轴为概率)')

plt.subplot(235)
sns.histplot(df['西安'],bins=30,kde=True,stat= "density",element='poly')
plt.title('(e) 直方图为多边形')                          # 直方图为多边形

plt.subplot(236)
sns.histplot(df['沈阳'],bins=30,kde=True,stat= "density",element='step')    # 直方图为阶梯状
plt.title('(f) 直方图为阶梯状')

plt.tight_layout()
```

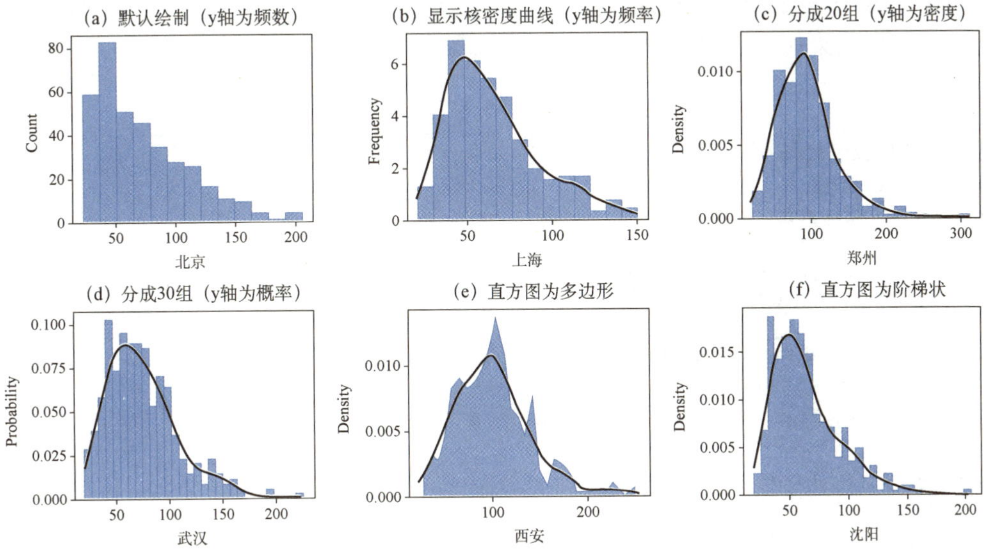

图 3-8　2022 年 6 个城市 AQI 的直方图

注：sns.set_style('darkgrid') 可用于设置画图风格。

　　除图 3-8（a）外，其余 5 个直方图上均叠加了核密度曲线，以展示数据分布的形状。图 3-8 显示，6 个城市的 AQI 分布均为右偏分布，除上海和武汉的偏斜程度相对较小外，其余城市的偏斜程度均较大。

2. 核密度图

核密度图是用于描述数据核密度估计的一种图形，它使用一定的核函数和带宽为数据的分布提供一种平滑曲线，用于展示数据分布的大致形状和特征。核密度图可以作为直方图的替代图形。

核密度曲线的平滑程度取决于**带宽**（bandwidth，bw）。带宽越大，曲线越平滑。以北京的 AQI 为例，画出不同带宽的核密度曲线以展示带宽的影响，如图 3-9 所示。

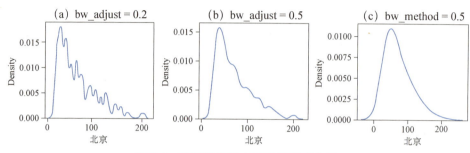

图 3-9   不同带宽的 AQI 的核密度曲线

图 3-9 显示，带宽值越大，曲线越平滑，带宽值越小，曲线越不平滑。选择多大的带宽值，可根据实际数据和分析的需要而定。带宽值太大，曲线会被过度平滑，难以观察分布的一些细节；带宽值太小，又会难以判断分布的整体形状。使用 Python 绘制核密度图时，函数会默认设置一个带宽值，用户也可根据需要自行设置。

为了对 6 个城市 AQI 的分布进行比较，可以将核密度曲线绘制在同一个坐标系中，Python 代码和结果如代码框 3-9 所示。

代码框 3-9   绘制核密度比较曲线

```
# 图 3-10 的绘制代码
import pandas as pd
import matplotlib.pyplot as plt
import seaborn as sns
plt.rcParams['font.sans-serif'] = ['SimHei']
plt.rcParams['axes.unicode_minus'] = False

example3_2= pd.read_csv('C:/pydata/example/chap03/example3_2.csv')
df= pd.melt(example3_2, value_vars=['北京','上海','郑州','武汉','西安','沈阳'],
            var_name='城市', value_name='AQI')    # 融合数据为长格式

plt.subplots(1,2,figsize=(9,3.5))
plt.subplot(121)
sns.kdeplot('AQI',hue='城市',linewidth=0.6,data=df)    # 线宽=0.6
plt.title('(a) 曲线下无填充')

plt.subplot(122)
sns.kdeplot('AQI',hue='城市',shade=True,alpha=0.2,linewidth=0.7,data=df)        # alpha 设置透明度
plt.title('(b) 曲线下填充阴影')

#plt.subplots_adjust(wspace=0.5)    #调整子图的间距
plt.tight_layout()
```

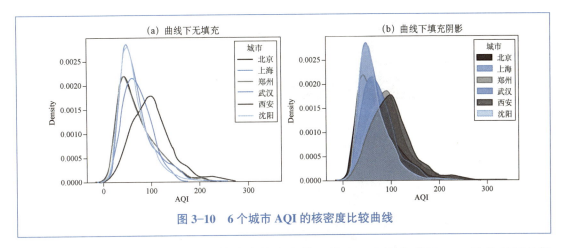

图 3-10 6 个城市 AQI 的核密度比较曲线

图 3-10 显示，6 个城市 AQI 的分布均为右偏，其中，上海和武汉 AQI 的分布相对集中，其他城市 AQI 的分布形状相近，偏斜程度均较大。

核密度比较图也可以绘制成**脊线图**（ridgeline diagram）或称山峦图，用于多数据系列或按因子分类的核密度估计的可视化。脊线图通常有相同的 x 轴（如同一个变量）和不同的 y 轴（如不同的分类），它将多个分类下的同一个数据系列的核密度图以交错堆叠的方式绘制在一幅图中，使其看起来像山峦起伏，从而有利于比较不同数据系列的分布特征。

使用 joypy 包中的 joyplot 函数可以绘制按因子分类的核密度脊线图，Python 代码和结果如代码框 3-10 所示。由该函数绘制的 6 个城市 AQI 的脊线图如图 3-11 所示。

代码框 3-10 绘制核密度脊线图

```
# 图 3-11 的绘制代码
import pandas as pd
import matplotlib.pyplot as plt
from matplotlib import cm,colors
import joypy
plt.rcParams['font.sans-serif'] = ['SimHei']
plt.rcParams['axes.unicode_minus'] = False

example3_2= pd.read_csv('C:/pydata/example/chap03/example3_2.csv')
df= pd.melt(example3_2, value_vars=['北京', '上海', '郑州','武汉','西安','沈阳'],
            var_name='城市', value_name='AQI')    # 融合数据为长格式

my_type=pd.CategoricalDtype(categories=['北京','上海','郑州','武汉','西安','沈阳'],ordered=True)
df['城市']=df['城市'].astype(my_type)    # 将数据框中的城市转换成有序因子

p=joypy.joyplot(df,column=['AQI'],by='城市',ylim='own',
                colormap=cm.Spectral,alpha=0.6,figsize=(5,5),grid=False)
plt.xlabel('AQI',fontsize=12)
```

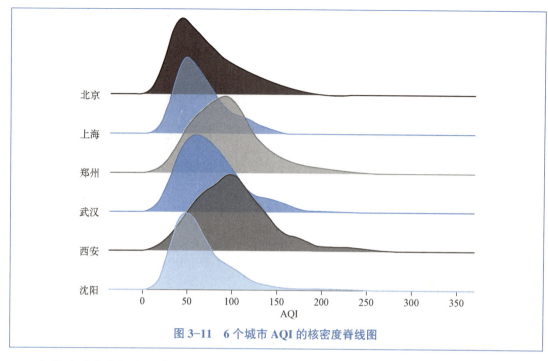

图 3-11   6 个城市 AQI 的核密度脊线图

与核密度曲线相比，脊线图更易于进行数据分布的比较。

3.2.2   箱线图和小提琴图

箱线图（box plot）和**小提琴图**（violin plot）是展示数据分布的另外两种图形，其主要用途是比较多个变量或多个样本的分布。对于单一的数据集，绘制箱线图和小提琴图的意义不大。

1. 箱线图

箱线图也称箱形图或盒形图，它是由约翰·图基（John W.Tukey）提出的快速可视化数据分布的一种图形。箱线图不仅可以展示一组数据分布的特征，如分布是否对称、是否存在离群点等，还可以比较多组数据的分布特征，这也是箱线图的主要用途。箱线图的独特之处是在比较多组数据分布特征的同时，还可以比较多组数据的水平（用中位数表示）。绘制箱线图的步骤大致如下。

首先，找出一组数据的**中位数**（median）和两个**四分位数**（quartiles），并画出箱子。中位数是一组数据排序后处在 50%位置上的数值；四分位数是一组数据排序后处在 25%位置和 75%位置上的两个数值，分别用 $Q_{25\%}$ 和 $Q_{75\%}$ 表示。$Q_{75\%}-Q_{25\%}$ 称为**四分位差**或**四分位距**（interquartile range），用 IQR 表示。用两个四分位数画出箱子（四分位差的范围），并画出中位数在箱子中的位置。

其次，计算出内围栏和相邻值，并画出须线。**内围栏**（inner fence）是与 $Q_{25\%}$ 和 $Q_{75\%}$ 的距离等于 1.5 倍四分位差的两个点，其中 $Q_{25\%}-1.5\times\text{IQR}$ 称为下内围栏，$Q_{75\%}+1.5\times\text{IQR}$ 称

为上内围栏。上下内围栏并不在箱线图中显示，只是作为确定离群点的界限。[①]然后找出上下内围栏之间的最大值和最小值（非离群点的最大值和最小值），称为**相邻值**（adjacent value）。其中，$Q_{25\%}-1.5\times IQR \sim Q_{25\%}$ 范围内的最小值称为下相邻值，$Q_{75\%} \sim Q_{75\%}+1.5\times IQR$ 范围内的最大值称为上相邻值。用直线将上下相邻值分别与箱子连接，称为**须线**（whiskers）。

最后，找出离群点，并在图中单独标出。**离群点**（outlier）是大于上内围栏或小于下内围栏的值，也称**外部点**（outside value），在图中用"〇"单独标出。

箱线图的一般形式如图 3-12 所示。

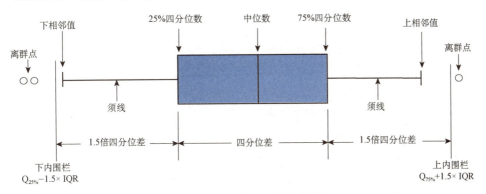

图 3-12　箱线图的示意图

为解读箱线图所反映的数据分布信息，图 3-13 展示了不同形状的分布对应的箱线图。

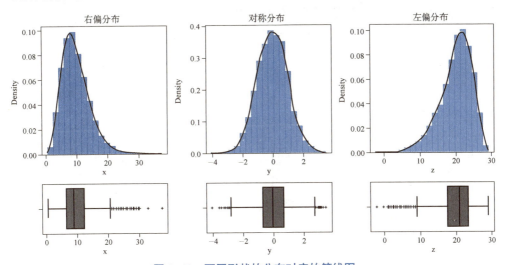

图 3-13　不同形状的分布对应的箱线图

图 3-13 显示，对称分布的箱线图的特点是：中位数在箱子中间；上下相邻值到箱子的距离相等；离群点在上下内围栏外的分布也大致相同。右偏分布的箱线图的特点是：中

---

①　也可以设定 3 倍的四分位差作为围栏，称为**外围栏**（outer fence），其中 $Q_{25\%}-3\times IQR$ 称为下外围栏，$Q_{75\%}+3\times IQR$ 称为上外围栏。外围栏也不在箱线图中显示。在外围栏之外的数据也称为极值（extreme value），在有些软件（如 SPSS）中用"*"单独标出。Python 并不区分离群点和极值，统称为离群点，在图中用"〇"标出。

位数更靠近$Q_{25\%}$（下四分位数）的位置；下相邻值到箱子的距离比上相邻值到箱子的距离短；离群点多数在上内围栏之外。左偏分布的箱线图的特点是：中位数更靠近$Q_{75\%}$（上四分位数）的位置；下相邻值到箱子的距离比上相邻值到箱子的距离长；离群点多数在下内围栏之外。

以例 3-2 中 6 个城市的 AQI 为例，绘制箱线图的代码和结果如代码框 3-11 所示。

代码框 3-11　绘制箱线图

```python
# 图 3-14 的绘制代码
import pandas as pd
import matplotlib.pyplot as plt
import seaborn as sns
plt.rcParams['font.sans-serif'] = ['SimHei']
plt.rcParams['axes.unicode_minus'] = False
example3_2= pd.read_csv('C:/pydata/example/chap03/example3_2.csv')

df= pd.melt(example3_2, value_vars=['北京', '上海', '郑州','武汉','西安','沈阳'],
            var_name='城市', value_name='AQI')    # 融合数据
plt.figure(figsize=(8, 5))
sns.boxplot(data=df,x='城市',y='AQI',
            width=0.6, linewidth=1.5,    # 设置箱子的宽度和线宽
            saturation=0.9,    # 设置颜色饱和度，1 表示完全饱和
            fliersize=3,    # 设置离群点标记的大小
            notch=False,    # 设置 notch 可绘制出箱子的凹槽
            palette="Set2",    # 设置调色板
            orient="v")    # 绘制垂直箱线图（默认）
```

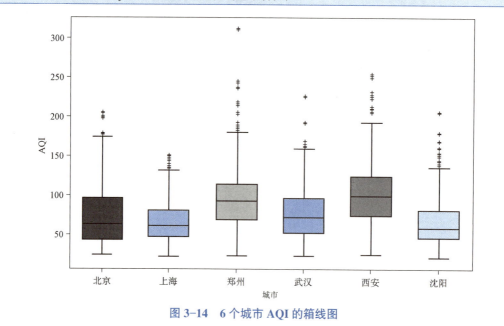

图 3-14　6 个城市 AQI 的箱线图

注：函数默认 orient="v"，绘制垂直箱线图。如果变量在行的位置，可设置 orient="h"，绘制水平箱线图。更多信息可查看帮助：?sns.boxplot。

图 3-14 显示，离群点均出现在右侧，且上须线均长于下须线，表示这 6 个城市 AQI 的分布均为右偏分布。其中，郑州和西安的偏斜程度较大，而上海的偏斜程度较小。

箱线图除了可以比较多组数据的分布特征外，还可以利用中位数比较其水平的差异。图 3-14 显示，西安和郑州的 AQI 中位数较高，而北京、上海和沈阳的中位数相差不大。绘制箱线图时，如果各样本或变量的数值差异较大，通常需要先对数据进行变换，比如做对数变换或标准化变换，再绘制箱线图，否则不便于比较。限于篇幅，这里不再举例，读者可对上述数据做变换后再绘制图形，观察其效果。

2. 小提琴图

小提琴图是以镜像方式绘制的核密度图，因形状类似小提琴而得名。绘制小提琴图时，也可以将箱线图叠加在核密度图上，以便在展示数据分布特征的同时反映出箱线图的信息。与箱线图相比，小提琴图可以更确切地展示出数据分布的形状和特征，因此可作为箱线图的替代图形。

以例 3-2 中 6 个城市的 AQI 数据为例，绘制小提琴图的 Python 代码和结果如代码框 3-12 所示。

代码框 3-12　绘制小提琴图

```
# 图 3-15 的绘制代码
import pandas as pd
import matplotlib.pyplot as plt
import seaborn as sns

plt.rcParams['font.sans-serif'] = ['SimHei']
plt.rcParams['axes.unicode_minus'] = False
example3_2= pd.read_csv('C:/pydata/example/chap03/example3_2.csv')
df= pd.melt(example3_2, value_vars=['北京', '上海', '郑州','武汉','西安','沈阳'],
            var_name='城市', value_name='AQI')    # 融合数据


plt.figure(figsize=(8, 5))
sns.violinplot(data=df,x='城市',y='AQI',
            scale='area',              # 默认
            width=1,linewidth=2,       # 设置小提琴的宽度和线宽
            saturation=0.9,            # 设置颜色饱和度，1 表示完全饱和
            fliersize=2,               # 设置离群点标记的大小
            palette="Set2",            # 设置调色板
            orient="v",                # 绘制垂直小提琴图（默认）
            inner='box')               # 小提琴图内部绘制箱线图（默认）
```

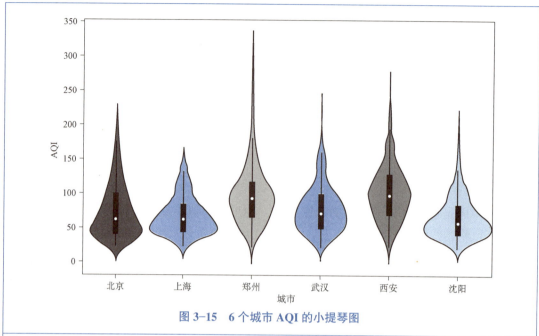

图 3-15   6 个城市 AQI 的小提琴图

注：函数默认 scale ="area"，即每个小提琴的面积相同，可选项有{"area", "count", "width"}。scale = "count"表示每个小提琴的宽度将根据每个组的观测值个数进行缩放；scale ="width"表示每个小提琴宽度相同。函数中的参数 inner 用于设置小提琴图内部的可选绘图，可选值有 {"box", "quartile", "point", "stick", None }。默认 inner="box"，即小提琴图的内部绘制箱线图；inner="quartile"表示绘制出四分位数；inner="point"表示绘制出数据的点；inner="stick"表示绘制出数据的棒线；inner=None 表示不绘制任何图形。函数默认 orient="v"，即绘制垂直小提琴图，如果变量在行的位置，则可设置 orient="h"，即绘制水平小提琴图。更多信息可查看帮助：?sns.violinplot。

图 3-15 的小提琴图内部绘制的是箱线图。由于小提琴图是以镜像方式绘制的核密度图，因此，只需观察一半就可以看出数据的分布形状和特征。此外，利用小提琴图中的箱线图还可以观察数据分布的位置（中位数）特征。

3.2.3 点图和蜂群图

如果关注的不是数据的分布形状，而是数据在数轴上的分布位置，则可以绘制点图和蜂群图。

1. 点图

点图（dot chart）也称带状图或一维散点图，它将一维数组的各数据点绘制在数轴上。当数据集中有相同的数据时，为避免各点的重合，可以使用 jitter（扰动）方法为数据添加**扰动点**（noise）。点图是检测数据离群点的有效工具，当数据量较少时，它也可用于观察数据在数轴上的分布位置。

以例 3-2 中 6 个城市的 AQI 数据为例，绘制点图的 Python 代码和结果如代码框 3-13 所示。

代码框 3-13　绘制点图

```
# 图 3-16 的绘制代码
import pandas as pd
import matplotlib.pyplot as plt
import seaborn as sns
plt.rcParams['font.sans-serif'] = ['SimHei']


example3_2= pd.read_csv('C:/pydata/example/chap03/example3_2.csv')
df= pd.melt(example3_2, value_vars=['北京', '上海', '郑州','武汉','西安','沈阳'],
            var_name='城市', value_name='AQI')


plt.subplots(1,2,figsize=(9, 4))
plt.subplot(121)
sns.stripplot(data=df,x='城市',y='AQI',
              jitter=False,          # 不扰动数据
              size=3)                # 设置点的大小
plt.title('(a) 原始数据的点图')


plt.subplot(122)
sns.stripplot(data=df,x='城市',y='AQI',size=2,jitter=True)
plt.title('(b) 数据扰动后的点图')


plt.tight_layout()
```

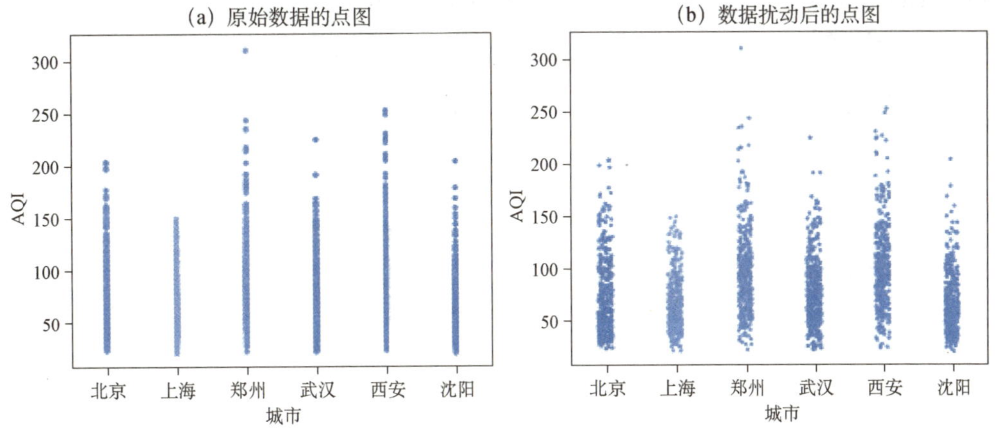

图 3-16　6 个城市 AQI 的点图

　　图 3-16（a）是根据原始数据绘制的点图，展示了各城市的 AQI 数据在 y 轴上的分布位置。由于数据较多且存在相同的数据，故图中的点有大量重叠。图 3-16（b）是使用 jitter 方法生成与原始数据同等长度的一组随机数，即扰动点，然后将其添加在原始数据上后绘制出的点图。这样可以避免相同数据点在坐标轴上的重叠，同时又不会改变原始数据在数轴上的位置和顺序。图 3-16 显示，郑州的 AQI 有一个较大的离群点，除上海外，其他城市的 AQI 也都存在离群点。

2. 蜂群图

蜂群图（beeswarm chart）是一种特殊排列的点图，它将各个点在垂线两侧向上展开，排列成蜂群的形式。蜂群图可以与箱线图或小提琴图等结合使用，以便在展示数据分布的同时，也能够观察数据点在数轴上的分布。以例 3-2 中 6 个城市的 AQI 数据为例，绘制蜂群图的代码和结果如代码框 3-14 所示。

代码框 **3-14** 绘制蜂群图

```python
# 图 3-17 的绘制代码
import pandas as pd
import matplotlib.pyplot as plt
import seaborn as sns
plt.rcParams['font.sans-serif'] = ['SimHei']

example3_2= pd.read_csv('C:/pydata/example/chap03/example3_2.csv')
df= pd.melt(example3_2, value_vars=['北京', '上海', '郑州','武汉','西安','沈阳'],
            var_name='城市', value_name='AQI')

plt.subplots(1,2,figsize=(8, 8))
plt.subplot(211)

# 图（a）蜂群图
sns.swarmplot(x='城市',y='AQI',size=2,data=df)   # 绘制蜂群图
plt.title('(a) 蜂群图')

# 图（b）小提琴图+蜂群图
plt.subplot(212)
sns.violinplot(data=df,x='城市',y='AQI',          # 绘制小提琴图
            width=0.8,linewidth=0.8,          # 设置小提琴的宽度和线宽
            saturation=0.9,     # 设置颜色饱和度
            fliersize=2,      # 设置离群点标记的大小
            palette="Set2",    # 设置调色板
            inner='box')      # 小提琴图内部绘制箱线图（默认）

sns.swarmplot(x='城市',y='AQI',size=2,color='black',alpha=0.6, data=df)
plt.title('(b) 小提琴图+蜂群图')

plt.tight_layout()
```

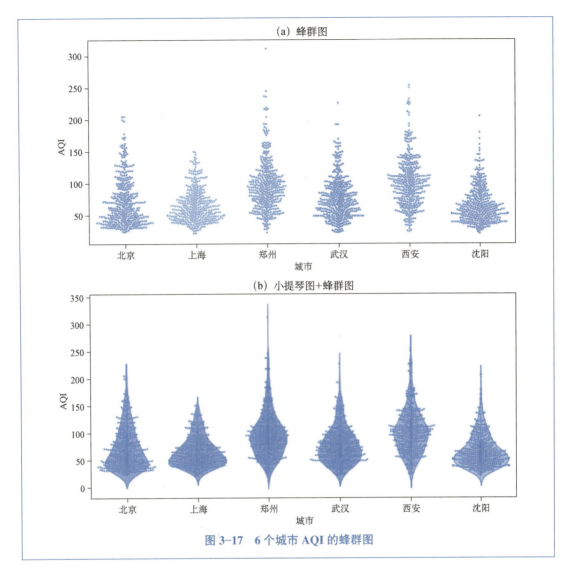

图 3-17　6 个城市 AQI 的蜂群图

　　蜂群图可以更直观地展示出数据点的分布状况，将其与小提琴图或箱线图结合使用，可以在展示数据分布形状的同时观察数据点的分布。

3.3　变量间关系可视化

　　对于多个数值变量，通常关心这些变量之间是否存在某种关系、关系的形态和关系的强度等。**散点图**（scatter plot）就是分析数值变量间关系的常用工具。只分析两个变量时，可以绘制普通散点图；分析两个以上变量时，可以绘制散点图矩阵或相关系数矩阵。

3.3.1　散点图

　　散点图将两个变量对应的各观测点画在二维坐标系中，并利用各观测点的分布来展示两个变量间的关系。设两个变量分别为 x 和 y，每对观测值（x_i，y_i）在二维坐标系中用一个点表示，n 对观测值形成的 n 个点的图就称为散点图。利用散点图可以观察两个变量间是否存在关系，如果存在，则关系的形态以及关系强度如何等。

具有线性关系的两个变量的散点图大致在一条直线周围随机分布，其分布的形状通常为一个椭圆，其形状越扁平，表示线性关系越强。为了更好地理解变量之间的关系，图 3-18 展示了不同形态的散点图。

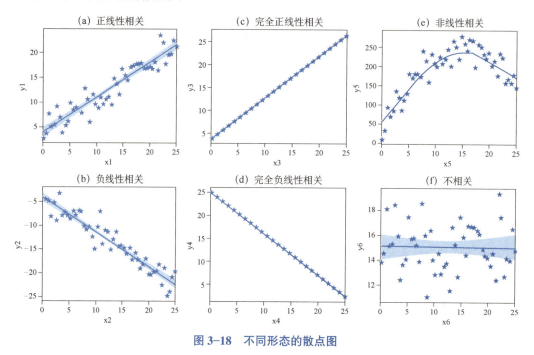

图 3-18   不同形态的散点图

图 3-18（a）和图 3-18（b）是典型的线性相关关系形态，两个变量的观测点随机分布在一条直线周围。图 3-18（a）显示一个变量的数值增加时，另一个变量的数值也随之增加，称为正线性相关。图 3-18（b）显示一个变量的数值增加时，另一个变量的数值随之减少，因而称为负线性相关。图 3-18（c）和图 3-18（d）显示两个变量的观测点完全落在直线上，称为完全线性相关（这实际上就是函数关系），其中图 3-18（c）为完全正相关，图 3-18（d）为完全负相关。图 3-18（e）显示两个变量之间是非线性关系。图 3-18（f）的观测点随机分布在一个水平带之内，无任何规律，表示变量之间没有相关关系。

下面通过一个例子说明散点图的绘制方法。

【例 3-3】（数据：example3_3.csv）表 3-3 是 2021 年我国 31 个地区的部分数据。绘制散点图并分析地区生产总值与地方财政税收收入之间的关系。

表 3-3   2021 年我国 31 个地区的部分数据（前 5 行和后 5 行）

地区	地区生产总值 （亿元）	地方财政税收收入 （亿元）	社会消费品零售额 （亿元）	年末总人口 （万人）
北京	41 045.6	5 164.64	14 867.7	2 189

续表

地区	地区生产总值 （亿元）	地方财政税收收入 （亿元）	社会消费品零售额 （亿元）	年末总人口 （万人）
天津	15 685.1	1 621.89	3 769.8	1 373
河北	40 397.1	2 735.73	13 509.9	7 448
山西	22 870.4	2 094.72	7 747.3	3 480
内蒙古	21 166.0	1 671.05	5 060.3	2 400
……	……	……	……	……
陕西	30 121.7	2 237.04	10 250.5	3 954
甘肃	10 225.5	667.41	4 037.1	2 490
青海	3 385.1	234.73	947.8	594
宁夏	4 588.2	300.74	1 335.1	725
新疆	16 311.6	1 093.24	3 584.6	2 589

解：绘制散点图的代码和结果如代码框 3-15 所示。

代码框 3-15　绘制散点图

```
# 图 3-19 的绘制代码
import pandas as pd
import seaborn as sns
import matplotlib.pyplot as plt
plt.rcParams['font.sans-serif'] = ['SimHei']
plt.rcParams['axes.unicode_minus'] = False
df= pd.read_csv('C:/pydata/example/chap03/example3_3.csv')

plt.subplots(1,2,figsize=(8, 3.3))
# （a）普通散点图
plt.subplot(121)
sns.regplot(x=df['地区生产总值'],y=df['地方财政税收收入'],
            fit_reg=False,marker='+',data=df)
plt.title('(a) 普通散点图')

# （b）添加回归线和置信带的散点图
plt.subplot(122)
sns.regplot(data=df,x=df['地区生产总值'],y=df['地方财政税收收入'],
            fit_reg=True,marker='+')    # 添加回归线
plt.title('(b) 添加回归线和置信带的散点图')

plt.tight_layout()
```

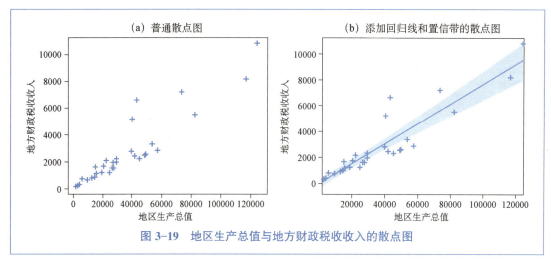

图 3-19　地区生产总值与地方财政税收收入的散点图

图 3-19 显示，地区生产总值与地方财政税收收入之间为正线性关系，即随着地区生产总值的增加，地方财政税收收入也随之增加。

如果要在散点图中反映两个变量的分布信息，可以在散点图中添加每个变量的边际图，比如，两个变量的直方图、核密度图等。当数据量较大时，为避免各个点重叠，可以用六边形分箱及其颜色饱和度来表示点的分布。代码和结果如代码框 3-16 所示。

代码框 3-16　绘制带有边际图的散点图

```python
# 图 3-20 的绘制代码
import pandas as pd
import seaborn as sns
import matplotlib.pyplot as plt
plt.rcParams['font.sans-serif'] = ['SimHei']
plt.rcParams['axes.unicode_minus'] = False
df= pd.read_csv('C:/pydata/example/chap03/example3_3.csv')

#（a）绘制带回归线和置信带的散点图
sns.jointplot(data=df,x=df['地区生产总值'],y=df['地方财政税收收入'],marker='*',
              kind='reg',    # 绘制回归线和置信带
              height=4,      # 设置图形的高度（正方形）
              ratio=5)       # 设置主图高度与边际图高度的比

#（b）绘制六边形分箱散点图
sns.jointplot(data=df,x=df['地区生产总值'],y=df['地方财政税收收入'],
              kind='hex', height=4,ratio=5)
```

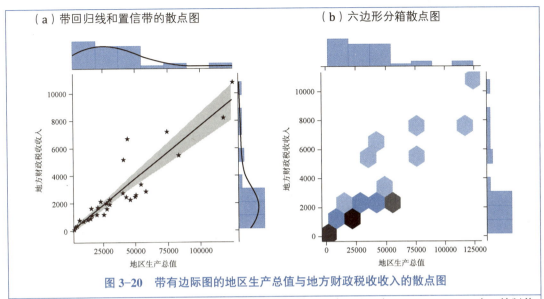

（a）带回归线和置信带的散点图　　　　　　　（b）六边形分箱散点图

图 3-20　带有边际图的地区生产总值与地方财政税收收入的散点图

注：参数 kind='reg'表示绘制带回归线和置信带的散点图。其他可选项有 kind="scatter"，表示绘制普通散点图；kind="kde"，表示绘制等高线密度图；kind="hist"，表示绘制二维直方图；kind= "hex"，表示绘制六边形分箱散点图；kind="resid"，绘制残差散点图。更多信息请查看函数帮助。

图 3-20（b）中的六边形颜色越深表示里面包括的点越多。边际直方图与核密度图显示两个变量均为右偏分布。

3.3.2　散点图矩阵和相关系数矩阵

如果要同时分析多个变量两两之间的关系，可以将多幅散点图绘制成矩阵的形式，称为**散点图矩阵**（matrix scatter）或矩阵散点图。散点图矩阵中，对角线上下两部分是对称的散点图，在对角线上可以绘制出每个变量的直方图、核密度图等，用于反映变量的分布特征。以例 3-3 的数据为例，绘制散点图矩阵的代码和结果如代码框 3-17 所示。

代码框 3-17　绘制散点图矩阵

```
# 图 3-21 的绘制代码
import pandas as pd
import seaborn as sns
import matplotlib.pyplot as plt
plt.rcParams['font.sans-serif'] = ['SimHei']
plt.rcParams['axes.unicode_minus'] = False
df= pd.read_csv('C:/pydata/example/chap03/example3_3.csv')

sns.pairplot(df[['地区生产总值','地方财政税收收入','社会消费品零售总额','年末总人口']],
            height=2,              # 设置子图的高度
            diag_kind='kde',       # 设置对角线的图形类型（默认为直方图）
            markers='.',           # 设置点型
            kind='reg' )           # 设置子图类型，默认为 scatter
```

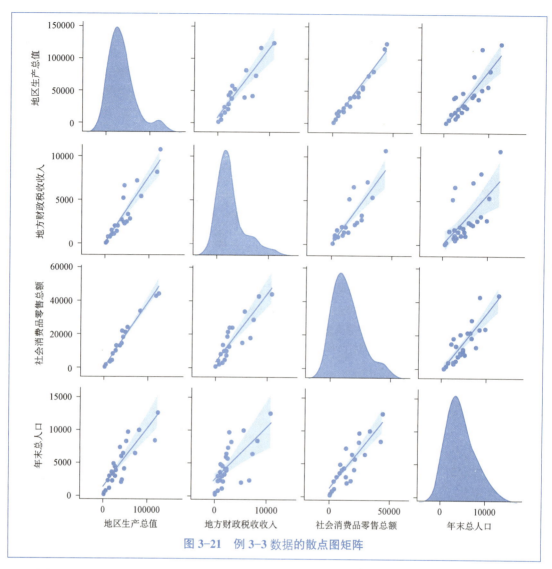

图 3-21   例 3-3 数据的散点图矩阵

图 3-21 显示，4 个变量之间均为正线性关系，其中，地区生产总值与地方财政税收收入和社会消费品零售总额的线性关系较强，地方财政税收收入与年末总人口的线性关系较弱。主对角线上的核密度图显示，4 个变量均为右偏分布，其中，地区生产总值和地方财政税收收入的偏斜程度较大，年末总人口的偏斜程度较小。

当变量较多时，散点图矩阵中的各散点图就会变得很小，使得散点图难以观察。这时，可以计算出变量间的相关系数①矩阵，再将其绘制成图像，这就是相关系数矩阵图。以例 3-3 的数据为例，绘制相关系数矩阵图的代码和结果如代码框 3-18 所示。

代码框 3-18   绘制相关系数矩阵图

```
# 图 3-22 的绘制代码
import pandas as pd
```

---

①   相关系数是度量两个变量之间线性关系强度的统计量，其取值在[-1, 1]之间。相关系数大于 0 表示正相关，数值越大表示正相关程度越强；相关系数小于 0 表示负相关，数值越小表示负相关程度越强。

```
import seaborn as sns
import matplotlib.pyplot as plt
plt.rcParams['font.sans-serif'] = ['SimHei']          # 显示中文
plt.rcParams['axes.unicode_minus'] = False          # 显示负号
df= pd.read_csv('C:/pydata/example/chap03/example3_3.csv')

plt.figure(figsize=(8, 6))          # 设置图形大小
corr=df.corr()                      # 计算相关系数矩阵
sns.heatmap(corr,cmap='Reds',alpha=0.8,annot=True,fmt='.4')# 设置调色板，保留 4 位小数
```

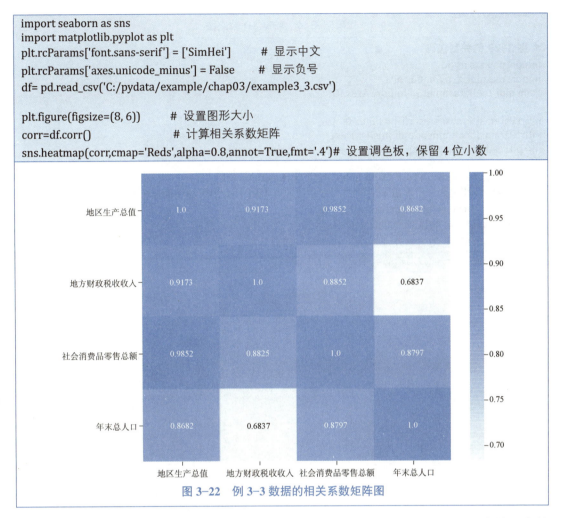

图 3-22　例 3-3 数据的相关系数矩阵图

图 3-22 中对角线上的数值 1 表示变量与自身的相关（相关系数为 1），其余格子中的数值为两个变量之间的相关系数。其中正值表示正相关，负值表示负相关，相关系数的绝对值越大，格子中的颜色越深，表示关系越强；相关系数的绝对值越小，格子中的颜色越浅，表示关系越弱。比如，0.917 3 表示地区生产总值与地方财政税收收入之间为正相关，而且关系较强；0.683 7 表示地方财政税收收入与年末总人口之间为中等程度的正相关。图的右侧给出了不同颜色代表的数值大小。

3.3.3　3D 散点图和气泡图

对于 3 个变量之间的关系，可以绘制 3D 散点图和**气泡图**（bubble plot）进行展示。

1. 3D 散点图

3D 散点图是在三维（3D）空间中展示 3 个变量间关系的图形。以例 3-3 为例，绘制地区生产总值、地方财政税收收入和社会消费品零售总额的 3D 散点图，代码和结果如代码框 3-19 所示。

代码框 **3-19**   绘制 **3D** 散点图

```
# 图 3-23 的绘制代码
import pandas as pd
import matplotlib.pyplot as plt
from mpl_toolkits.mplot3d import Axes3D

plt.rcParams['font.sans-serif'] = ['SimHei']
plt.rcParams['axes.unicode_minus'] = False
df= pd.read_csv('C:/pydata/example/chap03/example3_3.csv')

ax3d=plt.figure(figsize=(10, 7)).add_subplot(111,projection='3d')
ax3d.scatter(df['地区生产总值'],df['地方财政税收收入'],df['社会消费品零售总额'],
          color='black',marker='*',s=50)
ax3d.set_xlabel('x = 地区生产总值',fontsize=12)
ax3d.set_ylabel('y = 地方财政税收收入',fontsize=12)
ax3d.set_zlabel('z = 社会消费品零售总额',fontsize=12)
```

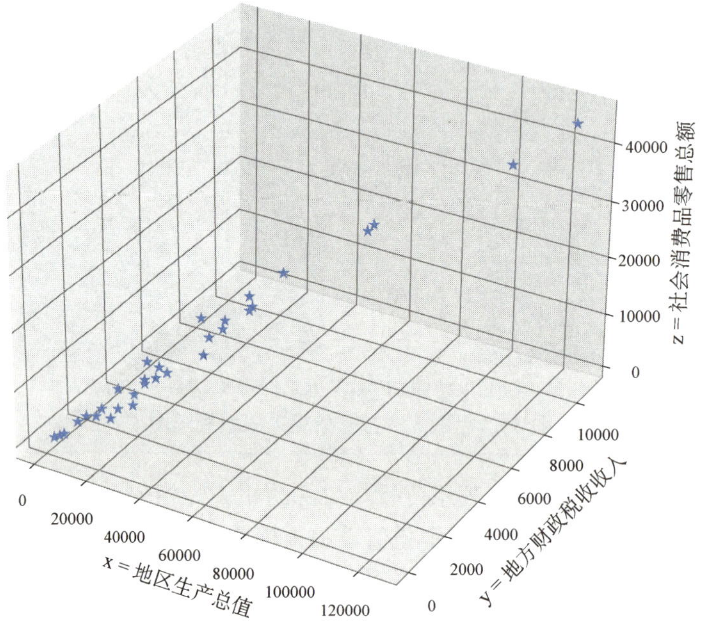

图 3-23   地区生产总值、地方财政税收收入和社会消费品零售总额的 **3D** 散点图

图 3-23 显示，地区生产总值、地方财政税收收入和社会消费品零售总额之间均为正的线性相关关系，且关系较强。

2. 气泡图

气泡图是在二维（2D）空间中展示 3 个变量间关系的图形。气泡图用变量 x 和变量 y 画出散点图，用圆（气泡）的大小表示第 3 个变量数值的大小。为了理解气泡图的含义，用 Python 随机模拟出 3 个变量 x、y 和 z 的 40 组观测值，其中，x 与 y 为线性关系，z 表示气泡的大小，它与 x 和 y 无任何关系，绘制的气泡图如图 3-24 所示。

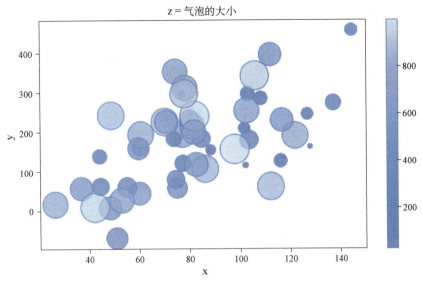

图 3-24　随机模拟的 3 个变量的气泡图

图 3-24 显示，x 与 y 为正线性关系，而大小气泡的分布却是随机的，这表示 z 与 x 和 y 无任何关系。如果气泡的大小随着 x 和 y 的变大而变大，表示 z 与 x 和 y 之间为正线性关系；如果气泡的大小随着 x 和 y 的变大而变小，则表示 z 与 x 和 y 之间为负线性关系。

以例 3-3 为例，绘制地区生产总值、地方财政税收收入和社会消费品零售总额的气泡图，代码和结果如代码框 3-20 所示。

代码框 3-20　绘制气泡图

```
# 图 3-25 的绘制代码
import pandas as pd
import seaborn as sns
import matplotlib.pyplot as plt
plt.rcParams['font.sans-serif'] = ['SimHei']
plt.rcParams['axes.unicode_minus'] = False
df= pd.read_csv('C:/pydata/example/chap03/example3_3.csv')

plt.figure(figsize=(8, 5))
plt.scatter(data=df,x='地区生产总值',y='地方财政税收收入',
            c='社会消费品零售总额',                # 设置气泡变量
            s=df['社会消费品零售总额']/80,          # 设置气泡大小
            cmap='Blues',          # 设置调色板
            edgecolors='k',        # 设置气泡边线的颜色
            linewidths=2,          # 设置气泡边线的宽度
            alpha=0.6)             # 设置颜色透明度
plt.colorbar()    # 绘制表示社会消费品零售总额的颜色条（图例）

plt.xlabel('地区生产总值',fontsize=12)
plt.ylabel('地方财政税收收入',fontsize=12)
plt.title('社会消费品零售总额=气泡的大小',fontsize=13)
```

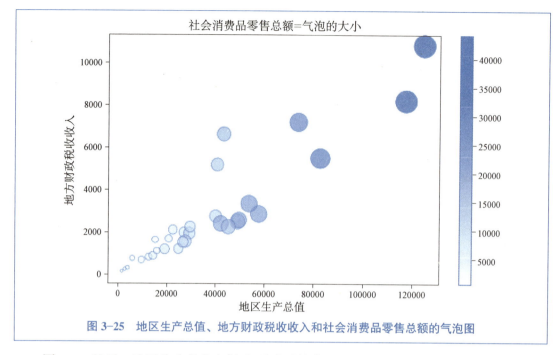

图 3-25　地区生产总值、地方财政税收收入和社会消费品零售总额的气泡图

图 3-25 显示，地区生产总值与地方财政税收收入的气泡大致在一条直线周围分布，表示二者之间为线性关系，表示社会消费品零售总额多少的气泡则随着地区生产总值和地方财政税收收入的增加而变大，表示社会消费品零售总额与这两个变量之间为正线性关系。

3.4　样本相似性可视化

假定想要比较北京、上海、天津和重庆 4 个地区在食品烟酒、衣着、居住、生活用品及服务、交通通信、教育文化娱乐、医疗保健、其他用品及服务这 8 项支出方面是否有相似性，这里的 4 个地区就是样本，8 项支出就是 8 个变量，这就是多样本在多个变量上取值的相似性问题。如果关心的是 4 个地区间是否相似，就是样本的相似性问题；如果关心的是 8 个变量之间是否相似，就是变量的相似性问题。变量间的相似性可以利用散点图和相关系数进行分析，本章主要介绍样本相似性的可视化。比较样本相似性的图形主要有平行坐标图、雷达图、聚类图、热图等。限于篇幅，本章主要介绍平行坐标图和雷达图。

3.4.1　平行坐标图

平行坐标图（parallel coordinate plot）也称**轮廓图**（outline plot）或多线图，它用 x 轴表示各样本，用 y 轴表示各样本的多个变量的数值（x 轴和 y 轴可以互换），将同一样本在不同变量上的观测值用折线连接起来。通过观察平行坐标图中各折线的形状及其排列方式，可以比较各样本在多个变量上取值的相似性及差异。

下面通过一个例子说明平行坐标图的绘制方法和解读。

【例 3-4】（数据：example3_1.csv）沿用例 3-1。绘制北京、天津、上海和重庆居民人均消费支出的平行坐标图，比较各地区消费支出的差异和相似性。

解：绘制平行坐标图的代码和结果如代码框 3-21 所示。

代码框 3-21　绘制平行坐标图

```
# 图 3-26 的绘制代码
import pandas as pd
import seaborn as sns
import matplotlib.pyplot as plt
plt.rcParams['font.sans-serif'] = ['SimHei']
df= pd.read_csv('C:/pydata/example/chap03/example3_1.csv')

plt.figure(figsize=(8, 5))
dfs=[df['北京'],df['天津'],df['上海'],df['重庆']]
sns.lineplot(data=dfs,markers=True)
plt.xlabel('支出项目',size=12)
plt.ylabel('支出金额',size=12)
plt.xticks(range(8),df['支出项目'])    # 添加 x 轴标签
```

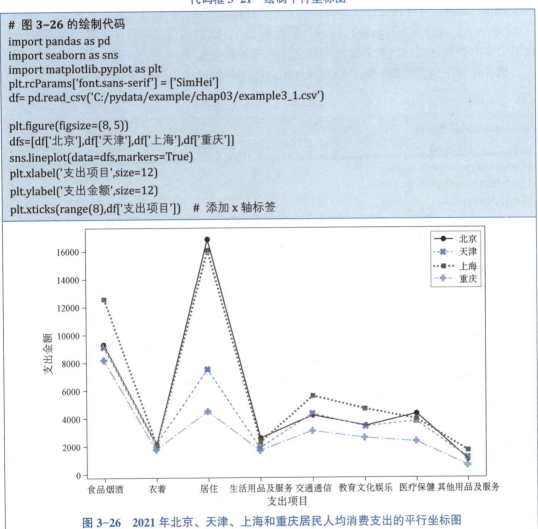

图 3-26　2021 年北京、天津、上海和重庆居民人均消费支出的平行坐标图

图 3-26 显示，上海和北京的居住支出明显偏高，在天津和重庆的 8 项支出中，食品烟酒支出占各项支出的比例最高，接下来依次是居住、交通通信、教育文化娱乐、医疗保健、衣着、生活用品及服务，其他用品及服务排在最后，而衣着、生活用品及服务、其他用品及服务的支出相差不大。图中各条折线显示，北京和上海的各项支出相似，天津则与重庆相似。从总体上看，虽然各地区的支出金额有一定差异，但消费结构很相似。

3.4.2　雷达图

假定有 P 个变量，我们可以从一个点出发，每个变量用一条射线表示，P 个变量形成

P 条射线（P 个坐标轴），每个样本在 P 个变量上的取值连接成线，即围成一个区域（多个样本围成多个区域），就构成了**雷达图**（radar chart）。P 个变量的计量单位可能不同，数值的量级往往也差异很大，此时每个坐标轴的刻度需要根据每个变量单独确定，因此，不同坐标轴的刻度通常是不可比的。由于雷达图的形状与蜘蛛网很相似，故有时也称为**蜘蛛图**（spider chart）。利用雷达图也可以研究多个样本之间的相似程度。

【例 3-5】（数据：example3_1.csv）沿用例 3-1。绘制北京、天津、上海和重庆居民人均消费支出的雷达图，比较各地区消费支出的差异和相似性。

解：将每个地区绘制一幅单独的雷达图，代码和结果如代码框 3-22 所示。

代码框 3-22 绘制雷达图

```
# 图 3-27 的绘制代码
import pandas as pd
import numpy as np
import matplotlib.pyplot as plt
%matplotlib inline

plt.rcParams['font.sans-serif'] = ['SimHei']
plt.rcParams['axes.unicode_minus'] = False
plt.rcParams['patch.force_edgecolor'] = True
df= pd.read_csv('C:/pydata/example/chap03/df.T.csv')    # 数据已转置

# 创建角度
attributes=list(df.columns[1:])
values=list(df.values[:,1:])
names=list(df.values[:,0])
angles=[n / float(len(attributes)) * 2 * np.pi for n in range(len(attributes))]

# 关闭画图
angles += angles[:1]
values=np.asarray(values)
values=np.concatenate([values,values[:,0:1]],axis=1)

# 创建图形
sns.set_style('darkgrid')    # 设置图形风格
plt.figure(figsize=(8,8))
for i in range(4):
    ax=plt.subplot(2,2,i+1,polar=True)
    ax.plot(angles,values[i] ,marker='o',markersize=5)
    ax.set_yticks(np.arange(500,16000,3500))
    ax.set_xticks(angles[:-1])
    ax.set_xticklabels(attributes)
    ax.set_title(names[i],fontsize=12,color='red')

plt.tight_layout()
```

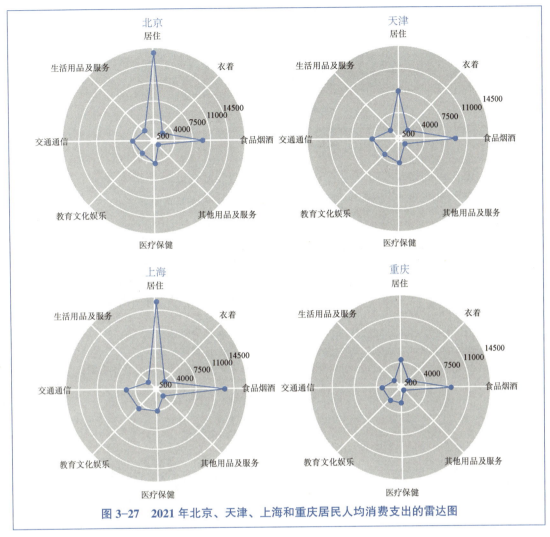

图 3-27　2021 年北京、天津、上海和重庆居民人均消费支出的雷达图

图 3-27 显示，北京和上海的各项支出类似，天津与重庆的各项支出类似。整体上看，4 个地区的支出金额差异较大，但消费结构差异不大。

为了便于比较，也可以将各样本的雷达图绘制在一幅图里，代码和结果如代码框 3-23 所示。

代码框 3-23　绘制雷达图

```
# 图 3-28 的绘制代码
import pandas as pd
import numpy as np
import matplotlib.pyplot as plt

plt.rcParams['font.sans-serif'] = ['SimHei']
df= pd.read_csv('C:/pydata/example/chap03/example3_1.csv')
```

```
labels=np.array(df['支出项目'])          # 设置标签
datalenth=8                           # 数据长度

df1=np.array(df['北京']);df2=np.array(df['天津'])
df3=np.array(df['上海']);df4=np.array(df['重庆'])

angles=np.linspace(0,2*np.pi,datalenth,endpoint=False)
df1=np.concatenate((df1,[df1[0]]))    # 使雷达图闭合
df2=np.concatenate((df2,[df2[0]]))
df3=np.concatenate((df3,[df3[0]]))
df4=np.concatenate((df4,[df3[0]]))
angles=np.concatenate((angles,[angles[0]]))

plt.figure(figsize=(6,6),facecolor='lightgray')          # 画布背景色
plt.polar(angles,df1,'r--',linewidth=1,marker='o',markersize=5,label='北京')   # 红色虚线
plt.polar(angles,df2,'b',linewidth=1,marker='+',markersize=5,label='天津')     # 蓝色实线
plt.polar(angles,df3,'k',linewidth=1,marker='*',markersize=5,label='上海')     # 黑色实线
plt.polar(angles,df4,'g',linewidth=1,marker='.',markersize=5,label='重庆')     # 绿色实线
plt.thetagrids(range(0,360,45),labels)                   # 设置标签
plt.grid(linestyle='-',linewidth=0.5,color='gray',alpha=0.5)   # 设置网格线
plt.legend(loc='upper right',bbox_to_anchor=(1.1,1.1))   # 绘制图例并设置图例位置
```

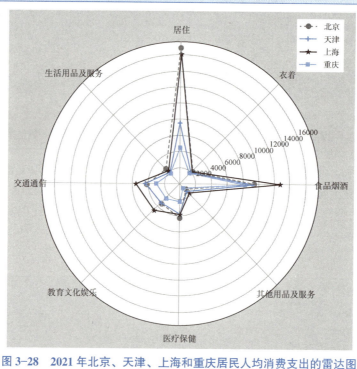

图 3-28　2021 年北京、天津、上海和重庆居民人均消费支出的雷达图

　　图 3-28 显示，虽然 4 个地区的消费水平有较大差异，但雷达图的形状却十分相似，说明 4 个地区的消费结构相似。

3.5　时间序列可视化

时间序列（time series）是一种常见的数据形式，它是在不同时间点上记录的一组数据，如各年份的 GDP 数据、各月份的 CPI 数据、一年中各交易日的股票价格指数收盘数据等。通过可视化，可以观察时间序列的变化模式和特征。时间序列的可视化图形有多种，其中最基本的是**折线图**（line chart）和**面积图**（area graph）。

折线图是描述时间序列最基本的图形，主要用于观察和分析时间序列随时间变化的形态和模式。折线图是将不同时间上的数据点用折线连接，其中，x 轴表示时间，y 轴表示变量的观测值。

面积图是在折线图的基础上绘制的。它将折线与 x 轴之间的区域用颜色填充，填充的区域即为面积，其大小与相应的数据大小成正比。面积图不仅美观，而且能更好地展示时间序列变化的特征和模式。将多个时间序列绘制在一幅图中时，序列数不宜太多，否则图形之间会有相互遮盖，看起来较为凌乱。当序列较多时，可以将每个序列单独绘制成一幅图，并将多幅图以网格的形式摆放。

【例 3-6】（数据：example3_6.csv）居民可支配收入是居民可用于最终消费支出和储蓄的总和，即居民可用于自由支配的收入，既包括现金收入，也包括实物收入。表 3-4 是 2000—2022 年我国城镇居民和农村居民人均可支配收入数据。绘制折线图和面积图并分析居民人均可支配收入的变化特征。

表 3-4　2000—2022 年我国城镇居民和农村居民人均可支配收入（前 5 行和后 5 行）　单位：元

年份	城镇居民消费水平	农村居民消费水平
2000	6 256	2 282
2001	6 824	2 407
2002	7 652	2 529
2003	8 406	2 690
2004	9 335	3 027
……	……	……
2018	39 251	14 617
2019	42 359	16 021
2020	43 834	17 131
2021	47 412	18 931
2022	49 283	20 133

解：绘制折线图的代码和结果如代码框 3-24 所示。

代码框 3-24　绘制折线图

```
# 图 3-29 的绘制代码
import pandas as pd
import matplotlib.pyplot as plt
plt.rcParams['font.sans-serif'] = ['SimHei']
```

```
df= pd.read_csv('C:/pydata/example/chap03/example3_6.csv')

df['年份']=pd.to_datetime(df['年份'],format='%Y')    # 将数据转换为日期类型
df=df.set_index('年份')                              # 将日期设置为索引

#（a）绘制折线图
plt.subplots(1, 2, figsize=(9, 3.5))
ax1=plt.subplot(121)
df.plot(ax=ax1,kind='line',grid=True,            # 设置网格线
        stacked=False,linewidth=1,marker='o',markersize=5,
        xlabel='年份',ylabel='人均可支配收入(元)')
plt.title('(a)  折线图')

#（b）绘制面积图
ax2=plt.subplot(122)
df.plot(ax=ax2,kind='area',stacked=True,alpha=0.5,xlabel='年份',ylabel='人均可支配收入(元)')
plt.title('(b)  面积图')

plt.tight_layout()
```

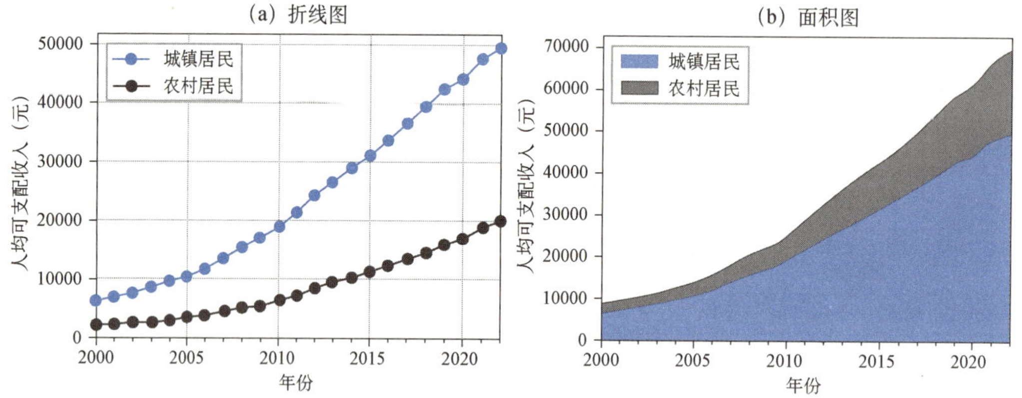

图 3-29   2000—2022 年我国城镇居民和农村居民人均可支配收入的折线图

注：绘制面积图时，函数默认 stacked=True。绘制时将数据较大的序列绘制在下面，然后按照数据的大小依次向上堆叠，以避免出现遮盖的情况。

图 3-29 显示，无论是城镇居民还是农村居民，人均可支配收入都有逐年增长的趋势，城镇居民各年的人均可支配收入均高于农村居民，而且随着时间的推移，二者的差距有进一步扩大的趋势。

3.6   可视化的注意事项

图形是展示数据的有效方式。在日常生活中，阅读网络文献和报纸杂志、看电视时都能看到各种各样的图形，学术论文和其他出版物中也经常用图形来展示数据或数据的分析结果。显然，看图形要比看枯燥的数字更有趣，也更容易理解。一幅精心设计的图表可以把数据有效地呈现出来，使数据更容易理解，但设计和使用不当也会造成对数据的疑惑和

误解。图形应尽可能简洁合理，以能够清晰地展示数据、合理地表达分析目的为依据。在可视化过程中，规范使用图形也十分必要。图形设计既要追求美观，也应避免一切不必要的修饰，过分修饰往往会使人注意图形本身，而掩盖了图形所要表达的信息。本节主要介绍可视化分析中应注意的一些基本事项。

3.6.1　图形元素

图形元素是指组成图形的各个要素，也就是图形的组件，比如坐标轴、图中的点或线、标题、图例等。图形元素可以粗略地分为表示数据的元素和不表示数据的元素。表示数据的元素是图中用于展示数据的组件，比如，条形图中用于表示类别频数的条、散点图中的点、折线图中的线等。这些元素主要用于表达数据所提供的信息，也是图形的主体部分，这里称之为主体信息。不表示数据的元素包括图形的坐标轴、坐标轴刻度及其标签、坐标轴标题（标签）、图例、图形标题、图形注释等。这些元素主要提供帮助人们理解图形的一些补充信息，这里称之为辅助信息。在两类元素中，表示数据的元素是主要的，在绘制图形时应将注意力放在这类元素上。此外，由于图形是一种相对独立的信息载体，即使不看上下文，只看图形也应该能大概理解其中的信息，因此必要的辅助信息也是不可或缺的。下面以图形主标题和坐标轴标题的使用为例，说明图形辅助信息的必要性。

标题（title）是图形中不可或缺的重要元素，没有标题的图形是不可取的。图形标题包括主标题、副标题、坐标轴标题（标签）、图例标题等。主标题是指一幅图的总标题，它主要用于注释图形的内容，一般包括图中数据所属的时间（when）、地点（where）和内容（what）3 个要素。阅读一幅图时，只看主标题就应大概知道图形要表达的信息，比如，"2022 年北京市的地区生产总值"就包含了时间（2022 年）、地点（北京市）和内容（地区生产总值）3 个元素，缺少其中的任何一个元素都可能会产生疑惑。此外，在使用多幅图时，主标题还应包括必要的图形编号。主标题可以放在图的上方，也可放在图的下方。本书对主标题的处理方式是：对于没有子图的单独一幅图，主标题放在图形的下方（这样做可以避免干扰看图的视线）；对于由多个子图组合成的一幅图，子图的主标题放在相应图的上方，整幅图的主标题放在图的下方。

坐标轴标题也称坐标轴标签，用于说明坐标轴代表的变量名称，以便于阅读和理解，没有坐标轴标题的图形是无法理解的。坐标轴标题除给出变量名称外，还应给出数据的计量单位（主要是针对数值变量）。如果在上下文中给出了原始数据及其计量单位的信息，那么，为了使图形更简洁，也可以省略计量单位，否则，数据的计量单位就是必需的。下面通过一个例子来说明规范使用主标题和坐标轴标题的必要性。

图 3-30 是 2022 年北京、天津、上海和重庆的地区生产总值条形图。

图 3-30（a）中的问题有两个：一是主标题只有编号，没有内容；二是没有坐标轴标题。虽然表示类别的 x 轴没有标题时读者可以看懂，但 y 轴标题必须要有，否则就不知道这幅图表达的是什么了。

图 3-30（b）中的问题也有两个：一是主标题没有给出时间和地点信息，不知道是哪个地区的地区生产总值，也不知道是什么时间的地区生产总值；二是 y 轴标题没有计量单

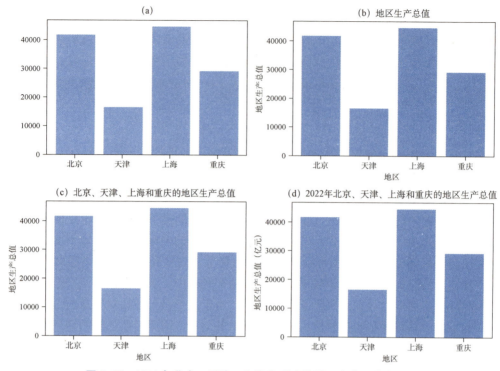

图 3-30 2022 年北京、天津、上海和重庆的地区生产总值条形图

位，无法理解数据的含义。

图 3-30（c）中的问题同样有两个：一是主标题只给出了地区信息，但没给出时间信息，不知道是什么时间的地区生产总值；二是 y 轴标题没有计量单位，同样难以理解。

图 3-30（d）是一幅完整的规范图形。主标题给出了时间、地点和内容信息，y 轴标题给出了计量单位，这样的图形就很容易理解。

3.6.2 坐标轴刻度起点

可视化中最常用的坐标轴标尺（刻度）是线性标尺，有时也会使用非线性标尺（如对数标尺）。如果使用线性标尺的坐标轴绘图，数轴的数值起点应从 0 开始，尤其是在绘制条形图时，数值轴的刻度必须从 0 开始，否则可能会放大数值间的差异，导致视觉差异和理解错误。但有些图形的数值轴刻度不一定从 0 开始，比如，时间序列折线图和面积图等，如果序列的波动范围较小，从 0 开始则不宜观测序列的波动。

图 3-31 是 2022 年 1—12 月我国的居民消费价格指数（上年同月=100）的折线图，其中图 3-31（a）的 y 轴刻度起点是 0，图 3-31（b）的 y 轴刻度起点是 100，图 3-31（c）的 y 轴刻度起点是 95。

2022 年全年居民消费价格指数的最小值为 100.9，最大值为 102.8，波动幅度不大。图 3-31（a）的 y 轴起点为 0，图形显示居民消费价格指数几乎没有变化，基本上是在一条直线附近波动。图 3-31（b）的 y 轴起点为 100，图形显示居民消费价格指数有较大幅度的波动。图 3-31（c）的 y 轴起点为 95，图形显示居民消费价格指数有一定的波动，但

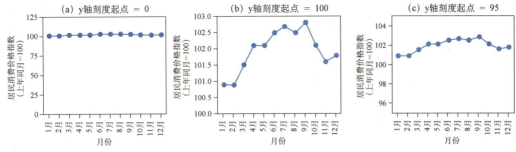

图 3-31　2022 年 1—12 月我国居民消费价格指数的折线图

波动幅度在一个较小的范围内。比较这 3 幅图的视觉效果，图 3-31（c）似乎更合理些。

在可视化分析中，合理确定坐标轴刻度起点是非常必要的。当数据的波动范围较小时，坐标轴刻度起点太小会压缩数据的波动幅度，而坐标轴刻度起点太大则会放大数据的波动幅度，这都可能导致对图形的视觉误差。在使用 Python（其他软件也类似）绘制折线图时，系统会自动设置坐标轴刻度起点，如果不能满足分析的需要，则可以自行设置坐标轴刻度起点，但不能为达到某种目的而刻意为之。如果坐标轴刻度的起点不合理，就可能会误导别人对数据的理解。

3.6.3　图形比例

在直角坐标系中绘制的二维图形是由 4 个点构成的一个矩形（当然有些图形也可以画成正方形，如散点图、正态 Q-Q 图等），如果把 x 轴定义为宽度（width），y 轴定义为高度（height），图形宽度和高度的比例大致为 10:7 或 4:3。从视觉效果上看，这样的图形比例能够更合理地展示数据，也易于对图形的解读。过宽或过高的图形都有可能歪曲数据，给人留下错误的印象。

图 3-32 是 2001—2022 年我国发电量（单位：亿千瓦小时）的折线图。

图 3-32（a）的宽度和高度比例大约为 10:7，比较真实地展示了发电量的变化趋势。图 3-32（b）的宽度和高度不成比例，宽度过宽，高度过低，这样的图形容易压缩数据的变动，看起来似乎发电量的上升趋势不够明显。图 3-32（c）的宽度和高度同样不成比例，高度过高，宽度过窄，这样的图形容易放大数据的波动，看起来上升趋势过于陡峭。

3.6.4　3D 图形

在可视化实践中，多数图形是在二维空间绘制的平面图，也有少量图形是在三维空间绘制的 3D 图。2D 图形更符合人们的视觉习惯，也更容易观察和理解。相反，3D 图形不仅不符合人们的视觉习惯，也难以解读。比如，观察图 3-23，就不易理解 3 个变量之间的关系。相反，同样是反映 3 个变量之间的关系，图 3-25 就更容易理解。

在有些场合，人们有意将图形绘制成 3D 形式，认为 3D 图形外观上看起来更漂亮、更炫酷，但如果 3D 图形没有提供额外的信息，这样的 3D 图形就没有实际意义，而且有扰乱视线、混淆视听之嫌。从数据可视化的视角来看，除非特别有必要，否则应避免使用 3D 图形。

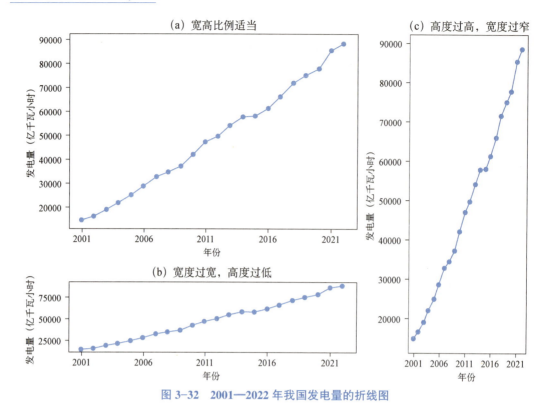

图 3-32   2001—2022 年我国发电量的折线图

总之，不能毫无目的地使用 3D 图，不增加信息量、不增进可阅读性、不增强可理解性的 3D 图形并没有太大意义。

习题

3.1   为了研究不同地区的消费者对网上购物的满意度，随机抽取东部、中部和西部的
1 000 名消费者进行调查，得到的结果如下表所示。

满意度	东部	中部	西部
非常满意	82	93	83
比较满意	72	52	76
一般	137	120	91
不满意	51	35	37
非常不满意	28	25	18

绘制以下图形并进行分析。

（1）根据东部地区的满意度数据，绘制简单条形图、帕累托图和饼图。

（2）根据东部地区、中部地区和西部地区的满意度数据，绘制并列条形图、堆叠条
形图和环形图。

（3）根据东部、中部和西部地区的满意度数据，绘制百分比条形图。

（4）根据东部、中部和西部地区的满意度数据，绘制树状图。

（5）根据东部、中部和西部地区的满意度数据，绘制雷达图和平行坐标图。

3.2　下面的数据集（该数据集来自 R 语言的 faithful）记录了美国黄石国家公园老忠实间歇泉（Old Faithful Geyser）的喷发持续时间（eruptions）和下一次喷发的等待时间（waiting）的 272 个观测数据（前 3 行和后 3 行）。

单位：分钟

eruptions	waiting
3.600	79
1.800	54
3.333	74
……	……
4.417	90
1.817	46
4.467	74

根据该数据集，绘制以下图形并分析数据分布的特征。

（1）绘制 eruptions 的直方图，并为直方图叠加核密度曲线。

（2）绘制 eruptions 和 waiting 两个变量的核密度比较曲线图。

（3）绘制 eruptions 和 waiting 两个变量的箱线图和小提琴图。

（4）绘制 eruptions 和 waiting 两个变量的点图。

3.3　下面的数据集（该数据集来自 R 语言的 mtcars）摘自 1974 年美国《汽车趋势》杂志，包括 32 款汽车（1973 年至 1974 年款）的油耗、汽车设计和性能等 11 个指标（这里只列出 7 个指标，并只显示前 3 行和后 3 行）。

	mpg	cyl	disp	hp	drat	wt	qsec
Mazda RX4	21.0	6	160.0	110	3.90	2.620	16.46
Mazda RX4 Wag	21.0	6	160.0	110	3.90	2.875	17.02
Datsun 710	22.8	4	108.0	93	3.85	2.320	18.61
……	……	……	……	……	……	……	……
Ferrari Dino	19.7	6	145.0	175	3.62	2.770	15.50
Maserati Bora	15.0	8	301.0	335	3.54	3.570	14.60
Volvo 142E	21.4	4	121.0	109	4.11	2.780	18.60

根据该数据集绘制以下图形：

（1）每加仑油行驶的英里数（mpg）和汽车自重（wt）两个变量的散点图。

（2）该数据集的散点图矩阵。

（3）该数据集的相关系数矩阵图。

（4）每加仑油行驶的英里数（mpg）、总马力（hp）和汽车自重（wt）3 个变量的气泡图和 3D 散点图。

3.4　根据例 3-2 的数据，绘制各城市 AQI 的折线图和面积图，并分析 AQI 的变化特征。

第4章 数据的描述统计量

如果你面对的数据集是全国 31 个地区的人口数,除了用图表进行描述外,你还会做哪些分析?如果想对 31 个地区的人口数有一些概括性的了解,比如,平均人口数、各地区人口数的差异等就是对数据的概括性度量。如果度量的是样本数据,这些概括性度量称为**统计量**(statistics)[①]。对于一个数据集,要对其进行全面的描述,统计量通常包括三大类:描述数据水平(也称位置度量)的统计量,如样本平均数、样本中位数等,用于反映全部数据的数值大小;描述数据差异的统计量,如样本方差等,用于反映各数据间的离散程度;描述数据分布形状的统计量,如偏度系数和峰度系数等,用于反映数据分布的偏度和峰度。本章主要介绍各统计量的计算方法及其 Python 实现。

4.1 描述水平的统计量

数据的水平是指其数值的大小。描述数据水平的统计量主要有平均数、分位数和众数等。

4.1.1 平均数

平均数也称均值(mean),它是一组数据相加后除以数据个数得到的结果。设一组样本数据为 x_1, x_2, $\cdots$, x_n,样本量(样本数据的个数)为 n,样本平均数用 $\bar{x}$(读作 x-bar)表示,计算公式为[②]:

$$\bar{x} = \frac{x_1 + x_2 + \cdots + x_n}{n} = \frac{\sum\limits_{i=1}^{n} x_i}{n} \tag{4.1}$$

式(4.1)也称为**简单平均数**(simple mean)。

如果样本数据被分成 k 组,各组的组中值(组的中间值,是一个组的下限值与上限值的平均数)分别用 m_1, m_2, $\cdots$, m_k 表示,各组的频数分别用 f_1, f_2, $\cdots$, f_k 表示,则样本平均数的计算公式为:

---

① 有关统计量的详细介绍见第 5 章。

② 如果有总体的全部数据 x_1, x_2, $\cdots$, x_n,总体平均数用 μ 表示,计算公式为:$\mu = \dfrac{\sum\limits_{i=1}^{N} x_i}{N}$。实际应用中,总体平均数往往未知,都是根据样本平均数来推断的。

$$\overline{x} = \frac{m_1 f_1 + m_2 f_2 + \cdots + m_k f_k}{f_1 + f_2 + \cdots + f_k} = \frac{\sum\limits_{i=1}^{k} m_i f_i}{n} \tag{4.2}$$

式（4.2）也称为**加权平均数**（weighted mean）[①]。

【例 4-1】（数据：example4_1.csv）在某年级中随机抽取 30 名学生，得到每名学生某课程的考试分数如表 4-1 所示。计算 30 名学生考试分数的平均数。

表 4-1　30 名学生的考试分数　　　　　　　　　　　　　　　　单位：分

85	97	83	61	67	86
55	92	70	86	81	75
91	55	96	86	89	91
66	87	72	92	50	82
79	90	90	85	95	66

解：使用 pandas 模块中 DataFrame 的内置函数、numpy 模块中的 average 函数等均可以计算平均数，代码和结果如代码框 4-1 所示。

代码框 4-1　计算 30 名学生考试分数的平均数

```
import pandas as pd
example4_1 = pd.read_csv('C:/pydata/example/chap04/example4_1.csv')

example4_1['分数'].mean()        # 或写成 pd.DataFrame.mean(example4_1)

80.0
```

【例 4-2】（数据：example4_2.csv）沿用例 4-1。假定将 30 名学生的考试分数分组后的结果如表 4-2 所示，计算 30 名学生考试分数的加权平均数。

表 4-2　30 名学生考试分数的分组数据

分组	组中值（m）	人数（f）
60 以下	55	3
60～70	65	4
70～80	75	4
80～90	85	10
90～100	95	9
合计	—	30

解：计算加权平均数的代码和结果如代码框 4-2 所示。

[①]　如果总体的 N 个数据被分成 k 组，各组的组中值分别用 M_1，M_2，$\cdots$，M_k 表示，各组数据出现的频数分别用 F_1，F_2，$\cdots$，F_k 表示，则总体加权平均数的计算公式为：$\mu = \dfrac{M_1 F_1 + M_2 F_2 + \cdots + M_k F_k}{F_1 + F_2 + \cdots + F_k} = \dfrac{\sum\limits_{i=1}^{k} M_i F_i}{N}$。

代码框 4-2   计算 30 名学生考试分数的加权平均数

```
import pandas as pd
import numpy as np
example4_2 = pd.read_csv('C:/pydata/example/chap04/example4_2.csv')

m=example4_2['组中值']
f=example4_2['人数']
x_bar=np.average(a=m,weights=f)    # 使用 average 函数计算加权平均数
print('加权平均数 =',x_bar)          # 打印结果
```

加权平均数 = 81.0

对于同一组数据，根据原始数据计算的平均数与根据分组后数据计算的平均数是有差异的。因为分组后是用组中值代表该组数据，即已经假定该组数据在组中值两侧呈对称分布，如果实际情况不是对称分布，根据分组后数据计算的平均数就会有偏差。因此，在有原始数据的情况下，应根据原始数据计算平均数。加权平均数只在所得到的数据本身就是分组数据的情况下使用。

4.1.2 分位数

一组数据按从小到大的顺序排序后，可以找出排在某个位置上的数值，该数值可以代表数据水平的高低。这些位置上的数值就是相应的**分位数**（quantile）。常用的分位数有中位数、四分位数、百分位数等。

1. 中位数

中位数（median）是一组数据排序后处于中间位置上的数值，用 M_e 表示。中位数用一个点将全部数据等分成两部分，每部分包含 50%的数据，其中一部分数据比中位数大，另一部分比中位数小。中位数用中间位置上的值代表数据的水平，其特点是不受极端值的影响，具有统计上的**稳健性**（robustness）。中位数在研究收入分配时很有帮助。

计算中位数时，要先对 n 个数据从小到大排序，然后确定中位数的位置，最后计算中位数的具体数值。

设一组数据 x_1，x_2，$\cdots$，x_n 从小到大排序后为 $x_{(1)}$，$x_{(2)}$，$\cdots$，$x_{(n)}$，则中位数就是 $(n+1)/2$ 位置上的值。计算公式为：

$$M_e = \begin{cases} x_{\left(\frac{n+1}{2}\right)}, & n为奇数 \\ \frac{1}{2}\left\{x_{\left(\frac{n}{2}\right)} + x_{\left(\frac{n}{2}+1\right)}\right\}, & n为偶数 \end{cases} \tag{4.3}$$

【**例 4-3**】（数据：example4_1.csv）沿用例 4-1。计算 30 名学生考试分数的中位数。

解：pandas 模块和 numpy 模块中均有计算中位数的函数。使用 pandas 模块计算中位数的代码和结果如代码框 4-3 所示。

代码框 4-3　计算 30 名学生考试分数的中位数

```
import pandas as pd
example4_1 = pd.read_csv('C:/pydata/example/chap04/example4_1.csv')

example4_1['分数'].median()
```

85.0

2. 四分位数

四分位数（quartile）是一组数据排序后处在 25% 和 75% 位置上的数值。它用 3 个点将全部数据等分为 4 部分，其中每部分包含约 25% 的数据。显然，中间的四分位数就是中位数，因此通常所说的四分位数是指处在 25% 和 75% 位置上的两个数值。

与中位数的计算方法类似，计算四分位数时，首先对数据从小到大排序，然后确定四分位数所在的位置，该位置上的数值就是四分位数。与中位数不同的是，四分位数位置的确定方法有多种，每种方法得到的结果可能会有一定差异，但差异不会很大（一般相差不会超过一个位次）。由于不同软件使用的计算方法可能不一样，故对同一组数据用不同软件得到的四分位数结果也可能会有差异，但不会影响分析的结论。

设 25% 位置上的四分位数为 $Q_{25\%}$，75% 位置上的四分位数为 $Q_{75\%}$，Python 默认的确定四分位数位置的公式为[①]：

$$Q_{25\%}位置 = \frac{n+3}{4}, \quad Q_{75\%}位置 = \frac{3n+1}{4} \tag{4.4}$$

如果位置是整数，四分位数就是该位置对应的数值；如果是在整数加 0.5 的位置上，则四分位数就是该位置两侧数值的平均数；如果是在整数加 0.25 或 0.75 的位置上，则四分位数就是该位置前面的数值加上按比例分摊的位置两侧数值的差值。

【例 4-4】（数据：example4_1.csv）沿用例 4-1。计算 30 名学生考试分数的四分位数。

解：首先，对 30 个数据从小到大排序，得到的结果如下：

50　55　55　61　66　66　67　70　72　75　79　81　82　83　85
85　86　86　86　87　89　90　90　91　91　92　92　95　96　97

然后，计算出四分位数的位置和相应的数值。

$Q_{25\%}位置 = \frac{n+3}{4} = \frac{30+3}{4} = 8.25$，即 $Q_{25\%}$ 在第 8 个数值（70）和第 9 个数值（72）之间 0.25 的位置上，因此，$Q_{25\%} = 70 + 0.25 \times (72-70) = 70.5$。

$Q_{75\%}位置 = \frac{3n+1}{4} = \frac{3 \times 30+1}{4} = 22.75$，即 $Q_{75\%}$ 在第 22 个数值（90）和第 23 个数值（90）之间 0.75 的位置上，因此，$Q_{75\%} = 90 + 0.75 \times (90-90) = 90$。

pandas 模块和 numpy 模块中均有计算四分位数的函数。使用 pandas 模块计算四分位数的代码和结果如代码框 4-4 所示。

[①]　式（4.4）是 Python、R 语言和 Excel 等默认使用的确定四分位数位置的公式。Minitab 和 SPSS 软件使用的确定四分位数位置的公式为：$Q_{25\%} = \frac{n+1}{4}$，$Q_{75\%} = \frac{3(n+1)}{4}$。

代码框 4-4   计算 30 名学生考试分数的四分位数

```
# 使用 pd.DataFrame.quantile 函数计算四分位数
import pandas as pd
example4_1 = pd.read_csv('C:/pydata/example/chap04/example4_1.csv')

pd.DataFrame.quantile(example4_1,q=[0.25,0.75],interpolation='linear')    # q 为分位数向量
```

	分数
0.25	70.5
0.75	90.0

注：DataFrame.quantile 函数提供了 5 种四分位数算法，默认算法是采用线性插值，即按式（4.4）计算四分位数的位置。该算法与 R 语言默认的算法及 Excel 算法相同。使用 numpy 模块中的 quantile 函数也可以计算四分位数，代码 np.quantile(example4_1['分数'], q=[0.25, 0.75], interpolation='linear')得到的结果相同。

$Q_{25\%}$ 和 $Q_{75\%}$ 之间大约包含了 50%的数据。就上面 30 名学生的考试分数而言，可以说大约有一半学生的考试分数在 70.5~90.0 分之间。

3. 百分位数

百分位数（percentile）是用 99 个点将数据划分为 100 等份，处在各分位点上的数值就是百分位数。百分位数提供了各项数据在最小值和最大值之间分布的信息。

与四分位数类似，百分位数也有多种算法，每种算法的结果不尽相同，但差异不会很大。设 $P_{i\%}$ 为第 i 个百分位数，Python 默认的确定第 i 个百分位数位置的公式为[①]：

$$P_{i\%}位置 = \frac{i}{100} \times (n-1) \tag{4.5}$$

由于 Python 是一种索引从 0 开始计数的语言，因此，排序后的第 1 个数的索引为 0，第 2 个数的索引为 1，第 3 个数的索引为 2，依此类推。

如果位置是整数，百分位数就是该位置对应的数值；如果位置不是整数，百分位数就是该位置前面的数值加上按比例分摊的位置两侧数值的差值。显然，中位数就是第 50 个百分位数 $P_{50\%}$，四分位数 $Q_{25\%}$ 和 $Q_{75\%}$ 就是第 25 个百分位数 $P_{25\%}$ 和第 75 个百分位数 $P_{75\%}$。

【例 4-5】（数据：example4_1.csv）沿用例 4-1。计算 30 名学生考试分数的第 10、25、50、75 和 90 个百分位数。

解：根据式（4.5）有：$P_{10\%}位置 = \frac{10}{100} \times (30-1) = 2.9$。该百分位数在第 3 个值（55）和第 4 个值（61）之间 0.9 的位置上，因此 $P_{10\%} = 55 + 0.9 \times (61-55) = 60.4$。其余百分位数的算法类似。

计算百分位数的代码和结果如代码框 4-5 所示。

---

① 式（4.5）是 Python、R 语言和 Excel 等使用的确定百分位数位置的公式。Minitab 和 SPSS 软件使用的确定第 i 个百分位数位置的公式为：$P_{i\%}位置 = \frac{i}{100} \times (n+1)$。

代码框 4-5　计算 30 名学生考试分数的百分位数

```
import pandas as pd
example4_1 = pd.read_csv('C:/pydata/example/chap04/example4_1.csv')

pd.DataFrame.quantile(example4_1,q=[0.1,0.25,0.5,0.75,0.9],interpolation='linear')
                                                # 计算百分位数，默认采用线性插值
```

	分数
0.10	60.4
0.25	70.5
0.50	85.0
0.75	90.0
0.90	92.3

4.1.3　众数

众数（mode）是一组数据中频数最多的数值，用 M_o 表示。众数主要用于描述类别数据的频数，通常不用于数值数据。比如，赞成的人数为 100，反对的人数为 30，保持中立的人数为 70，众数就是"赞成"。对于数值数据，只有在数据量较大时众数才有意义。从数值数据分布的角度看，众数是一组数据分布的峰值点对应的数值。如果数据的分布没有明显的峰值，众数可能不存在；如果有两个或多个峰值，众数可以有两个或多个。

【例 4-6】（数据：example4_1.csv）沿用例 4-1。计算 30 名学生考试分数的众数。

解：使用 pandas 包和 stats 包中的 mode 函数等均可以计算众数，代码和结果如代码框 4-6 所示。

代码框 4-6　计算 30 名学生考试分数的众数

```
import pandas as pd
from scipy import stats
example4_1 = pd.read_csv('C:/pydata/example/chap04/example4_1.csv')

mode=stats.mode(example4_1['分数'])    # 使用 stats 包中的 mode 函数计算众数
mode
```

```
ModeResult(mode=array([86], dtype=int64), count=array([3]))
```

注：count=array([3]) 表示众数值的频数为 3，即众数值 86 有 3 个。若使用 pandas 包，运行 "example4_1['分数'].mode()"，则仅返回众数值 86。

平均数、分位数和众数是描述数据水平的几个主要统计量。实际应用中，用哪个统计量来代表一组数据的水平取决于数据的分布特征。平均数易被多数人理解和接受，实际中使用得也较多，但其缺点是易受极端值的影响。当数据的分布对称或偏斜程度不大时，可选择使用平均数。而对于严重偏斜分布的数据，平均数的代表性则较差。由于中位数不受极端值的影响，因此，当数据分布的偏斜程度较大时，可以选择使用中位数，其代表性要优于平均数。

4.2 描述差异的统计量

数据之间的差异反映了数据的离散程度。各水平统计量对该组数据的代表程度取决于数据的离散程度，离散程度越大，其代表性越差；离散程度越小，其代表性越好。描述样本数据离散程度的统计量主要有极差、四分位差、方差和标准差以及度量相对离散程度的变异系数等。

4.2.1 极差和四分位差

极差（range）是一组数据的最大值与最小值之差，也称**全距**，用 R 表示。计算公式为：

$$R = \max(x) - \min(x) \tag{4.6}$$

$\max(x)$ 表示数据集的最大值，$\min(x)$ 表示数据集的最小值。比如，根据例 4-1 中的数据，计算出 30 名学生考试分数的极差为：$R = 97 - 50 = 47$。由于极差只利用了一组数据两端的信息，因此容易受到极端值的影响，不能全面反映数据的差异状况。虽然极差在实际中很少单独使用，但它仍可以作为分析数据离散程度的一个参考值。

四分位差也称**四分位距**（intcrquartile range），它是一组数据 75%位置上的四分位数与25%位置上的四分位数之差，用 IQR 表示，计算公式为：

$$IQR = Q_{75\%} - Q_{25\%} \tag{4.7}$$

四分位差反映了中间 50%数据的离散程度，其数值越小，说明中间 50%的数据越集中；数值越大，说明中间 50%的数据越分散。四分位差不受极值的影响。由于中位数处于数据的中间位置，因此，四分位差的大小在一定程度上反映了中位数对一组数据的代表程度。

【例 4-7】（数据：example4_1.csv）沿用例 4-1。计算 30 名学生考试分数的极差和四分位差。

解：计算极差和四分位差的代码和结果如代码框 4-7 所示。

代码框 4-7   计算 30 名学生考试分数的极差和四分位差

```
import pandas as pd
import numpy as np
example4_1 = pd.read_csv('C:/pydata/example/chap04/example4_1.csv')

R=example4_1['分数'].max() - example4_1['分数'].min()            # 计算极差
IQR=np.quantile(example4_1['分数'],
              q=0.75) -np.quantile(example4_1['分数'], q=0.25) # 计算四分位差
print('极差 =',R,'\nIQR =',IQR)      # 使用 print 函数输出结果
```

```
极差 = 47
IQR = 19.5
```

4.2.2　方差和标准差

如果考虑每个数据 x_i 与其平均数 $\bar{x}$ 之间的差异，并以此作为一组数据离散程度的度量，那么结果要比极差和四分位差更为全面和准确。此时就需要计算每个数据 x_i 与其平均数 $\bar{x}$ 离差的平均数。由于 $(x_i - \bar{x})$ 之和等于 0，因此需要进行一定的处理。一种方法是将离差取绝对值，求和后再平均，这一结果称为**平均离差**（mean deviation）或**平均绝对离差**（mean absolute deviation）；另一种方法是将离差平方后再求平均数，这一结果称为**方差**（variance）。方差开平方后的结果称为**标准差**（standard deviation），它是一组数据与其平均数相比平均相差的数值。方差（或标准差）是实际中应用最广泛的度量数据离散程度的统计量。

设样本方差为 s^2，计算公式为：

$$s^2 = \frac{\sum_{i=1}^{n} (x_i - \bar{x})^2}{n-1} \tag{4.8}$$

样本标准差的计算公式为：

$$s = \sqrt{\frac{\sum_{i=1}^{n} (x_i - \bar{x})^2}{n-1}} \tag{4.9}$$

如果原始数据被分成 k 组，各组的组中值分别为 m_1，m_2，…，m_k，各组的频数分别为 f_1，f_2，…，f_k，则加权样本方差的计算公式为[①]：

$$s^2 = \frac{\sum_{i=1}^{k} (m_i - \bar{x})^2 f_i}{n-1} \tag{4.10}$$

加权样本标准差的计算公式为：

$$s = \sqrt{\frac{\sum_{i=1}^{k} (m_i - \bar{x})^2 f_i}{n-1}} \tag{4.11}$$

与方差不同的是，标准差与原始数据的计量单位相同，其实际意义比方差更清楚。因此，在分析实际问题时通常使用标准差。

【**例 4-8**】（数据：example4_1.csv）沿用例 4-1。计算 30 名学生考试分数的方差和标准差。

解：计算方差和标准差的代码和结果如代码框 4-8 所示。

---

① 对于总体的 N 个数据，总体方差（population variance）用 σ^2 表示，计算公式为：$\sigma^2 = \dfrac{\sum_{i=1}^{N} (x_i - \mu)^2}{N}$。对于分组数据，总体加权方差的计算公式为：$\sigma^2 = \dfrac{\sum_{i=1}^{k} (M_i - \mu)^2 F_i}{N}$。开平方后即得到总体的加权标准差。总体方差通常是未知的，实际应用中都是用样本方差 s^2 进行推断。

代码框 4-8　计算 30 名学生考试分数的方差和标准差

```
import pandas as pd
example4_1 = pd.read_csv('C:/pydata/example/chap04/example4_1.csv')

var = example4_1['分数'].var()    # 计算方差，或写成 var = example4_1['分数'].var(ddof=1)
sd=example4_1['分数'].std()        # 计算标准差
print('方差 =',round(var,4),'\n 标准差 =',round(sd,4))
```

```
方差 = 174.6207
标准差 = 13.2144
```

注：方差和标准差的自由度由函数的参数 ddof（自由度）设置，不同函数的默认设置不同。numpy 中的函数默认 ddof=0，即分母为 n 而非 $n-1$，pandas 中的函数默认 ddof=1，即自由度为 $n-1$。np.var(example4_1['分数'], ddof=1)和 np.std(example4_1['分数'], ddof=1)得到的结果与上述相同。

【例 4-9】（数据：example4_2.csv）沿用例 4-2。根据表 4-2 的分组数据，计算 30 名学生考试分数的加权方差和标准差。

解：计算加权方差和标准差的代码和结果如代码框 4-9 所示。

代码框 4-9　计算 30 名学生考试分数的加权方差和标准差

```
import pandas as pd
import numpy as np
df = pd.read_csv('C:/pydata/example/chap04/example4_2.csv')

m=df['组中值'];f=df['人数']
wm=np.average(a=m,weights=f)              # 计算加权平均数

var=sum(((m-wm)**2)*f)/(sum(f)-1)         # 计算加权方差
sd=pow(var,1/2)                           # 计算加权标准差（pow 函数用于计算数值的 n 次幂）
print('加权方差 =',round(var,4),'\n 加权标准差 =',round(sd,4))    # 打印结果并保留 4 位小数
```

```
加权方差 = 176.5517
加权标准差 = 13.2873
```

4.2.3　变异系数

标准差是反映数据离散程度的绝对值，其数值的大小受原始数据大小的影响，原始数据的观测值越大，标准差的值通常也就越大。此外，标准差与原始数据的计量单位相同，采用不同计量单位计量的数据，其标准差的值也就不同。因此，对于不同样本的数据，如果原始数据的观测值相差较大或计量单位不同，就不能直接用标准差比较其离散程度，这时就需要计算变异系数。

变异系数（coefficient of variation，CV）也称**离散系数**，它是一组数据的标准差与其相应的平均数之比。由于变异系数消除了数值大小和计量单位对标准差的影响，因而可以反映一组数据的相对离散程度。其计算公式为：

$$CV = \frac{s}{\bar{x}} \tag{4.12}$$

变异系数主要用于比较不同样本或不同变量的数据的离散程度。其数值越大，说明数

据的相对离散程度越大；数值越小，说明数据的相对离散程度越小。①对于只有一个样本或变量的数据集，计算变异系数的意义不大。

【**例 4-10**】（数据：example4_10.csv）为分析不同行业上市公司每股收益的差异，在互联网行业和机械制造行业中各随机抽取 10 家上市公司，得到某年度的每股收益数据如表 4-3 所示。计算变异系数，并比较两类上市公司每股收益的离散程度。

表 4-3　不同行业上市公司的每股收益　　　　　单位：元

互联网公司	机械制造公司
0.46	0.98
0.68	0.62
1.28	0.40
1.40	0.04
1.25	0.60
1.57	0.35
1.05	0.95
1.38	0.42
1.38	0.03
0.91	0.85

解：如果两个行业的平均每股收益差异不大，则可以直接比较标准差的大小，否则需要用变异系数比较其离散程度。代码和结果如代码框 4-10 所示（为比较分析，同时列出了平均数和标准差）。

代码框 4-10　计算不同行业上市公司每股收益的变异系数

```
import pandas as pd
import numpy as np
example4_10 = pd.read_csv('C:/pydata/example/chap04/example4_10.csv')

mean = example4_10.mean()        # 计算平均数
sd = example4_10.std()           # 计算标准差
cv = sd / mean                   # 计算变异系数
df = pd.DataFrame({"平均数": mean, "标准差": sd, "变异系数": cv})   # 生成结果数据框
np.round(df, 4)                  # 结果保留 4 位小数
```

	平均数	标准差	变异系数
互联网公司	1.136	0.3550	0.3125
机械制造公司	0.524	0.3408	0.6504

代码框 4-10 的结果显示，虽然互联网公司每股收益的标准差大于机械制造公司，但其变异系数却小于机械制造公司，表明互联网公司每股收益的离散程度小于机械制造公司。

---

① 当平均数接近 0 时，变异系数的值趋于无穷大，此时需要慎重解释。

4.3   描述分布形状的统计量

利用直方图或核密度图可以大致看出数据的分布是否对称。对于不对称分布，要想知道不对称程度，则需要计算相应的描述统计量。偏度系数和峰度系数就是对分布的不对称程度和峰值高低的一种度量。

4.3.1   偏度系数

偏度（skewness）是指数据分布的不对称性，这一概念由统计学家 K . Pearson 于 1895 年首次提出。测度数据分布不对称性的统计量称为**偏度系数**（coefficient of skewness），记为 SK 。

设 $m_r = \frac{1}{n}\sum_{i}^{n}(x_i - \overline{x})^r$ 为样本的 r 阶中心矩，则偏度系数有以下 3 种算法。

算法 1：计算公式为：

$$\mathrm{SK}_1 = \frac{m_3}{m_2^{3/2}} = \frac{\frac{1}{n}\sum_{i}^{n}(x_i - \overline{x})^3}{\left[\frac{1}{n}\sum_{i}^{n}(x_i - \overline{x})^2\right]^{\frac{3}{2}}} \tag{4.13}$$

式中，m_3 为样本的三阶中心矩；m_2 为样本的二阶中心矩，即样本方差。式（4.13）对应于 R 语言 e1071 包中 skewness 函数的 type=1。该算法是传统教材中的定义。

算法 2：计算公式为：

$$\mathrm{SK}_2 = \mathrm{SK}_1 \times \frac{\sqrt{n(n-1)}}{n-2} = \frac{m_3}{m_2^{3/2}} \times \frac{\sqrt{n(n-1)}}{n-2} \tag{4.14}$$

式（4.14）是 Python 软件 pandas 模块中 DataFrame.skew 函数的默认算法，也是 SPSS、SAS、Excel 软件中的默认算法。对应于 R 语言 e1071 包中 skewness 函数的 type=2。

算法 3：计算公式为：

$$\mathrm{SK}_3 = \frac{m_3}{s^3} = \mathrm{SK}_1\left(\frac{n-1}{n}\right)^{3/2} = \frac{m_3}{m_2^{3/2}}\left(\frac{n-1}{n}\right)^{3/2} \tag{4.15}$$

式中，s 是样本标准差。式（4.15）对应于 R 语言 e1071 包中 skewness 函数的 type=3（函数默认算法）。该算法也是 Minitab 软件中的默认算法。

当数据对称分布时，偏度系数等于 0。偏度系数越接近于 0，偏斜程度越小，数据也就越接近于对称分布。如果偏度系数明显不等于 0，则表示分布是不对称的。若偏度系数大于 1 或小于-1，则视为严重偏斜分布；若偏度系数在 0.5～1 或-1～-0.5 之间，则视为中等偏斜分布；若偏度系数小于 0.5 或大于-0.5，则视为轻微偏斜。其中负值表示左偏分布（在分布的左侧有长尾），正值则表示右偏分布（在分布的右侧有长尾）。

4.3.2　峰度系数

峰度（kurtosis）是指数据分布峰值的高低，这一概念由统计学家 K.Pearson 于 1905 年首次提出。测度数据分布峰值高低的统计量称为**峰度系数**（coefficient of kurtosis），记作 K。

设 $m_r = \frac{1}{n}\sum_{i}^{n}(x_i - \overline{x})^r$ 为样本的 r 阶中心矩，则峰度系数有以下 3 种算法。

算法 1：计算公式为：

$$K_1 = \frac{m_4}{(m_2)^2} - 3 \tag{4.16}$$

式（4.16）对应于 R 语言 e1071 包中 kurtosis 函数的 type=1。该算法是传统教材中的定义。

算法 2：计算公式为：

$$K_2 = ((n+1)K_1 + 6) \times \frac{n-1}{(n-2)(n-3)} \tag{4.17}$$

式（4.17）是 Python 软件 pandas 模块中 DataFrame.kurt 函数的默认算法，也是 SPSS、SAS、Excel 软件中的默认算法。对应于 R 语言 e1071 包中 kurtosis 函数的 type=2。

算法 3：计算公式为：

$$K_3 = \frac{m_4}{s^4} - 3 = (K_1 + 3)\left(1 - \frac{1}{n}\right)^2 - 3 \tag{4.18}$$

式中，s 是样本标准差。式（4.18）对应于 R 语言 e1071 包中 kurtosis 函数的 type=3（函数默认算法）。该算法也是 Minitab 软件中的默认算法。

峰度通常是与标准正态分布相比较而言的。由于标准正态分布的峰度系数为 0，故当 K>0 时，为尖峰分布，数据分布的峰值比标准正态分布高，数据相对集中；当 K<0 时，为扁平分布，数据分布的峰值比标准正态分布低，数据相对分散。

不同软件的默认算法可能不同，因此相同数据得到的偏度系数和峰度系数可能会有一定差异，但通常不会影响分析结论。

图 4-1 是 Python 模拟的不同形状的分布对应的偏度系数和峰度系数。

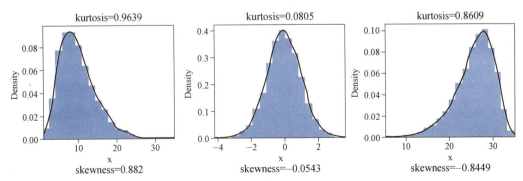

图 4-1　不同形状的分布对应的偏度系数和峰度系数

【例 4-11】（数据：example4_1.csv）沿用例 4-1。计算 30 名学生考试分数的偏度系数和峰度系数。

解：代码和结果如代码框 4-11 所示。

代码框 4-11   计算 30 名学生考试分数的偏度系数和峰度系数

```python
import pandas as pd
example4_1 = pd.read_csv('C:/pydata/example/chap04/example4_1.csv')

skew = example4_1['分数'].skew()      # 计算偏度系数
kurt = example4_1['分数'].kurt()      # 计算峰度系数
print("偏度系数  =", round(skew, 4),'\n'"峰度系数  =", round(kurt, 4))
```
```
偏度系数  = -0.8314
峰度系数  = -0.3515
```

代码框 4-11 中的结果显示，偏度系数为 -0.831 4，表示考试分数的分布为中等程度的左偏分布；峰度系数为 -0.351 5，表示考试分数分布的峰值比标准正态分布的峰值要略低一些。

4.4   数据标准化

在分析和可视化多个变量时，这些变量往往具有不同的**量纲**（dimension），也就是不同的计量单位。为了对多个变量进行比较分析，通常需要将这些变量通过某种变换统一成相同的量纲，这就是所谓的数据**标准化**（standardization），也称**归一化**（normalization）。统计中的标准化方法有多种，本节只介绍较常用的标准化方法，即标准分数和极值标准化。

4.4.1   标准分数

标准分数（standard score）也称为 z 分数或标准化值，它是一种常用的数据标准化方法。标准分数是将一组原始数据变换成均值为 0、方差为 1 的另一组数据。当有多个不同的变量进行比较分析时，通常需要进行标准化变换。

标准分数可以用于度量每个数值在该组数据中的相对位置，判断一组数据中是否有**离群点**（outlier）。比如，全班的平均考试分数为 80 分，标准差为 10 分，如果一个学生的考试分数为 90 分，则表示距离平均分数有 1 个标准差的距离。这里的"1"就是这个学生考试成绩的标准分数。

设一组原始样本数据为 x_1，x_2，$\cdots$，x_n，样本量为 n，样本平均数用 $\bar{x}$ 表示，样本标准差用 s 表示，标准分数是某个数据与其平均数的差除以标准差后的数值。用 z_i 表示第 i 个标准分数，其计算公式为：

$$z_i = \frac{x_i - \bar{x}}{s} \tag{4.19}$$

式（4.19）就是统计上常用的标准化公式，它将一组数据转化成均值为 0、标准差为 1 的新数据，用于描述某个数据与平均数相差多少个标准差。

【**例 4-12**】（数据：example4_1.csv）沿用例 4-1。计算 30 名学生考试分数的标准分数。

解：计算标准分数的代码和结果如代码框 4-12 所示。

代码框 4-12　计算 30 名学生考试分数的标准分数

```
import pandas as pd
import numpy as np
from scipy import stats
example4_1 = pd.read_csv('C:/pydata/example/chap04/example4_1.csv')

z = stats.zscore(example4_1['分数'], ddof=1)     # ddof 是自由度
print('标准分数：',' ','\n',np.round(z, 4))       # 结果保留 4 位小数
```
```
标准分数：
 [0.3784  -1.8919    0.8324  -1.0594 -0.0757   1.2865   0.9081 -1.8919   0.5297
  0.7567   0.2270   -0.7567   1.2108  -0.6054   0.7567 -1.4378   0.4540   0.454
  0.9081   0.3784   -0.9838   0.0757   0.6811  -2.2702   1.1351   0.4540 -0.3784
  0.8324   0.1513   -1.0594]
```

第一个学生的标准分数为 0.378 4，表示这个学生的考试分数比平均分数（80 分）高 0.378 4 个标准差；第二个学生的标准分数为 -1.891 9，表示这个学生的考试分数比平均分数低 1.891 9 个标准差。其余的标准分数含义类似。

标准分数可用于判断一组数据中是否存在离群点。经验表明：当一组数据对称分布时，约有 68% 的数据在平均数加减 1 个标准差的范围之内，约有 95% 的数据在平均数加减 2 个标准差的范围之内，约有 99% 的数据在平均数加减 3 个标准差的范围之内。可见，一组数据中低于或高于平均数 3 个标准差的数值是很少的，因此，通常将 3 个标准差之外的数据确定为离群点。

4.4.2　极值标准化

极值标准化（extremum standardization）是另一种标准化变换，它是将一组原始数据缩放到[0, 1]的范围内，也称**最小最大标准化**（min-max normalization）。当一组数据中存在较大或较小的极端值（离群值）时，通常需要进行极值标准化变换。

设一组原始数据为 x_1, x_2, $\cdots$, x_n，x_{min} 表示数据集的最小值，x_{max} 表示数据集的最大值，T_i 表示第 i 个极值标准化值，其计算公式为：

$$T_i = \frac{x_i - x_{min}}{x_{max} - x_{min}} \tag{4.20}$$

【**例 4-13**】（数据：example4_1.csv）沿用例 4-1。计算 30 名学生考试分数的极值标准化值。

解：代码和结果如代码框 4-13 所示。

代码框 4-13   计算 30 名学生考试分数的极值标准化值

```
import pandas as pd
import numpy as np
example4_1 = pd.read_csv('C:/pydata/example/chap04/example4_1.csv')

x=example4_1['分数']
T = (x-min(x))/(max(x)-min(x))        # 计算极值标准化值
print('极值标准化值：','\n',np.array(round(T, 4)))
```

极值标准化值：
```
[0.7447   0.1064   0.8723   0.3404   0.6170   1.       0.8936   0.1064   0.7872   0.8511
 0.7021   0.4255   0.9787   0.4681   0.8511   0.2340   0.7660   0.7660   0.8936   0.7447
 0.3617   0.6596   0.8298   0.       0.9574   0.7660   0.5319   0.8723   0.6809   0.3404]
```

　　标准分数和极值标准化只是对数据做了线性变换，只是简单地改变了数据的原点和量纲，并等度地对数据进行压缩或扩张，但不改变数据在坐标轴上的相对位置，自然也就不会改变数据分布的形状，因此有利于比较不同变量的分布特征。

　　为比较变换的效果，下面绘制出原始数据、标准分数和极值标准化值的点图、箱线图与核密度图，代码和结果如代码框 4-14 所示。

代码框 4-14   原始数据和标准化后数据的比较

```
# 图 4-2 的绘制代码
import pandas as pd
import numpy as np
import seaborn as sns
from scipy import stats
import matplotlib.pyplot as plt
plt.rcParams['font.sans-serif'] = ['SimHei']
plt.rcParams['axes.unicode_minus'] = False
example4_1 = pd.read_csv('C:/pydata/example/chap04/example4_1.csv')

# 计算标准分数和极值标准化值
x=example4_1['分数']
z = stats.zscore(x, ddof=1)          # 计算标准分数
T = (x-min(x))/(max(x)-min(x))   # 计算极值标准化值

# 绘制原始数据的图形
plt.subplots(3,3,figsize=(8, 6))
plt.subplot(331)
sns.stripplot(x=example4_1['分数'],orient='h',jitter=False,size=3)     # 绘制点图
plt.title('(a1) 原始数据的点图')
plt.subplot(332)
sns.boxplot(x=x,width=0.3,orient="v") # 绘制箱线图
plt.title('(a2) 原始数据的箱线图')
plt.subplot(333)
sns.kdeplot(x,bw_method=0.5)
plt.title('(a3) 原始数据的核密度图') # 绘制核密度图

# 绘制标准分数的图形
plt.subplot(334)
```

```
sns.stripplot(x=z,orient='h',jitter=False,size=3)
plt.xlabel('分数')
plt.title('(b1) 标准分数的点图')
plt.subplot(335)
sns.boxplot(x=z,width=0.3,orient="v")
plt.xlabel('分数')
plt.title('(b2) 标准分数的箱线图')
plt.subplot(336)
sns.kdeplot(z,bw_method=0.5)
plt.xlabel('分数')
plt.title('(b3) 标准分数的核密度图')

# 绘制极值标准化后的图形
plt.subplot(337)
sns.stripplot(T,orient='h',jitter=False,size=3)
plt.title('(c1) 极值标准化的点图')
plt.subplot(338)
sns.boxplot(T,width=0.3,orient="v")
plt.title('(c2) 极值标准化的箱线图')
plt.subplot(339)
sns.kdeplot(T,bw_method=0.5)
plt.title('(c3) 极值标准化的核密度图')

plt.tight_layout()
```

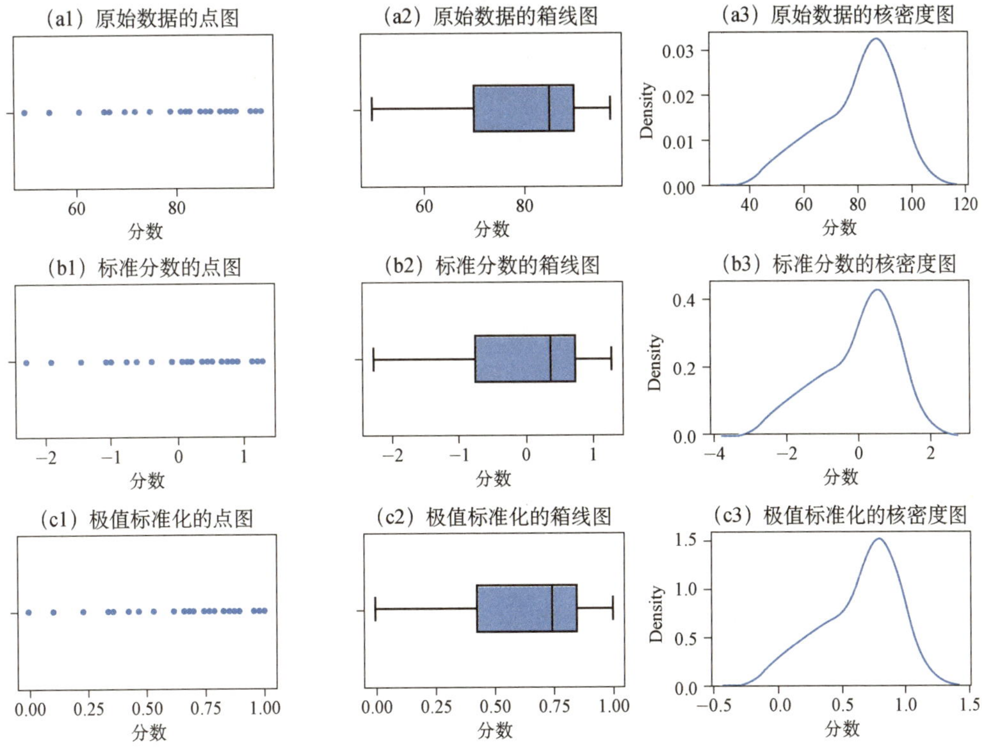

图 4-2 原始数据和标准化后数据的图形比较

图 4-2 的点图显示，变换只是改变了坐标轴的标尺，没有改变各个点在坐标轴上的排列位置和顺序。箱线图和核密度图显示，变换没有改变数据分布的形状。

4.5   一个综合描述的例子

实际数据分析中，一个数据集可能包含多个变量或多个样本，通常需要对数据集做多角度的综合分析。从描述性分析的角度看，通常需要对数据从图表和统计量两个方面进行描述。下面通过一个例子，结合数据可视化和描述统计量的知识，说明对数据进行综合性描述分析的基本思路。

【例 4-14】（数据：example4_14.csv）在某大学随机抽取 60 名大学生，调查得到学生的性别、家庭所在地和月生活费支出数据如表 4-4 所示。请对调查数据进行综合分析。

表 4-4   60 名大学生的调查数据（前 5 行和后 5 行）   单位：元

性别	家庭所在地	月生活费支出
女	中小城市	2 535
男	大型城市	3 520
男	大型城市	3 042
女	中小城市	2 704
女	中小城市	3 380
……	……	……
男	乡镇地区	2 535
男	大型城市	3 211
女	大型城市	3 887
女	中小城市	3 210
男	大型城市	3 380

如果要对表 4-4 中的数据进行分析，首先需要弄清楚这里涉及了哪些变量，这些变量都属于什么类型，然后确定要分析什么以及如何分析。通常情况下，无论对数据做何种分析，首先都需要从描述分析入手，也就是从可视化和统计量这两个角度进行分析。

4.5.1   可视化分析

表 4-4 中涉及两个类别变量和一个数值变量。对于性别和家庭所在地这两个类别变量，可以对其频数进行计数、计算百分比等。对于月生活费支出这一数值变量，除了可以绘制图形观察其分布外，还可以对所关注的描述统计量进行分析。

可视化分析是数据分析的基础。无论做何种分析，都应首先画出数据的图形，以便为后续分析开拓思路。至于画出什么图形，主要取决于所面对的数据类型、分析目的和使用的实现工具。从可视化的角度来看，可以绘制性别和家庭所在地的条形图和饼图等来分析其频数和频数百分比；对于月生活费支出变量，可以绘制直方图、核密度图、箱线图、点图等来观察其分布特征。

限于篇幅，这里只绘制出部分图形。首先，绘制出月生活费支出的直方图和核密度图，以反映全部学生的月生活费支出的整体分布特征。其次，绘制按性别和家庭所在地分组的月生活费支出的核密度图、箱线图和点图，以反映分组条件下月生活费支出的分布。Python 代码和结果如代码框 4–15 所示。

代码框 4–15　60 名大学生月生活费支出的分布图形

```
# 绘制 60 名大学生月生活费支出的直方图（见图 4–3）
import pandas as pd
import matplotlib.pyplot as plt
import seaborn as sns
plt.rcParams['font.sans-serif'] = ['SimHei']
df = pd.read_csv('C:/pydata/example/chap04/example4_14.csv')

fig = plt.figure(figsize=(6, 4))
sns.histplot(df['月生活费支出'],bins=8,kde=True,stat="density")
```

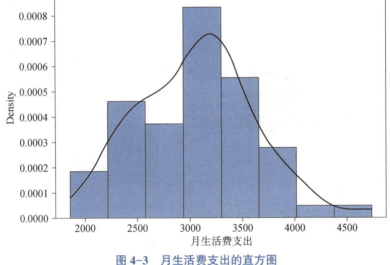

图 4–3　月生活费支出的直方图

```
# 绘制按性别和家庭所在地分组的月生活费支出的核密度图（见图 4–4）
plt.figure(figsize=(9, 4))
plt.subplot(1,2,1)
sns.kdeplot('月生活费支出',hue='性别',shade=True,data=df)
plt.title('(a) 按性别分组')
plt.subplot(1,2,2)
sns.kdeplot('月生活费支出',hue='家庭所在地',shade=True,data=df)
plt.title('(b) 按家庭所在地分组')

plt.tight_layout()
```

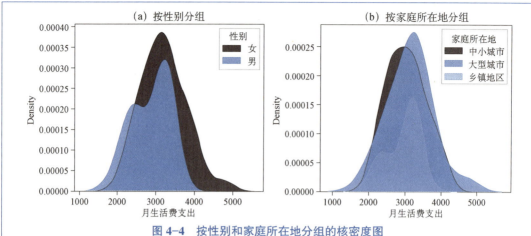

图 4-4　按性别和家庭所在地分组的核密度图

```
# 绘制按性别和家庭所在地分组的月生活费支出的箱线图（见图 4-5）
plt.figure(figsize=(7, 5))
sns.boxplot(x='性别', y="月生活费支出", hue='家庭所在地', data=df)
```

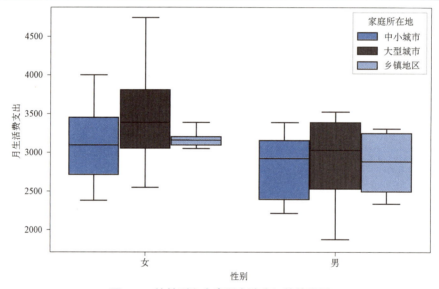

图 4-5　按性别和家庭所在地分组的箱线图

```
#绘制按性别和家庭所在地分组的月生活费支出的点图（见图 4-6）
plt.subplots(1,2,figsize=(8, 3.5))
plt.subplot(121)
sns.stripplot(x='月生活费支出',y='性别',jitter=True, size=5,data=df)
plt.title('(a) 按性别分组')

plt.subplot(122)
sns.stripplot(x='月生活费支出',y='家庭所在地',size=5,data=df)
plt.title('(b) 按家庭所在地分组')

plt.tight_layout()
```

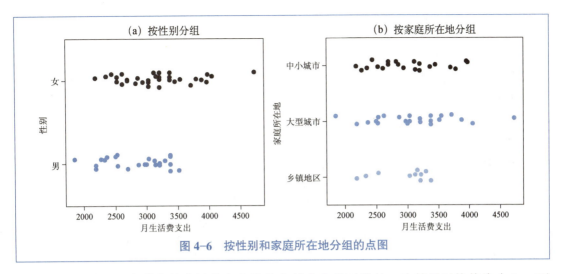

图 4-6　按性别和家庭所在地分组的点图

图 4-3 显示，大学生月生活费支出的分布基本上是对称的，也就是以均值为中心，两侧依次减少，这基本上符合大学生生活费支出的特点。

图 4-4 显示，按性别分组后，女生的月生活费支出大致为对称分布，男生的月生活费支出呈轻微左偏分布；按家庭所在地分组后，中小城市和大型城市的月生活费支出接近对称分布，乡镇地区的月生活费支出呈左偏分布。

图 4-5 显示，按性别和按家庭所在地交叉分组后，无论是大型城市、中小城市还是乡镇地区，女生的月生活费支出水平（中位数）均高于男生。其中，大型城市的女生支出水平高于中小城市和乡镇地区，而中小城市和乡镇地区差异不大；男生的月生活费支出在三类地区中则相差不大。

图 4-6 是数据经扰动后分组绘制的点图，可用于观察月生活费支出各点的分布和离散状况。

4.5.2　统计量分析

除了使用图形来展示数据的分布特征外，还可以使用统计量来描述月生活费支出的数值特征，比如，描述月生活费支出水平、差异和分布形状的统计量。就例 4-14 的数据而言，除了对全部的月生活费支出进行描述外，还可以按性别和家庭所在地分组进行分析。代码框 4-16 给出了从不同角度计算的综合性描述统计量。

代码框 4-16　计算月生活费支出的描述统计量

```
# 对 60 名大学生的月生活费支出进行概括性描述
desc=df.describe(include=None)  # 不包括类别变量
round(desc,2)
```

	月生活费支出
count	60.00
mean	3061.97

std	548.08
min	1859.00
25%	2620.00
50%	3127.00
75%	3380.00
max	4732.00

按性别和家庭所在地分组计算描述统计量（使用 pd 中的 pivot_table 函数）

```
tab = pd.pivot_table(df,index=['性别','家庭所在地'],values=['月生活费支出'],
                margins=True, margins_name='合计',
                aggfunc=[sum,min,max,np.median,np.mean,np.std])
                     # 计算总和、最小值和最大值、中位数、平均数和标准差
round(tab,2)
```

		sum 月生活费支出	min 月生活费支出	max 月生活费支出	median 月生活费支出	mean 月生活费支出	std 月生活费支出
性别	家庭所在地						
女	中小城市	56012	2366	3988	3084.0	3111.78	522.15
	乡镇地区	18118	2197	3380	3143.5	3019.67	418.41
	大型城市	37772	2535	4732	3380.0	3433.82	648.19
男	中小城市	16833	2197	3380	2915.5	2805.50	490.29
	乡镇地区	11377	2335	3296	2873.0	2844.25	480.82
	大型城市	43606	1859	3520	3008.0	2907.07	506.77
合计		183718	1859	4732	3127.0	3061.97	543.50

按性别和家庭所在地分组计算描述统计量（编写函数）

```
import pandas as pd
df = pd.read_csv('C:/pydata/example/chap04/example4_15.csv')

# 编写函数
def my_summary(df, col=['性别']):
    df_res = pd.DataFrame()
    df_res['n'] = df.groupby(col)['月生活费支出'].count()
    df_res['平均数'] = df.groupby(col)['月生活费支出'].mean().round(3)
    df_res['中位数'] = df.groupby(col)['月生活费支出'].median()
    df_res['标准差'] = df.groupby(col)['月生活费支出'].std().round(4)
    df_res['全距'] = df.groupby(col)['月生活费支出'].apply(lambda x: x.max()-x.min())
    df_res['变异系数'] = df.groupby(col)['月生活费支出'].apply(lambda x: x.std()/x.mean())
    df_res['偏度系数'] = df.groupby(col)['月生活费支出'].skew()
    return df_res

# 按性别分组计算统计量
df1=my_summary(df, ['性别'])
print('按性别分组')
round(df1,4)
```

按性别分组

	n	平均数	中位数	标准差	全距	变异系数	偏度系数
性别							
女	35	3197.2	3210	559.6233	2535	0.175	0.5022
男	25	2872.64	3008	480.4089	1661	0.1672	-0.4741

```
# 按家庭所在地分组计算统计量
df2=my_summary(df, ['家庭所在地'])
print('按家庭所在地分组')
round(df2,4)
```

按家庭所在地分组

	n	平均数	中位数	标准差	全距	变异系数	偏度系数
家庭所在地							
中小城市	24	3035.208	3042.5	521.6586	1791	0.1719	0.2688
乡镇地区	10	2949.500	3143.5	427.2302	1183	0.1448	-0.9908
大型城市	26	3129.923	3126.5	618.3162	2873	0.1975	0.2966

```
# 按性别和家庭所在地交叉分组计算描述统计量
df3=my_summary(df, ['性别', '家庭所在地'])
print('按性别和家庭所在地交叉分组')
round(df3,4)
```

按性别和家庭所在地交叉分组

性别	家庭所在地	n	平均数	中位数	标准差	全距	变异系数	偏度系数
女	中小城市	18	3111.778	3084.0000	522.1485	1622	0.1678	0.3447
	乡镇地区	6	3019.667	3143.5000	418.4078	1183	0.1386	-2.0431
	大型城市	11	3433.818	3380.0000	648.1935	2197	0.1888	0.5159
男	中小城市	6	2805.500	2915.5000	490.2949	1183	0.1748	-0.2763
	乡镇地区	4	2844.250	2873.0000	480.8169	961	0.1690	-0.1207
	大型城市	15	2907.067	3008.0000	506.7739	1661	0.1743	-0.6972

注：使用 groupby 函数也可以对 pandas 的数据框进行分组统计。比如，按性别分组计算月生活费支出的平均数，代码为"df.groupby('性别').mean()"；按性别和家庭所在地分组计算月生活费支出的标准差，代码为"df.groupby(['性别','家庭所在地']).std()"。

代码框 4-16 中，describe 函数给出了 60 名大学生的月生活费支出的概括性描述，pivot_table 函数给出了按性别和家庭所在地分组计算的描述统计量，包括样本量（count）、平均数（mean）、标准差（std）、最小值（min）、最大值（max）、中位数（50%）和两个四分位数（25%和75%），可用于对数据的概括性分析。

如果函数提供的统计量不能满足需要，可以自己编写函数来计算所需的描述统计量。代码框 4-16 使用自编函数计算了分析需要的统计量（可根据需要自定义）。按性别分组可以看出，女生月生活费支出的平均数和中位数均高于男生，同时，女生月生活费支出的标准差和全距也都大于男生，相应的变异系数 $CV_{女} = 0.175\,0 > CV_{男} = 0.167\,2$，说明女生月生活费支出的离散程度大于男生。从分布形态看，女生月生活费支出的偏度系数是 0.502 2，为中等右偏分布，而男生的月生活费支出的偏度系数是 – 0.474 1，则为轻微左偏分布。

从按家庭所在地分组描述的结果看，来自不同家庭所在地的学生月生活费支出也有差异。大型城市的学生月生活费支出的均值高于中小城市和乡镇地区，但中位数则是乡镇地区最高。从离散程度看，$CV_{大型城市} = 0.197\,5 > CV_{中小城市} = 0.171\,9 > CV_{乡镇地区} = 0.144\,8$，乡镇地区的学生月生活费支出的离散程度最小，大型城市最大。从分布形态看，乡镇地区学生月生活费支出的偏度系数是 – 0.990 8，为较严重的左偏分布，而大型城市和中小城市的支出则为很轻微的右偏分布，接近对称。读者可以自己对按性别和家庭所在地交叉分组计算的统计量进行分析。

例 4–14 从可视化和统计量两个角度入手，展示了数据的综合性描述分析结果。分析中使用了 Python 的综合描述函数和自编函数，目的是使读者了解描述性分析的思路。实际应用中，读者可根据自身需要从不同角度进行分析。

习题

4.1　随机抽取 50 个网络购物的消费者，调查他们某月的网购金额，结果如下表所示（单位：元）。

1 004	602	1 540	522	878	916	1 166	1 062	344	1 200
921	990	1 309	528	838	1 492	928	1 299	1 107	981
928	1 135	789	1 018	905	935	939	729	1 802	645
1 148	877	2 270	957	840	576	1 110	570	1 253	1 133
1 416	1 380	513	1 423	1 224	289	1 247	657	1 816	1 481

（1）计算平均数、标准差、极差和四分位差。

（2）计算 10%、25%、50%、75%、90% 的分位数。

（3）计算偏度系数和峰度系数，分析网购金额的分布特征。

（4）计算标准分数和极值标准化值，绘制原始数据和标准化后数据的核密度图并进行比较。

4.2　一种产品需要人工组装，现有 3 种可供选择的组装方法。为检验哪种方法更好，随机抽取 15 个工人，让他们分别用 3 种方法组装。下面是 15 个工人分别用 3 种方法在相同的时间内组装的产品数量（前 3 行和后 3 行，单位：个）。

方法 A	方法 B	方法 C
164	129	125
167	130	126
168	129	126

续表

方法 A	方法 B	方法 C
……	……	……
167	128	116
166	125	126
165	132	125

选择适当的图形和统计量来比较 3 种方法组装产品数量的分布特征。

4.3　在大学生中随机抽取 50 名男生和 50 名女生，测得身高数据（前 3 行和后 3 行）如下（单位：cm）。

男生	女生
182.1	175.4
183.3	162.7
176.6	174.6
……	……
178.0	168.9
167.8	162.0
186.1	167.2

利用图形和描述统计量来分析男女大学生身高的特点和差异。

第5章 概率分布

概率分布是统计推断的理论基础，经典的统计推断方法都是以统计量的概率分布为基础构建的。根据本书学习的需要，本章主要介绍几种常用的经典概率分布以及样本统计量的概率分布。

5.1 什么是概率

当你购买彩票时，希望自己中大奖，但能否中奖是不确定的；当你投资股票时，预期得到较高的收益率，但你不可能确切地知道收益率。现实生活中有很多这类事情，能否成功具有不确定性。比如，明天降雨的可能性有多大，购买一只股票明天上涨的可能性有多大，一笔投资盈利的可能性有多大，一项工程按期完成的可能性有多大，等等。**概率**（probability）是对事件发生可能性大小的度量，它是介于 0～1 的一个值。比如，天气预报说明天降雨的概率是 80%，这里的 80%就是对明天降雨这一事件发生的可能性大小的一种数值度量。

获得一个事件发生的概率有几种途径。如果事件是等可能发生的，可以通过重复试验来获得概率。当试验次数很多时，事件 A 发生的概率 $P(A)$ 可以由所观察到的事件 A 发生的频率 p 来逼近。假定在相同条件下重复进行 n 次试验，事件 A 发生了 m 次，则事件 A 发生的概率可表示为：

$$P(A) = \frac{事件A发生的次数}{重复试验的次数} = \frac{m}{n} = p \tag{5.1}$$

比值 m/n 越大，表示事件 A 发生得越频繁，也就意味着在一次试验中事件 A 发生的可能性（即概率）越大。事实上，随着试验次数 n 的增大，比值 m/n 将围绕某一频率 p 上下波动，并且其波动的幅度将随着试验次数 n 的增大而减小，进而趋于稳定，这个稳定的频率 p 就是事件 A 发生的概率。比如，抛掷一枚硬币，观察其出现的是正面还是反面，如果定义事件 A ="出现正面"，那么事件 A 发生的概率 $P(A) = 1/2$。这里的 $P(A) = 1/2$ 并不意味着抛掷多次硬币恰好有一半结果正面朝上，而是指在连续多次的抛掷中可以认为出现正面的次数接近一半，比值 1/2 则是对抛掷一次硬币观察到正面朝上的可能性的度量。注意：在一次抛掷完成后，其结果就是一个常数，要么一定是正面，要么一定是反面，此时就不是概率问题了。

尽管可以将事件的概率设想成大量重复试验中该事件出现次数的比例，但有些试验是不能重复的。比如，投资 500 万元开设一家餐馆，那么这家餐馆将生存 5 年的概率就是个未知的值，而且不可能通过重复试验把这个概率估计出来。这个事件发生的概率是一个常数，但并不知道。不过，可以用已经生存 5 年的类似餐馆所占的比例作为所求概率的一个近似值。在现实生活中，有很多事情都是依据它发生的可能性大小来做出决策的。比如，根据自己的判断，明天这只股票上涨的可能性为 80%，这就是一个主观概率。主观概率往往是基于个人所掌握的信息、所具有的某种知识等得出的。

5.2　随机变量的概率分布

现实生活中，有时需要研究一项试验结果的某些取值。比如，抽查 100 个产品，观察其中的不合格品数 X；假期中一个旅游景点的游客人数 X；等等。这里的 X 取哪些值以及 X 取这些值的概率又是多少，事先都是未知的。但是，如果知道了一个随机变量的概率分布模型，就很容易确定一系列事件发生的概率。

5.2.1　随机变量及其概括性度量

1. 什么是随机变量

在很多领域，研究工作主要依赖于某个样本数据，这些样本数据通常由某个变量的一个或多个观测值组成。比如，调查 500 个消费者对饮料的偏好，并记录下喜欢某一特定品牌饮料的人数 X；调查一个旅游景点，记录下某天的游客人数 X；等等。这样的一些观察就是统计上所说的试验。由于记录某次试验结果时事先并不知道 X 取哪一个值，因此称 X 为**随机变量**（random variable）。

随机变量是用数值来描述特定试验中一切可能出现的结果，它的取值具有随机性，事先并不能确定。例如，抛掷一枚硬币，其结果就是一个随机变量 X，因为在抛掷之前并不知道出现的是正面还是反面，若用数值 1 表示正面朝上，0 表示反面朝上，则 X 可能取 0，也可能取 1。

有些随机变量只能取有限个值，称为**离散型随机变量**（discrete random variable）。有些则可以取一个或多个区间中的任何值，称为**连续型随机变量**（continuous random variable）。将随机变量的取值设想为数轴上的点，每次试验结果都对应一个点。如果一个随机变量仅限于取数轴上有限个孤立的点，它就是离散型的；如果一个随机变量是在数轴上的一个或多个区间内取任意值，它就是连续型的。比如，在由 500 个消费者组成的样本中，喜欢某一特定品牌饮料的人数 X 只能取 0，1，2，…，500 这些数值之一；检查 100 件产品，合格品数 X 的取值可能为 0，1，2，3，…，100；一个旅游景点某天的游客人数 X 的取值可能为 0，1，2，3，…。这里的 X 只能取有限的数值，因此称 X 为离散型随机变量。相反，某种商品的销售价格 X 在理论上可以取大于 0 的无穷多个数值中的任何一个；检测某产品的使用寿命，产品使用的时间长度 X 可以取 $X \geqslant 0$ 的任何值；某电话用户每次通话时间长度 X 可以取 $X > 0$ 的任何值。这些都是连续型随机变量。

若 $f(x)$ 是取非负值的函数，且对于每一对常数 $a < b$ 满足

$$P(a \leqslant X \leqslant b) = \int_a^b f(x)\mathrm{d}x \tag{5.2}$$

则称 $f(x)$ 是连续型随机变量 X 的概率密度函数，易见 $P(a \leqslant X \leqslant b)$ 是概率密度曲线下方的面积。

2. 随机变量的概括性度量

与第 4 章介绍的均值和方差类似，对于随机变量也可以用类似统计量来描述其取值水平和离散程度。描述随机变量水平的统计量称为**期望值**（expected value），而描述其离散程度的统计量称为方差，它们是随机变量的概括性度量。

离散型随机变量 X 的期望值等于 X 所有可能取值 $x_i(i=1, 2, \cdots)$ 与其相应概率 $p_i(i=1, 2, \cdots)$ 的乘积之和，用 μ 或 $E(X)$ 表示，即

$$\mu = E(X) = \sum_i x_i p_i \tag{5.3}$$

离散型随机变量 X 的方差等于 $(x_i-\mu)^2$ 与其相应概率 p_i 的乘积之和，用 σ^2 或 $D(X)$ 表示，即

$$\sigma^2 = D(X) = \sum_i (x_i-\mu)^2 p_i \tag{5.4}$$

随机变量 X 的标准差等于其方差的平方根，用 σ 或 $\sqrt{D(X)}$ 表示。

【**例 5-1**】（数据：example5_1.csv）一家电子产品制造商声称，它们的产品每 100 件中存在的不合格品数 X 及相应的概率如表 5-1 所示。求不合格品数的期望值和标准差。

表 5-1   每 100 件产品中的不合格品数及其概率分布

不合格品数 $(X=x_i)$	0	1	2	3
概率 (p_i)	0.75	0.12	0.08	0.05

解：计算期望值和方差的代码和结果如代码框 5-1 所示。

代码框 5-1   计算期望值和方差

```
import pandas as pd
import numpy as np
example5_1 = pd.read_csv('C:/pydata/chap05/example5_1.csv', encoding='gbk')

# 计算期望值
mymean = sum(example5_1['不合格品数'] * example5_1['概率'])

# 计算方差
myvar = sum((example5_1['不合格品数'] - mymean) ** 2 * example5_1['概率'])   # **表示乘方

# 计算标准差
mystd=np.sqrt(myvar)

print('期望值 =',round(mymean,4),' 方差 =',round(myvar,4),' 标准差 =',round(mystd,4))
```
期望值 = 0.43   方差 = 0.7051   标准差 = 0.8397

对于概率密度函数为 $f(x)$ 的连续型随机变量，期望值为：

$$\mu = E(X) = \int_{-\infty}^{+\infty} xf(x)\mathrm{d}x \tag{5.5}$$

方差为：

$$\sigma^2 = D(X) = \int_{-\infty}^{+\infty} (x-\mu)^2 f(x)\mathrm{d}x \tag{5.6}$$

5.2.2　随机变量的概率分布

随机变量取哪些值，以及取这些值的概率有多大，就是随机变量的**概率分布**（probability distribution）。常用的离散型概率分布有**二项分布**（binomial distribution）、**泊松分布**（Poisson distribution）、**超几何分布**（hypergeometric distribution）等；连续型概率分布有**正态分布**（normal distribution）、**均匀分布**（uniform distribution）、**指数分布**（exponential distribution）等。本章主要介绍后面会用到的二项分布和正态分布。

1. 二项分布

离散型随机变量 X 只取有限个可能的值 x_1，x_2，$\cdots$，而且是以确定的概率取这些值，即 $P(X = x_i) = p_i \, (i = 1, 2, \cdots)$。因此，可以列出 X 的所有可能取值 x_1，x_2，$\cdots$，以及取每个值的概率 p_1，p_2，$\cdots$，这就是离散型随机变量的概率分布。离散型概率分布具有如下性质：

（1）$p_i \geqslant 0$；

（2）$\sum_i p_i = 1 \, (i = 1, 2, \cdots)$。

假定知道一个离散型随机变量的概率分布，并且能用一定的公式表达出来，就能根据这一分布计算出随机变量取任意一个值的概率。

二项分布是建立在 Bernoulli 试验基础上的。n 重 Bernoulli 试验满足下列条件：

（1）一次试验只有两个可能的结果，即"成功"和"失败"。这里的"成功"是指感兴趣的某种特征，比如，产品分为"合格品"与"不合格品"，如果对"合格品"感兴趣，则"成功"就表示"合格品"。

（2）一次试验"成功"的概率为 p，"失败"的概率为 $q = 1 - p$，而且概率 p 对每次试验都是相同的。

（3）试验是相互独立的，且可以重复进行 n 次。

在 n 次 Bernoulli 试验中，"成功"的次数对应于一个离散型随机变量 X，出现"成功"的次数的概率分布就是**二项分布**，记为 $X \sim B(n, p)$。n 次试验中成功次数为 x 的概率可表示为：

$$P(X = x) = \mathrm{C}_n^x p^x q^{n-x}, \quad x = 0, 1, 2, \cdots, n \tag{5.7}$$

二项分布的期望值和方差分别为：

$$\mu = E(X) = np, \quad \sigma^2 = D(X) = npq \tag{5.8}$$

为观察二项分布的特征，由 Python 绘制出 $n = 5$，p 分别取 0.1，0.2，$\cdots$，0.9 时的二项分布的概率分布图，如图 5-1 所示。

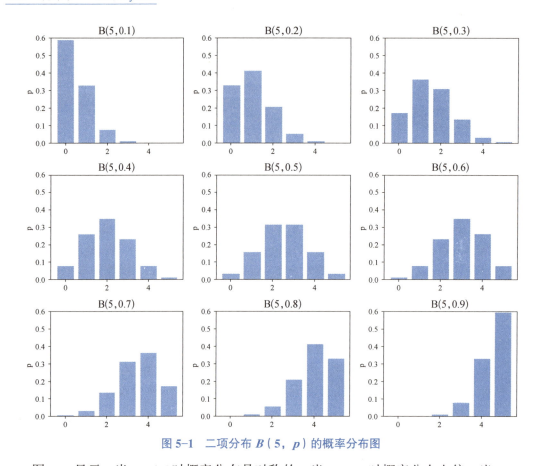

图 5-1   二项分布 $B(5，p)$ 的概率分布图

图 5-1 显示，当 $p=0.5$ 时概率分布是对称的；当 $p=0.1$ 时概率分布右偏；当 $p=0.9$ 时概率分布左偏。

【例 5-2】已知一批产品的不合格品率为 6%，从中有放回地抽取 5 个产品。求 5 个产品中：（1）没有不合格品的概率；（2）恰好有 1 个不合格品的概率；（3）有 3 个及 3 个以下不合格品的概率。

解： 抽取一个产品相当于一次试验，因此 $n=5$。由于是有放回地抽取，所以每次试验都是独立的，每次抽取的不合格品率都是 6%。设 X 为抽取的不合格品数，显然 $X\sim B(5，0.06)$。计算二项分布概率的 Python 代码和结果如代码框 5-2 所示。

代码框 5-2   计算二项分布的概率

```
from scipy.stats import binom
p0=binom.pmf(0, 5, 0.06)          # 没有不合格品的概率
p1=binom.pmf(1, 5, 0.06)          # 恰好有 1 个不合格品的概率
p3=binom.cdf(3, 5, 0.06)          # 有 3 个及 3 个以下不合格品的概率

print('P(X=0) =',round(p0,6),'\n''P(X=1) =',round(p1,6),'\n''P(X≤3) =',round(p3,6))

P(X=0) = 0.733904
P(X=1) = 0.234225
P(X≤3) = 0.999938
```

2. 正态分布

正态分布最早由法国数学家棣莫弗（Abraham de Moivre）于 1733 年首次提出，后来德国数学家 C.F.高斯（Carl Friedrich Gauss）率先将其应用于天文学研究，故正态分布又称**高斯分布**（Gaussian distribution）。在现实生活中，许多现象都可以用正态分布来描述，甚至当一个连续总体的分布未知时，通常也可假设该总体服从正态分布来进行分析。其他一些分布（如二项分布）概率的计算也可以利用正态分布来近似，而且由正态分布可以推导出其他一些重要的统计分布，如 χ^2 分布、t 分布、F 分布等。

如果随机变量 X 的概率密度函数为

$$f(x) = \frac{1}{\sqrt{2\pi\sigma^2}} e^{-\frac{1}{2\sigma^2}(x-\mu)^2}, \quad -\infty < x < +\infty \tag{5.9}$$

则称 X 为正态随机变量，或称 X 服从参数为 μ、σ^2 的正态分布，记作 $X \sim N(\mu, \sigma^2)$。

式（5.9）中 μ 是正态随机变量 X 的期望值，它可为任意实数，σ^2 是 X 的方差，且 $\sigma > 0$，$\pi = 3.141\,592\,6$，$e = 2.718\,28$。

不同的 μ 值和不同的 σ 值对应不同的正态分布，其概率密度函数对应的曲线如图 5-2 所示。

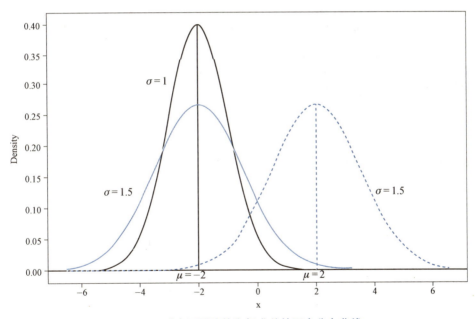

图 5-2　对应不同均值和标准差的正态分布曲线

从图 5-2 可以看出，正态曲线具有如下性质：

（1）正态曲线的图形是关于 $x = \mu$ 对称的钟形曲线，且峰值在 $x = \mu$ 处。

（2）正态分布的两个参数 μ 和 σ 一旦确定，正态分布的具体形式也就唯一确定，不同参数取值的正态分布构成一个完整的"正态分布族"。其中，均值 σ 决定正态曲线的具体位置，标准差 σ 相同而均值不同的正态曲线在坐标轴上体现为水平位移。标准差 σ 决定正态曲线的"陡峭"或"扁平"程度。σ 越大，正态曲线越扁平；σ 越小，正态曲线越陡峭。

（3）当 X 的取值沿横轴左右两个方向无限延伸时，正态曲线的左右两个尾端也无限渐近横轴，但理论上永远不会与之相交。

（4）正态曲线下的总面积等于1。正态随机变量取特定区间值的概率即为正态曲线下对应的面积。

由于正态分布是一个分布族，对于任意一个服从正态分布的随机变量，通过 $Z=(x-\mu)/\sigma$ 标准化后的新随机变量服从均值为 0、标准差为 1 的**标准正态分布**（standard normal distribution），记为 $Z\sim N(0,1)$。

标准正态分布的概率密度函数用 $\varphi(x)$ 表示，有

$$\varphi(x)=\frac{1}{\sqrt{2\pi}}\mathrm{e}^{-\frac{1}{2}x^2},\ -\infty<x<+\infty \tag{5.10}$$

图 5-3 展示了标准正态分布的概率（阴影部分的面积）和分位数（z）。

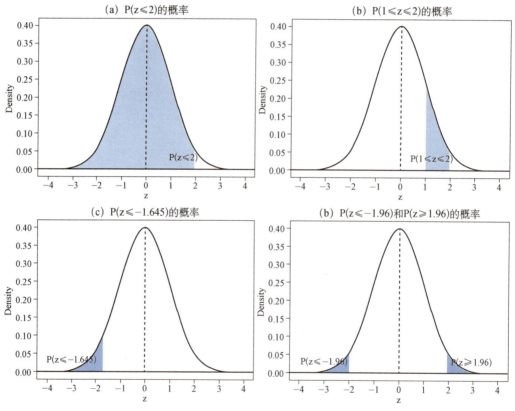

图 5-3　标准正态分布的概率和分位数

【**例 5-3**】计算下列概率：

（1）$X\sim N(50,10^2)$，求 $P(X\leqslant 40)$ 和 $P(30\leqslant X\leqslant 40)$。

（2）$Z\sim N(0,1)$，求 $P(Z\leqslant 2.5)$ 和 $P(-1.5\leqslant Z\leqslant 2)$。

（3）标准正态分布累积概率为 0.025 时的分位数值 z。

解：代码和结果如代码框 5-3 所示。

代码框 5-3　计算正态分布累积概率和给定累积概率时的分位数

```
from scipy.stats import norm
p1=norm.cdf(40, loc=50, scale=10)              # P(X≤40)的概率
p2=norm.cdf(40, 50, 10) - norm.cdf(30, 50, 10)  # P(30≤X≤40)的概率
p3=norm.cdf(2.5, loc=0, scale=1)               # P(Z≤2.5)的概率
p4=norm.cdf(2) - norm.cdf(-1.5)                # P(-1.5≤Z≤2)的概率，默认为标准正态分布
q=norm.ppf(0.025, loc=0, scale=1)              # 累积概率为 0.025 时的分位数值 z

print('P(X≤40) =',round(p1,6),'\n''P(30≤X≤40) =',round(p2,6),'\n'
      'P(Z≤2.5) =',round(p3,6),'\n''P(-1.5≤Z≤2) =',round(p4,6),'\n''q(2.5) =',round(q,6))
```

```
P(X≤40) = 0.158655
P(30≤X≤40) = 0.135905
P(Z≤2.5) = 0.99379
P(-1.5≤Z≤2) = 0.910443
q(2.5) = -1.959964
```

经验法则总结了正态分布在一些常用区间上的概率，如图 5-4 所示。

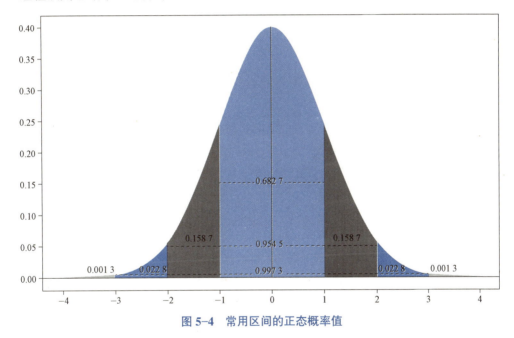

图 5-4　常用区间的正态概率值

图 5-4 显示，正态随机变量落入其均值左右各 1 个标准差范围内的概率为 68.27%；落入其均值左右各 2 个标准差范围内的概率为 95.45%；落入其均值左右各 3 个标准差范围内的概率为 99.73%。

5.2.3　几个重要的统计分布

有些随机变量是统计学家为了分析的需要而构造出来的。比如，样本方差除以总体方差得到一个随机变量 χ^2，样本均值标准化后形成一个新的随机变量 t，两个样本方差比形成一个随机变量 F，等等。这些随机变量用 χ^2、t 和 F 来命名是因为它们分别服从 χ^2 分

布、t 分布和 F 分布。这些分布都是由正态分布推导而来的，它们在推断统计中具有独特地位和用途。

1. χ^2 分布

χ^2 **分布**（chi-square distribution）是由 Abbe 于 1863 年首先提出的，后来由 Hermert 和 K. Pearson 分别于 1875 年和 1900 年推导出来。

n 个独立标准正态随机变量平方和的分布称为具有 n 个自由度的 χ^2 分布，记为 $\chi^2(n)$。设 Z 为标准正态随机变量，令 $X = Z^2$，则 X 服从自由度为 1 的 χ^2 分布，即 $X \sim \chi^2(1)$。一般地，对于 n 个独立标准正态随机变量 $Z_1^2, Z_2^2, \cdots, Z_n^2$，随机变量 $X = \sum\limits_{i=1}^{n} Z_i^2$ 的分布为具有 n 个自由度的 χ^2 分布，记为 $X \sim \chi^2(n)$。

$\chi^2(n)$ 分布的形状取决于其自由度 n 的大小，通常为不对称右偏分布，但随着自由度的增大逐渐趋于对称。不同自由度的 χ^2 分布曲线如图 5-5 所示。

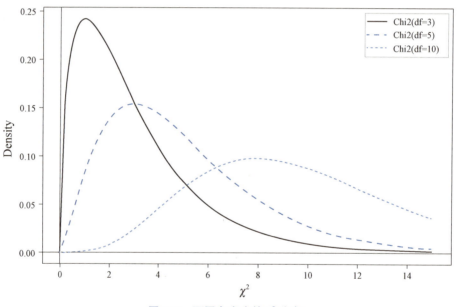

图 5-5　不同自由度的 χ^2 分布

在总体方差的推断和非参数检验中会用到 χ^2 分布。χ^2 分布的概率即为曲线下方面积。利用 Python 函数，可以计算给定 χ^2 值和自由度 df 时 χ^2 分布的累积概率，以及给定累积概率和自由度 df 时相应的 χ^2 值。

【例 5-4】计算：

（1）自由度为 15，χ^2 值小于等于 10 的概率；

（2）自由度为 25，χ^2 值大于 15 的概率；

（3）自由度为 10，χ^2 分布右尾概率为 0.05 时的分位数（χ^2 值）。

解： 代码和结果如代码框 5-4 所示。

代码框 5-4　计算 χ^2 分布累积概率和给定累积概率时的分位数

```
from scipy.stats import chi2
p1=chi2.cdf(10, df=15)        # 自由度为 15，χ² 值小于等于 10 的概率
p2=1 - chi2.cdf(15, df=25)    # 自由度为 25，χ² 值大于 15 的概率
q=chi2.ppf(0.95, df=10)       # 自由度为 10，χ² 分布右尾概率为 0.05 时的分位数

print('P(10,15) =',round(p1,6),'\n''P(15,25) =',round(p2,6),'\n''q(0.95,10) =',round(q,6))
```
```
P(10,15) = 0.18026
P(15,25) = 0.941383
q(0.95,10) = 18.307038
```

2. t 分布

t 分布（*t*-distribution）的提出者是 William Gosset，由于他经常用笔名"student"发表文章，并用 *t* 表示样本均值经标准化后的新随机变量，因此称为 *t* 分布，也称为学生 *t* 分布。

设随机变量 $Z \sim N(0, 1)$，$X \sim \chi^2(n)$，且 Z 与 X 独立，则称 $T = \dfrac{Z}{\sqrt{X/n}}$ 服从自由度为 n 的 *t* 分布，记为 $T \sim t(n)$。

t 分布是一种类似于正态分布的对称分布，它通常要比标准正态分布平坦和分散。一个特定的 *t* 分布依赖于称为自由度的参数。随着自由度的增大，*t* 分布也逐渐趋于正态分布。不同自由度的 *t* 分布曲线与标准正态分布曲线的比较如图 5-6 所示。

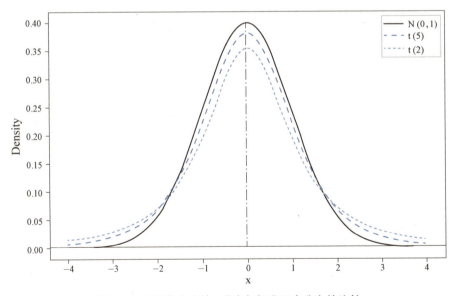

图 5-6　不同自由度的 *t* 分布与标准正态分布的比较

当正态分布的标准差未知时，在小样本条件下对总体均值的估计和检验要用到 *t* 分布。*t* 分布的概率即为曲线下的面积。利用 Python 函数，可以计算给定 *t* 值和自由度 df 时 *t* 分布的累积概率，以及给定累积概率和自由度 df 时相应的 *t* 值。

【例 5-5】计算:

（1）自由度为 10，t 值小于-2 的概率;

（2）自由度为 15，t 值大于 3 的概率;

（3）自由度为 25，t 分布右尾概率为 0.025 时的 t 值。

解: 代码和结果如代码框 5-5 所示。

代码框 5-5　计算 t 分布累积概率和给定累积概率时的 t 值

```
from scipy.stats import t
p1=t.cdf(-2, df=10)          # 自由度为 10，t 值小于等于-2 的概率
p2=1 - t.cdf(3, df=15)       # 自由度为 15，t 值大于 3 的概率
q=t.ppf(0.975, df=25)        # 自由度为 25，t 分布右尾概率为 0.025 时的 t 值

print('P(X≤-2,df=10)=',round(p1,6),'\n''P(X > 3,df=15)=',round(p2,6),'\n'
    'q(P=0.975,df=25)=',round(q,6))
```

```
P(X≤-2,df=10)= 0.036694
P(X > 3,df=15)= 0.004486
q(P=0.975,df=25)= 2.059539
```

3. F 分布

F 分布（F-distribution）是为纪念著名统计学家 R. A. Fisher 而以其姓氏的第一个字母命名的一种分布。它是两个服从 χ^2 分布的变量的比。设 $U \sim \chi^2(n_1)$，$V \sim \chi^2(n_2)$，且 U 和 V 相互独立，则 $F = \dfrac{U / n_1}{V / n_2}$ 服从自由度为 n_1 和 n_2 的 F 分布，记为 $F \sim F(n_1, n_2)$。

F 分布的图形与 χ^2 分布类似，其形状取决于两个自由度。不同自由度的 F 分布曲线如图 5-7 所示。

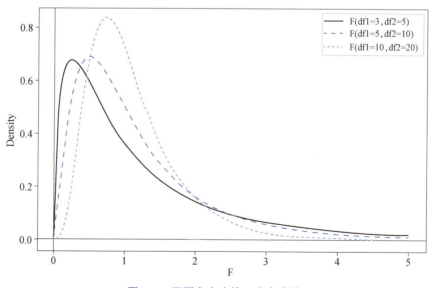

图 5-7　不同自由度的 F 分布曲线

F 分布通常用于比较不同总体的方差是否存在显著差异，其概率即为曲线下的面积。

利用 Python 函数，可以计算给定 F 值与自由度 df_1 和 df_2 时 F 分布的累积概率，以及给定累积概率与自由度 df_1、df_2 时相应的 F 值。

【例 5-6】计算：

（1）分子自由度为 10，分母自由度为 8，F 值小于 3 的概率；

（2）分子自由度为 18，分母自由度为 15，F 值大于 2.5 的概率；

（3）分子自由度为 25，分母自由度为 20，F 分布累积概率为 0.95 时的 F 值。

解：代码和结果如代码框 5-6 所示。

代码框 5-6　计算 F 分布累积概率和给定累积概率时的 F 值

```
# 计算 F 分布的概率和给定累积概率时的 F 值
from scipy.stats import f
p1=f.cdf(3, dfn=10, dfd=8)          # df₁=10，df₂=8，F 值小于等于 3 的概率
p2=1 - f.cdf(2.5, dfn=18, dfd=15)   # df₁=18，df₂=15，F 值大于 2.5 的概率
q=f.ppf(0.95, dfn=25, dfd=20)       # df₁=25，df₂=20，F 分布累积概率为 0.95 时的 F 值

print('P(X≤3)=',round(p1,6),'\n''P(X > 2.5)=',round(p2,6),'\n''q(P=0.975)=',round(q,6))

P(X≤3)= 0.933549
P(X > 2.5)= 0.03945
q(P=0.975)= 2.07392
```

5.3　样本统计量的概率分布

你可能关心某个地区所有家庭的平均收入是多少，但你不可能去调查每个家庭的收入，只能抽取一部分家庭作为样本，获得样本家庭的收入数据，然后用样本平均收入去推断全部家庭的平均收入。当然，你也可能去推断所有家庭收入的方差是多少，低收入家庭的比例是多少，等等。做出这种推断的依据就是样本统计量的分布，如样本均值 $\bar{x}$ 的分布、样本比例 p 的分布、样本方差 s^2 的分布等。

5.3.1　统计量及其分布

1. 参数和统计量

假设想了解某个地区的人均收入状况，由于不可能对每个人进行调查，也就无法知道该地区的人均收入。这里"该地区的人均收入"就是所关心的总体**参数**（parameter），它是对总体特征的某个概括性度量。

参数通常是未知的，但又是我们想要了解的总体的某种特征值。如果只研究一个总体，所关心的参数通常有总体均值、总体方差、总体比例等。在统计中，总体参数通常用希腊字母表示，比如，总体均值用 μ（mu）表示，总体方差用 σ^2（sigma square）表示，总体比例用 π（pi）表示。

总体参数虽然是未知的，但可以利用样本信息来推断。比如，从某地区随机抽取 1 000 个家庭组成一个样本，根据这 1 000 个家庭的平均收入推断该地区所有家庭的平均

收入。这里 1 000 个家庭的平均收入就是一个**统计量**（statistic），它是对样本特征的某个概括性度量。由于统计量是根据样本数据计算的，其取值会因样本不同而变化，因此样本统计量是样本的函数，也是一个随机变量。但在抽取一个特定的样本后，统计量的值就可以计算出来了。根据样本统计量就可以推断总体的参数。

就一个样本而言，关心的统计量通常有样本均值、样本方差、样本比例等。样本统计量通常用英文字母来表示，比如，样本均值用 $\bar{x}$ 表示，样本方差用 s^2 表示，样本比例用 p 表示。

2. 统计量的概率分布

既然统计量是一个随机变量，它就有一定的概率分布。样本统计量的概率分布也称为**抽样分布**（sampling distribution），它是由样本统计量的所有可能取值形成的相对频数分布。

设总体有 N 个元素（个体），从中抽取样本量为 n 的随机样本，假定把样本量为 n 的所有可能样本都抽出来，计算出每个样本的统计量的值（比如样本均值），那么所有统计量的取值形成的分布就是样本统计量的抽样分布。现实中不可能将所有样本都抽出来，因此，样本统计量的抽样分布实际上是一种理论分布，因而也称概率分布。

根据统计量来推断总体参数具有某种不确定性，但我们可以给出这种推断的可靠性，度量这种可靠性的依据正是统计量的概率分布，并且我们确知这种分布的某些性质。因此，统计量的概率分布提供了该统计量长远而稳定的信息，它构成了统计推断的理论基础。

5.3.2　样本均值的抽样分布

样本均值的抽样分布是所有可能的样本均值形成的频数分布，即样本均值的概率分布。样本均值的分布与抽样所依据的总体分布和样本量 n 的大小有关，如图 5-8 所示。

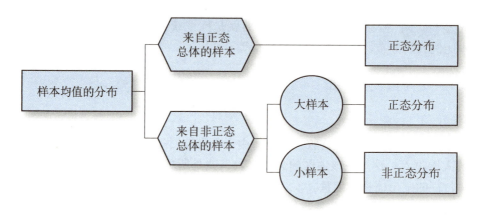

图 5-8　样本均值的分布与总体分布及样本量的关系

统计证明，如果总体是正态分布，无论样本量大小，样本均值都近似服从正态分布。如果总体不是正态分布，随着样本量 n 的增大（通常要求 $n \geqslant 30$），样本均值的分布仍趋于正态分布，其分布的期望值为总体均值 μ，方差为总体方差的 $1/n$。这就是统计上著名的**中心极限定理**（central limit theorem）。这一定理可以表述为：从均值为 μ、方差为 σ^2

的任意总体中抽取样本量为 n 的所有随机样本，当 n 充分大（通常要求 $n \geq 30$）时，样本均值近似服从期望值为 μ、方差为 σ^2 / n 的正态分布，即 $\bar{x} \sim N\left(\mu, \sigma^2 / n\right)$。等价地，有 $\dfrac{\bar{x} - \mu}{\sigma / \sqrt{n}} \sim N(0,1)$。

为了直观地理解中心极限定理，从 $0 \sim 100$ 均匀分布的总体和指数分布的总体中分别抽取样本量为 2、10 和 30 的各 5 000 个样本，由 Python 模拟的样本均值的分布如图 5-9 所示。图中的 U 表示均匀分布，E 表示指数分布。可以看出，随着样本量的增大，样本均值的分布逐渐趋于正态分布，而且分布越来越集中。

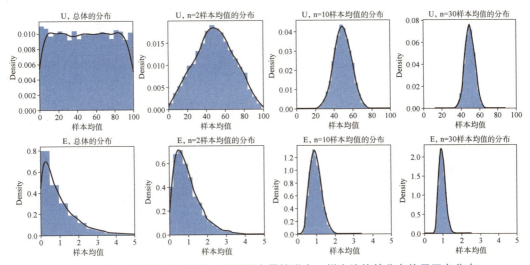

图 5-9　中心极限定理的模拟：随着样本量的增大，样本均值的分布趋于正态分布

5.3.3　样本方差的抽样分布

样本方差 s^2 是估计总体方差的统计量。统计证明，对于来自正态总体的简单随机样本，比值 $(n-1)s^2 / \sigma^2$ 服从自由度为 $(n-1)$ 的 χ^2 分布，即 $(n-1)s^2 / \sigma^2 \sim \chi^2(n-1)$。

假定从均值为 0、标准差为 1 的标准正态总体中随机抽取样本量分别为 2、10、30 和 50 的各 5 000 个样本，由 Python 模拟的样本方差的分布如图 5-10 所示。

图 5-10 显示，随着样本量的增大，样本方差的分布逐渐趋于对称。

5.3.4　样本比例的抽样分布

在统计分析中，许多情形下需要进行比例估计。**比例**（proportion）是指总体（或样本）中具有某种属性的个体数量与全部个体数量的比值。例如，一个班级的学生按性别分为男、女两类，男生人数与全班总人数之比就是比例，女生人数与全班总人数之比也是比例。再如，产品分为合格品与不合格品，合格（或不合格品）数与全部产品总数之比就是比例。

设总体有 N 个元素，具有某种属性的元素个数为 N_0，具有另一种属性的元素个数为 N_1，总体比例用 π 表示，则有 $\pi = N_0 / N$，或 $N_1 / N = 1 - \pi$。相应地，样本比例用 p 表

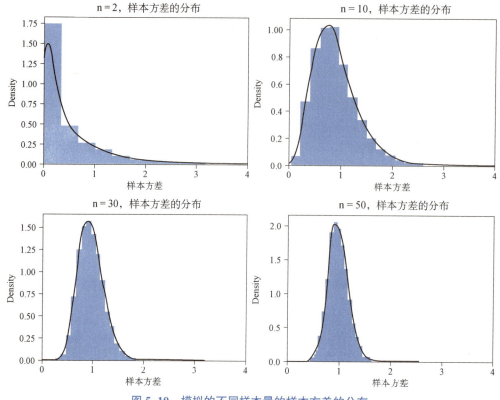

图 5-10   模拟的不同样本量的样本方差的分布

示，则有 $p = n_0 / n$，$n_1 / n = 1 - p$。

从一个总体中重复抽取样本量为 n 的样本，由样本比例的所有可能取值形成的分布就是样本比例的分布。统计证明，当样本量很大（通常要求 $np \geqslant 10$ 和 $n(1-p) \geqslant 10$）时，样本比例的分布可用正态分布近似，p 的期望值 $E(p) = \pi$，方差 $\sigma_p^2 = \dfrac{\pi(1-\pi)}{n}$，即 $p \sim N\left(\pi, \dfrac{\pi(1-\pi)}{n}\right)$，等价地有 $\dfrac{p-\pi}{\sqrt{\pi(1-\pi)/n}} \sim N(0, 1)$。

设总体比例 $\pi = 0.2$，从该总体中随机抽取样本量分别为 50、100、500、1 000 的各 5 000 个样本，由 Python 模拟的样本比例的分布如图 5-11 所示。

图 5-11 显示，随着样本量的增大，样本比例逐渐趋于正态分布，而且分布越来越集中。

如果要估计两个总体的参数，比如，两个总体均值之差（$\mu_1 - \mu_2$）、两个总体比例之差（$\pi_1 - \pi_2$）、两个总体的方差比（σ_1^2 / σ_2^2），则推断这些参数的统计量分别是两个样本均值之差（$\bar{x}_1 - \bar{x}_2$）、两个样本比例之差（$p_1 - p_2$）、两个样本方差比（s_1^2 / s_2^2）。这些样本统计量的分布也有所不同。$\bar{x}_1 - \bar{x}_2$ 的分布取决于两个总体的分布和两个样本的样本量大小；$p_1 - p_2$ 在两个大样本情形下近似服从正态分布；s_1^2 / s_2^2 则服从 F 分布。

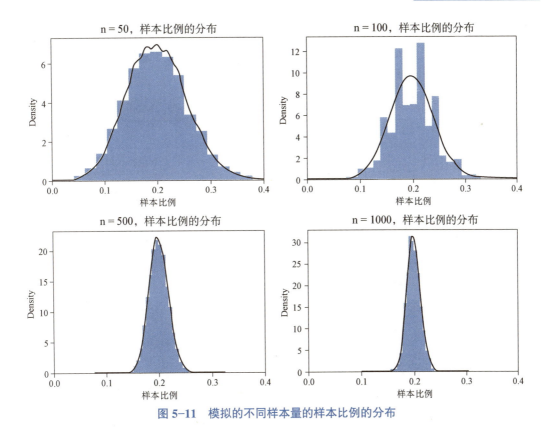

图 5-11　模拟的不同样本量的样本比例的分布

5.3.5　统计量的标准误

统计量的**标准误**（standard error）是指统计量分布的标准差[①]，也称为标准误差。标准误用于衡量样本统计量的离散程度，在参数估计和假设检验中，它是衡量样本统计量与总体参数之间差距的一个重要尺度。样本均值的标准误用 SE 或 $\sigma_{\bar{x}}$ 表示，计算公式为：

$$\sigma_{\bar{x}} = \frac{\sigma}{\sqrt{n}} \tag{5.11}$$

当总体标准差 σ 未知时，可用样本标准差 s 代替，此时计算的标准误也称为**估计标准误**（standard error of estimation）。由于实际应用中，总体 σ 通常是未知的，所计算的标准误实际上都是估计标准误，因此估计标准误就简称标准误（统计软件中得到的都是估计标准误）。

相应地，样本比例的标准误可表示为：

$$\sigma_p = \sqrt{\frac{\pi(1-\pi)}{n}} \tag{5.12}$$

当总体比例的方差 $\pi(1-\pi)$ 未知时，可用样本比例的方差 $p(1-p)$ 代替。

为方便读者查阅和使用，本章最后列出了本书用到的几种分布的概率密度函数和累积

---

① 标准误与标准差是两个不同的概念。标准差是根据样本的原始观测值计算的，反映一组样本数据的离散程度，而标准误是根据样本统计量计算的，反映统计量的离散程度。

概率分布函数，以及来自 scipy 模块的 Python 函数（见表 5-2）。其中，离散型概率分布的概率密度函数的后缀为"pmf"，连续分布的概率密度函数的后缀为"pdf"，累积概率分布函数的后缀均为"cdf"。

表 5-2   本书用到的几种分布的概率密度函数及其相应的 Python 函数

分布	概率密度函数	Python 函数
二项分布	$p(x) = C_n^x p^x q^{n-x}$	binom.pmf
		binom.cdf
正态分布	$f(x) = \dfrac{1}{\sqrt{2\pi\sigma^2}} e^{-\frac{1}{2\sigma^2}(x-\mu)^2}$	norm.pdf
		norm.cdf
χ^2 分布	$f(x, df) = \dfrac{x^{\frac{df}{2}-1} e^{-\frac{x}{2}}}{\Gamma\left(\dfrac{df}{2}\right) 2^{df/2}}$	chi2.pdf
		chi2.cdf
t 分布	$f(x) = \dfrac{\Gamma\left(\dfrac{df+1}{2}\right)}{\sqrt{df\pi}\,\Gamma\left(\dfrac{df}{2}\right)} \left(1 + \dfrac{x^2}{df}\right)^{-(df+1)/2}$	t.pdf
		t.cdf
F 分布	$f(x; df_1, df_2) = \dfrac{\sqrt{\dfrac{(df_1 x)^{df_1} df_2^{df_2}}{(df_1 x + df_2)^{df_1+df_2}}}}{x B\left(\dfrac{df_1}{2}, \dfrac{df_2}{2}\right)}$	f.pdf
		f.cdf
指数分布	$f(x) = \lambda e^{-\lambda x}$	expon.pdf
		expon.cdf
均匀分布	$f(x) = 1/(b-a),\ a \leqslant x \leqslant b$	uniform.pdf
		uniform.cdf

习题

5.1   消费者协会经调查发现，某品牌冷气机有重要缺陷的产品数出现的概率分布如下：

X	0	1	2	3	4	5	6	7	8	9	10
P	0.041	0.130	0.209	0.223	0.178	0.114	0.061	0.028	0.011	0.004	0.001

根据上表数据计算：

（1）有 2~5 台（包括 2 台与 5 台在内）冷气机出现重要缺陷的概率。

（2）只有不到 2 台冷气机出现重要缺陷的概率。

（3）有超过 5 台冷气机出现重要缺陷的概率。

5.2　设 X 是参数为 $n=4$ 和 $p=0.1$ 的二项随机变量。求以下概率：

（1）$P(X=2)$；

（2）$P(X\leqslant 2)$。

5.3　计算以下概率和分位数：

（1）$X\sim N(500,\ 20^2)$，$P(X\geqslant 510)$；$P(400\leqslant X\leqslant 450)$。

（2）$Z\sim N(0,\ 1)$，$P(0\leqslant Z\leqslant 1.2)$；$P(-0.48\leqslant Z\leqslant 0)$；$P(Z\geqslant 1.2)$。

（3）标准正态分布累积概率为 0.95 时的分位数值 z。

5.4　计算以下概率和分位数：

（1）$X\sim t(df)$，df=15，t 值小于 -1.5 的概率；df=20，t 值大于 2 的概率；df=30，t 分布右尾概率为 0.05 时的 t 值。

（2）$X\sim\chi^2(df)$，df=8，χ^2 值小于 12 的概率；df=20，χ^2 值大于 18 的概率；df=15，χ^2 分布右尾概率为 0.025 时的分位数值。

（3）$X\sim F(df_1,\ df_2)$，df_1=15，df_2=10，F 值小于 3.5 的概率；df_1=12，df_2=8，F 值大于 3 的概率；df_1=20，df_2=16，F 分布右尾概率为 0.025 时的 F 值。

第 6 章　参数估计

参数估计是在样本统计量概率分布的基础上，根据样本信息推断所关心的总体参数。本章首先介绍参数估计的基本原理，然后介绍总体均值、总体比例和总体方差的区间估计方法。

6.1　参数估计的原理

参数估计（parameter estimation）是用样本统计量估计总体的参数。比如，用样本均值 $\bar{x}$ 估计总体均值 μ，用样本比例 p 估计总体比例 π，用样本方差 s^2 估计总体方差 σ^2，等等。设总体参数为 θ，用于估计参数的统计量为 $\hat{\theta}$，当用 $\hat{\theta}$ 估计 θ 时，$\hat{\theta}$ 也称为**估计量**（estimator），根据一个具体的样本计算出来的估计量的值称为**估计值**（estimated value）。比如，要估计软件行业从业人员的月平均收入，从所有从业人员中抽取一个随机样本，全行业从业人员的月平均收入就是参数，用 θ 表示，根据样本计算的月平均收入 $\bar{x}$ 就是一个估计量，用 $\hat{\theta}$ 表示，假定计算出来的样本月平均收入为 20 000 元，这个 20 000 元就是估计量的具体数值，称为估计值。

6.1.1　点估计与区间估计

理解参数估计的原理对掌握估计方法是十分必要的。参数估计的方法有多种，这里只介绍点估计和区间估计。

1. 点估计

点估计（point estimation）是用估计量 $\hat{\theta}$ 的某个取值直接作为总体参数 θ 的估计值。用样本均值 $\bar{x}$ 直接作为总体均值 μ 的估计值，用样本比例 p 直接作为总体比例 π 的估计值，用样本方差 s^2 直接作为总体方差 σ^2 的估计值，等等。比如，从某品牌的手机电池中抽取一个随机样本，计算出平均使用寿命为 15 000 小时，用 15 000 小时作为该品牌手机电池平均使用寿命的一个估计值，这就是点估计。再比如，要估计一批产品的合格率，根据样本计算的合格率为98%，将98%直接作为这批产品合格率的估计值，这也是点估计。

点估计无法得到估计的可靠性（因为一个点估计量的可靠性是由其抽样分布的标准误来衡量的），也无法给出点估计值与总体参数真实值的接近程度。因此，在实际问题中，通常不完全依赖于一个点估计值，而是围绕点估计值构造出总体参数的一个区间。

2. 区间估计

假定参数是射击靶上靶心的位置（实际上我们无法知道它在射击靶上的什么位置），一个点估计就相当于进行一次射击，打在靶心位置上的可能性很小，但打在靶子上的可能性很大。用打在靶上的这个点画出一个区域，这个区域包含靶心的可能性就很大，区间估计要寻找的正是这样一个区域。

区间估计（interval estimation）是在点估计的基础上得到总体参数的一个估计区间，该区间通常是由样本估计量±**估计误差**（evaluated error）得到的。与点估计不同，进行区间估计时，根据样本统计量的抽样分布，可以对估计量与总体参数的接近程度给出一个概率度量。

（1）区间估计的原理

下面以总体均值的估计为例说明区间估计的基本原理。

由样本均值的抽样分布可知，在重复抽样或无限总体抽样情形下，样本均值的期望值等于总体均值，即 $E(\bar{x}) = \mu$，样本均值的标准误为 $\sigma_{\bar{x}} = \sigma / \sqrt{n}$。由此可知，样本均值 $\bar{x}$ 落在总体均值 μ 的两侧各 1 个标准误范围内的概率为 0.682 7，落在 2 个标准误范围内的概率为 0.954 5，落在 3 个标准误范围内的概率为 0.997 3。实际上，可以求出样本均值 $\bar{x}$ 落在总体均值 μ 的两侧任何倍数的标准误范围内的概率。比如，样本均值 $\bar{x}$ 落在总体均值 μ 的两侧 1.65 倍的标准误、1.96 倍的标准误和 2.58 倍的标准误范围内的概率分别为 90%、95% 和 99%，这意味着约有 90%、95% 和 99% 的样本均值会落在 μ 的两侧各 1.65 个标准误、1.96 个标准误和 2.58 个标准误的范围内，如图 6-1 所示。

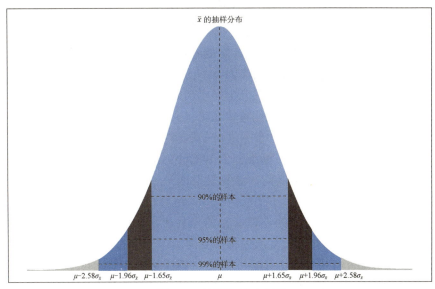

图 6-1　区间估计示意图

然而，实际估计时，情形恰好相反。$\bar{x}$ 是已知的，而 μ 是未知的，也正是要估计的。由 $\bar{x}$ 与 μ 的距离是对称的，因此，如果某个 $\bar{x}$ 落在 μ 的 1.96 个标准误范围内，反过来也可以理解为 μ 被包括在 $\bar{x}$ 两侧各 1.96 个标准误的范围内，这意味着约有 95% 的样本均值所构造的 1.96 个标准误的区间内会包括 μ。举例来说，如果抽取 100 个样本来估计总体均值，那么由 100 个样本均值所构造的 100 个区间中，约有 95 个区间包含总体均值，而另外 5 个区间则不包含总体均值。

（2）置信区间与置信水平

在区间估计中，由样本估计量构造出的总体参数在一定置信水平下的估计区间称为**置信区间**（confidence interval，CI），其中，区间的最小值称为置信下限，最大值称为置信上限。由于统计学家在某种程度上确信（有信心认为）这个区间会包含真正的总体参数，所以给它取名为置信区间。假定抽取 100 个样本构造出 100 个置信区间，这 100 个置信区间中有 95% 的区间包含总体参数的真值，5% 不包含，则 95% 这个值称为置信水平（confidence level）。一般地，如果将构造置信区间的步骤重复多次，置信区间中包含总体参数真值的次数所占的比例称为置信水平，也称为**置信度**或**置信系数**（confidence coefficient）。如果用某种方法构造的所有区间中有 95% 的区间包含总体参数的真值，5% 的区间不包含总体参数的真值，那么用该方法构造的区间称为置信水平为 95% 的置信区间。同样，用其他置信水平构造的区间也可以用类似的方式进行表述。统计上常用的置信水平有 90%、95% 和 99%。置信水平与置信区间的关系如图 6-2 所示。

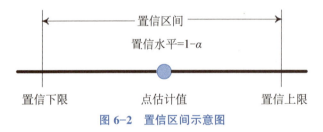

图 6-2　置信区间示意图

在一次特定的估计中，总体参数的真值是固定的，而用样本构造的区间则是不固定的，因此置信区间是一个随机区间，它会因样本的不同而变化，而且不是所有区间都包含总体参数。在实际估计时，往往只抽取一个样本，所构造的是与该样本相联系的一定置信水平（比如 95%）下的置信区间。我们希望这个区间是大量包含总体参数真值的区间中的一个，但它也可能是少数几个不包含参数真值的区间中的一个。以总体均值的区间估计为例，假定从一个均值（μ）为 50、标准差为 5 的正态总体中抽取 $n=10$ 的 100 个随机样本，得到 μ 的 100 个 95% 的置信区间，重复模拟这一过程，由 Python 得到的一次模拟的置信区间如图 6-3 所示。

图 6-3 中每个置信区间中间的点表示 μ 的点估计，即样本均值 $\bar{x}$，横线为总体均值 μ（理论值是 50）。图 6-3 是经过多次模拟得到的其中一次的结果，图中恰好有 5 个区间未包含 μ。如果反复进行模拟，则 100 个置信区间中可能有更多或更少的置信区间包含 μ，也可能都包含 μ 或都不包含 μ。因为 95% 的置信区间是指反复抽取的多个样本构建的置信区间中包含 μ 的置信区间的比例，而不是指任意抽取的 100 个样本构建的置信区间中恰好有 95 个置信区间包含 μ。对于一个特定的样本所构造的置信区间是一个常数区间，我们无法知道这个置信区间是否包含 μ，因为它可能是包含 μ 的 95 个置信区间中的一个，也可能是未包含 μ 的 5 个置信区间中的一个。因此，一个特定的区间总是"绝对包

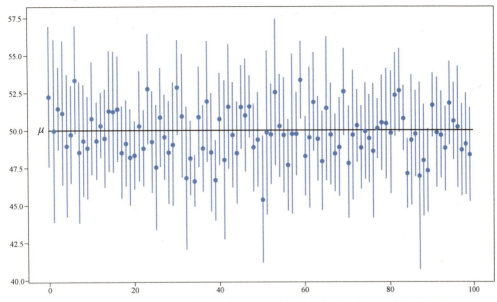

图 6-3　样本量为 10，置信水平为 95%，重复构造出的 μ 的 100 个置信区间

含"或"绝对不包含"参数的真值，不存在"以多大的概率包含总体参数"的问题。置信水平只是告诉我们在多次估计得到的置信区间中大概有多少个置信区间包含参数的真值，而不是针对所抽取的这个样本所构建的区间而言的。

（3）影响置信区间宽度的因素

影响置信区间宽度的因素主要有置信水平、样本量和总体方差。首先，在其他条件不变时，置信区间宽度与置信水平成正比，这意味着一个较大的置信水平会得到一个较宽的置信区间。其次，在其他条件不变时，置信区间的宽度与样本量成反比，即用一个较大的样本会得到一个较准确（较窄）的置信区间。最后，置信区间的宽度与总体方差成正比，总体方差越大，说明数据越分散，得到的置信区间也就越宽。

很显然，较宽的置信区间会有更大的可能性包含参数。但实际应用中，过宽的置信区间往往没有实际意义。比如，天气预报"下一年的降雨量是 0～10 000mm"，虽然这很有把握，但有什么意义呢？另外，要求过于准确（过窄）的区间同样不一定有意义，因为过窄的区间虽然看上去很准确，但包含总体参数的可能性（把握程度）就会降低，除非无限增加样本量，但现实中样本量总是受限的。因此，区间估计总是要给结论留些余地。

图 6-4 展示了由 Python 模拟的置信水平、样本量和总体方差对置信区间的影响。

图 6-4 中，（a1）和（a2）是样本量相同（n =10）、置信水平不同（95% 和 80%）时总体均值的置信区间，图形显示，样本量相同时，置信水平越大，置信区间越宽。（b1）和（b2）是样本量不同（n =10 和 n =30）、置信水平相同（均为 95%）时总体均值的置信区间，图形显示，置信水平相同时，样本量越大，置信区间越窄。（c1）和（c2）是标准差不同（sigma=5 和 sigma=10）、样本量（n =30）和置信水平（95%）相同时总体均值的置信区间，图形显示，置信水平和样本量相同时，总体标准差越大，置信区间越宽。

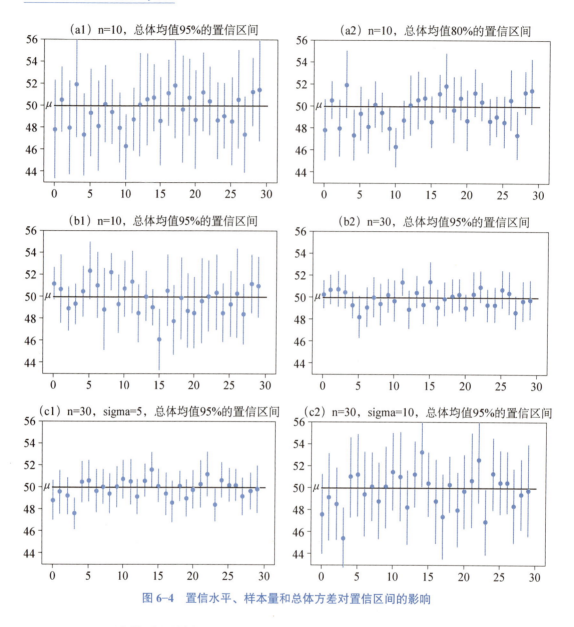

图 6-4　置信水平、样本量和总体方差对置信区间的影响

6.1.2　评价估计量的标准

用于估计总体参数 θ 的估计量 $\hat{\theta}$ 有很多，比如，可以用样本均值作为总体均值的估计量，也可以用样本中位数作为总体均值的估计量，等等。那么，究竟选用哪种估计量作为总体参数的估计呢？自然要用估计效果比较好的估计量。什么样的估计量才算一个好的估计量呢？这就需要有一定的评价标准。统计学家给出了评价估计量的一些标准，主要有以下几个。

1. 无偏性

无偏性（unbiasedness）是指估计量抽样分布的期望值等于被估计的总体参数。设总

体参数为 θ ，所选择的估计量为 $\hat{\theta}$ ，如果 $E\left(\hat{\theta}\right)=\theta$ ，则称 $\hat{\theta}$ 是 θ 的无偏估计量。图 6-5 展示了估计量无偏和有偏的情形。

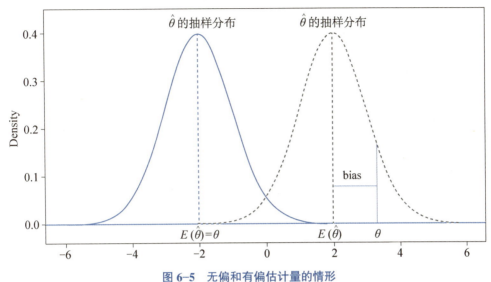

图 6-5　无偏和有偏估计量的情形

由统计量的抽样分布可知，$E\left(\overline{x}\right)=\mu$ ，$E\left(p\right)=\pi$ ，$E\left(s^2\right)=\sigma^2$ ，因此 $\overline{x}$、p、s^2 分别是总体均值 μ、总体比例 π、总体方差 σ^2 的无偏估计量。

为了模拟无偏性，假定从均值为 50、方差为 100 的正态总体中，随机抽取 10 000 个样本量为 10 的样本，分别计算出 10 000 个样本均值的均值、样本中位数的均值和样本方差的均值，Python 代码和结果如代码框 6-1 所示。

代码框 6-1　样本均值、样本中位数和样本方差的无偏性模拟

```
import numpy as np

x, m, v = [], [], []
n = 10
for i in range(10000):
    d = np.random.normal(loc=50, scale=10, size=n)
    x.append(np.mean(d))
    m.append(np.median(d))
    v.append(np.var(d, ddof=1))

print(f"样本均值的均值：{np.mean(x): .4f}\n\
样本中位数的均值：{np.mean(m): .4f}\n 样本方差的均值：{np.mean(v): .4f}")   # 格式化输出
```

样本均值的均值：	49.9881
样本中位数的均值：	50.0030
样本方差的均值：	100.2786

注：由于是随机模拟，每次运行都会得到略有不同的结果。设置随机数种子则可以得到相同的模拟结果。

代码框 6-1 的结果显示，样本均值的均值（mean.x.）和样本中位数的均值（mean.m.）都非常接近总体均值（50），样本方差的均值（mean.v.）接近总体方差（100）。模拟结果

显示，样本均值和样本中位数都是总体均值的无偏估计量，样本方差则是总体方差的无偏估计量。读者可以反复运行上述代码进行模拟。

2. 有效性

有效性（efficiency）是指估计量的方差大小。一个无偏估计量并不意味着它就非常接近被估计的总体参数，估计量与参数的接近程度是用估计量的方差（或标准误）来度量的。对于同一总体参数的多个无偏估计量，有更小方差的估计量更有效。

假定有两个用于估计总体参数的无偏估计量，分别为 $\hat{\theta}_1$ 和 $\hat{\theta}_2$，它们的方差分别为 $D(\hat{\theta}_1)$ 和 $D(\hat{\theta}_2)$，如果 $\hat{\theta}_1$ 的方差小于 $\hat{\theta}_2$ 的方差，即 $D(\hat{\theta}_1) < D(\hat{\theta}_2)$，则称 $\hat{\theta}_1$ 是比 $\hat{\theta}_2$ 更有效的估计量。在无偏估计的条件下，估计量的方差越小，估计也就越有效。图 6-6 展示了两个无偏估计量 $\hat{\theta}_1$ 和 $\hat{\theta}_2$ 的抽样分布。

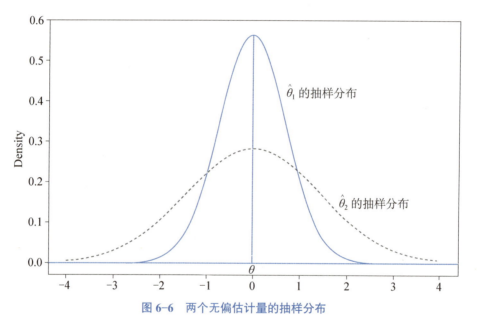

图 6-6   两个无偏估计量的抽样分布

图 6-6 显示，$\hat{\theta}_1$ 的方差比 $\hat{\theta}_2$ 的方差小，因此 $\hat{\theta}_1$ 的值比 $\hat{\theta}_2$ 的值更接近总体参数，表明 $\hat{\theta}_1$ 是一个比 $\hat{\theta}_2$ 更有效的估计量。

为模拟有效性，假定从均值为 0、方差为 1 的正态总体中随机抽取 10 000 个样本量为 10 的样本，分别计算出 10 000 个样本均值的方差和样本中位数的方差，Python 代码和结果如代码框 6-2 所示。

代码框 6-2   样本均值和样本中位数的有效性模拟

```
# 计算样本均值的方差和样本中位数的方差
import numpy as np

x, m = [], []
n = 10
for i in range(10000):
```

```
    d = np.random.normal(size=n)
    x.append(np.mean(d))
    m.append(np.median(d))

print("样本均值的方差：%.4f\n 样本中位数的方差：%.4f" % \
    (np.var(x, ddof=1),np.var(m, ddof=1)))
```

```
样本均值的方差：    0.0992
样本中位数的方差：0.1356
```

```
# 绘制样本均值分布和样本中位数分布的直方图（见图 6-7）
import pandas as pd
import matplotlib.pyplot as plt
plt.rcParams['font.sans-serif'] = ['SimHei']
plt.rcParams['axes.unicode_minus']=False

def plot_dis(df, ax, xlabel):
    df.plot(bins=20, kind='hist', density=True, ax=ax, legend=False)
    df.plot(kind='density', linewidth=2, ax=ax, legend=False)
    ax.set_ylim(0, 1.3)
    ax.set_xlim(-1.5, 1.5)
    ax.set_xlabel(xlabel)
    ax.set_title(xlabel + '的分布')

plt.subplots(1, 2, figsize=(8.5, 4))
ax1 = plt.subplot(121)
plot_dis(pd.DataFrame(x), ax1, '样本均值')
ax2 = plt.subplot(122)
plot_dis(pd.DataFrame(m), ax2, '样本中位数')

plt.tight_layout()
```

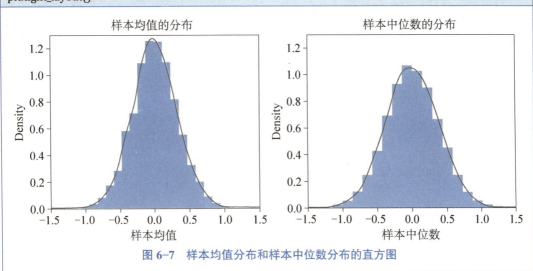

图 6-7　样本均值分布和样本中位数分布的直方图

　　代码框 6-2 中的结果显示，样本均值的方差（0.099 2）小于样本中位数的方差（0.135 6）。图 6-7 显示，样本均值的分布比样本中位数的分布更集中，这表明样本均值是比样本中位数更有效的估计量。读者可按上述代码反复模拟，都会得到相同的结论。

3. 一致性

一致性（consistency）是指随着样本量的无限增大，统计量收敛于被估总体的参数。换言之，一个大样本得到的估计量更接近于总体参数。由于样本均值的标准误 $\sigma_{\bar{x}} = \sigma / \sqrt{n}$ 与样本量大小有关，样本量越大，$\sigma_{\bar{x}}$ 的值就越小，因此，大样本量得到的估计量更接近于总体均值 μ。从这个意义上来说，样本均值是总体均值的一个一致估计量。对于一致性，可以用图 6-8 来理解它的意义。

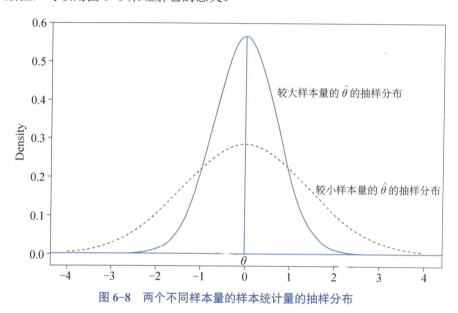

图 6-8　两个不同样本量的样本统计量的抽样分布

为模拟一致性，假定总体是均值为 50、方差为 100 的 1 000 个正态随机数，从该总体中分别抽取样本量为 10、100、500、900 的样本，计算出每个样本的均值，Python 代码和结果如代码框 6-3 所示。

代码框 6-3　样本均值的一致性模拟

```
# 总体均值和不同样本量的样本均值
import pandas as pd
import numpy as np

np.random.seed(2020)    # 设置随机数种子以再现结果
N = np.random.normal(loc=50, scale=10, size=1000)
mu = np.mean(N)

xbar10 = np.mean(np.random.choice(N, 10, replace=False))
xbar100 = np.mean(np.random.choice(N, 100, replace=False))
xbar500 = np.mean(np.random.choice(N, 500, replace=False))
xbar900 = np.mean(np.random.choice(N, 900, replace=False))

pd.DataFrame([mu, xbar10, xbar100, xbar500, xbar900],\
             ['总体均值', 'xbar10', 'xbar100', 'xbar500', 'xbar900']).T
```

	总体均值	xbar10	xbar100	xbar500	xbar900
0	49.665586	48.45996	50.165167	49.568964	49.636309

```
# 样本均值与总体均值 mu 的差值 d
pd.DataFrame([{'d10':(xbar10-mu), 'd100': (xbar100-mu),\
              'd500': (xbar500-mu), 'd900': (xbar900-mu)}])
```

	d10	d100	d500	d900
0	-1.205626	0.499581	-0.096622	-0.029277

代码框 6-3 中的结果显示，随着样本量的增大，样本均值越来越接近总体均值，说明样本均值是总体均值的一致估计量。

6.2　总体均值的区间估计

研究一个总体时，推断总体均值 μ 的统计量就是样本均值 $\bar{x}$。研究两个总体时，所关心的参数主要是两个总体均值之差（$\mu_1 - \mu_2$），用于推断的统计量则是两个样本的均值之差（$\bar{x}_1 - \bar{x}_2$）。

6.2.1　一个总体均值的估计

在对一个总体均值进行区间估计时，需要考虑抽取样本的总体是否为正态分布、总体方差是否已知、用于估计的样本是大样本（$n \geqslant 30$）还是小样本（$n < 30$）等几种情形。不管哪种情形，总体均值的置信区间都是由样本均值±估计误差得到的。估计误差由两部分组成：一是点估计量的标准误；二是置信水平为 $(1-\alpha)$ 时统计量分布两侧面积各为 $\alpha/2$ 时的分位数值。因此，总体均值在 $(1-\alpha)$ 置信水平下的置信区间可一般性地表示为：

$$\bar{x}(分位数 \times \bar{x} 的标准误) \tag{6.1}$$

1. 大样本的估计

在大样本（$n \geqslant 30$）情形下，由中心极限定理可知，样本均值 $\bar{x}$ 近似服从期望值为 μ、方差为 σ^2/n 的正态分布。样本均值经过标准化后则服从标准正态分布，即 $z = \dfrac{\bar{x}-\mu}{\sigma/\sqrt{n}} \sim N(0, 1)$。

当总体标准差 σ 已知时，标准化时使用 σ；当 σ 未知时，则用样本标准差 s 代替。由 $\dfrac{\bar{x}-\mu}{\sigma/\sqrt{n}}$ 可以推导出总体均值在 $(1-\alpha)$ 置信水平下的置信区间。

当总体方差 σ^2 已知时，总体均值 μ 在 $(1-\alpha)$ 置信水平下的置信区间为：

$$\bar{x} \pm z_{\alpha/2} \frac{\sigma}{\sqrt{n}} \tag{6.2}$$

式中，$\bar{x} - z_{\alpha/2} \dfrac{\sigma}{\sqrt{n}}$ 为置信下限，$\bar{x} + z_{\alpha/2} \dfrac{\sigma}{\sqrt{n}}$ 为置信上限；α 为事先确定的一个概率值，它是总体均值不包括在置信区间内的概率；$(1-\alpha)$ 为置信水平；$z_{\alpha/2}$ 为标准正态分布两侧面积各为 $\alpha/2$ 时的 z 值；$z_{\alpha/2} \dfrac{\sigma}{\sqrt{n}}$ 为估计误差。

当总体方差 σ^2 未知时，式（6.2）中的 σ 可以用 s 代替，此时总体均值 μ 在 $(1-\alpha)$ 置信水平下的置信区间为：

$$\bar{x} \pm z_{\alpha/2} \frac{s}{\sqrt{n}} \tag{6.3}$$

【例 6-1】（数据：example6_1.csv）一家研究机构随机抽取 40 辆相同排气量的家用轿车，经测试得到每百公里的耗油量数据如表 6-1 所示。构建该排气量轿车平均耗油量的 90%的置信区间。

表 6-1　40 辆家用轿车每百公里的耗油量数据　　　　　　　　　　单位：升

7.9	7.9	6.5	7.4	7.7	8.1	7.8	8.6
8.1	8.2	8.1	8.4	8.4	8.2	8.3	7.4
7.5	7.7	7.8	7.4	8.5	8.6	6.9	8.3
8.4	7.5	8.3	8.0	8.7	7.4	7.6	8.5
7.8	7.9	8.7	8.6	8.4	8.2	7.4	7.6

解：虽然总体方差未知，但为大样本，因此可用样本方差来代替，用正态分布构建置信区间。代码和结果如代码框 6-4 所示。

代码框 6-4　计算一个总体均值的置信区间（大样本）

```
import pandas as pd
import numpy as np
import scipy.stats as st
example6_1=pd.read_csv('C:/pydata/example/chap06/example6_1.csv')

x=example6_1['耗油量']
int=st.norm.interval(alpha=0.90,loc=np.mean(x),scale=st.sem(x))   # alpha 为置信水平
np.round(int,4)          # 以数组形式返回置信区间。可用 pd.DataFrame(int)输出数据框
```
```
array([7.8359, 8.0991])
```

注：scipy.stats 包中的 norm.interval 函数默认位置参数（均值）loc=0，尺度参数（标准差）scale= 1。alpha 为置信水平。

该排气量轿车平均耗油量的 90%的置信区间为 7.835 9～8.099 1 升。

2. 小样本的估计

在小样本（$n < 30$）情形下，总体均值的估计是建立在总体服从正态分布这一假定前提下的。[①] 如果正态总体的 σ 已知，样本均值经过标准化后仍然服从标准正态分布，此时可使用式（6.2）构建总体均值的置信区间。如果正态总体的 σ 未知，那么样本均值经过标准化后服从自由度为 $n-1$ 的 t 分布，即 $t = \dfrac{\bar{x} - \mu}{s / \sqrt{n}} \sim t(n-1)$。此时需要使用 t 分布来构建总体均值的置信区间，并由 t 分布推导出在 $(1-\alpha)$ 置信水平下总体均值的置信区间为：

---

① 在估计之前首先应对总体的正态性进行检验，可以用 Q-Q 图或 P-P 图进行评估，也可以使用 S-W 检验和 K-S 检验等，具体内容见第 7 章。

$$\overline{x} \pm t_{\alpha/2} \frac{s}{\sqrt{n}} \tag{6.4}$$

【**例 6-2**】（数据：example6_2.csv）从一批袋装食品中随机抽取 25 袋，测得每袋重量如表 6-2 所示。假定食品重量服从正态分布，构建该批食品平均重量的置信区间，置信水平为 95%。

表 6-2　25 袋食品的重量　　　　　　　　　　　　　　　　单位：克

112.5	101.0	103.0	102.0	100.5
102.6	107.5	95.0	108.8	115.6
100.0	123.5	102.0	101.6	102.2
116.6	95.4	97.8	108.6	105.0
136.8	102.8	101.5	98.4	93.3

解：总体服从正态分布但 σ 未知，由于是小样本，样本均值经标准化后服从自由度为 $n-1$ 的 t 分布，因此可按式（6.4）来构建置信区间。代码和结果如代码框 6-5 所示。

代码框 6-5　计算一个总体均值的置信区间（小样本）

```
import pandas as pd;import numpy as np;import scipy.stats as st
example6_2=pd.read_csv('C:/pydata/example/chap06/example6_2.csv')

conf_level = 0.95                    # 设置置信水平
x=example6_2['食品重量']
int=st.t.interval(conf_level,len(x)-1,loc=np.mean(x),scale=st.sem(x))
np.round(int,4)
```
```
array([101.3748, 109.3452])
```
注：scipy.stats 包中的 t.interval 函数默认自由度为 n，位置参数（均值）loc = 0，尺度参数（标准差）scale = 1。alpha 为置信水平。

该批食品平均重量的 95%的置信区间为 101.374 8～109.345 2 克。

6.2.2　两个总体均值差的估计

设两个总体的均值分别为 μ_1 和 μ_2，从两个总体中分别抽取样本量为 n_1 和 n_2 的两个随机样本，其样本均值分别为 $\overline{x}_1$ 和 $\overline{x}_2$。估计两个总体均值之差（$\mu_1 - \mu_2$）的点估计量是两个样本的均值之差（$\overline{x}_1 - \overline{x}_2$）。估计原理与一个总体均值的区间估计类似，置信区间仍然是点估计值±估计误差。因此，两个总体均值之差（$\mu_1 - \mu_2$）在（$1-\alpha$）置信水平下的置信区间可一般性地表示为：

$$(\overline{x}_1 - \overline{x}_2) \pm \text{分位数} \times (\overline{x}_1 - \overline{x}_2)\text{的标准误} \tag{6.5}$$

1. 独立大样本的估计

如果两个样本是从两个总体中独立抽取的，即一个样本中的元素与另一个样本中的元素相互独立，则称两个样本为**独立样本**（independent sample）。

如果两个样本都为大样本（$n_1 \geqslant 30$，$n_2 \geqslant 30$），两个样本的均值之差（$\overline{x}_1 - \overline{x}_2$）近似服从期望值为（$\mu_1 - \mu_2$）、方差为（$\sigma_1^2 / n_1 + \sigma_2^2 / n_2$）的正态分布，两个样本的均值之差经标准化后则服从标准正态分布，即

$$z = \frac{(\overline{x}_1 - \overline{x}_2) - (\mu_1 - \mu_2)}{\sqrt{\dfrac{\sigma_1^2}{n_1} + \dfrac{\sigma_2^2}{n_2}}} \sim N(0,\ 1) \tag{6.6}$$

当两个总体的方差 σ_1^2 和 σ_2^2 都已知时，可由式（6.6）推导出两个总体均值之差（$\mu_1 - \mu_2$）在（$1-\alpha$）置信水平下的置信区间为：

$$(\overline{x}_1 - \overline{x}_2) \pm z_{\alpha/2} \sqrt{\frac{\sigma_1^2}{n_1} + \frac{\sigma_2^2}{n_2}} \tag{6.7}$$

当两个总体的方差 σ_1^2 和 σ_2^2 未知时，可用两个样本的方差 s_1^2 和 s_2^2 来代替，此时，两个总体均值之差（$\mu_1 - \mu_2$）在（$1-\alpha$）置信水平下的置信区间为：

$$(\overline{x}_1 - \overline{x}_2) \pm z_{\alpha/2} \sqrt{\frac{s_1^2}{n_1} + \frac{s_2^2}{n_2}} \tag{6.8}$$

【例 6-3】（数据：example6_3.csv）为研究男性和女性网上购物支出的差异，从某电商平台中随机抽取男女各 50 人，得到某个月的网购支出数据如表 6-3 所示。构建男女平均支出差值的 95% 的置信区间。

表 6-3　女性和男性某月的网购支出数据（前 5 行和后 5 行）　　　　单位：元

女性支出	男性支出
2 692.8	1 242.9
2 787.1	2 635.4
2 172.3	1 574.4
1 914.5	1 741.6
2 711.2	1 169.4
……	……
3 350.3	1 930.8
1 194.0	1 262.9
2 681.6	2 753.2
2 694.9	1 208.6
1 276.3	1 157.4

解：设 μ_1 为女性平均支出，μ_2 为男性平均支出，计算（$\mu_1 - \mu_2$）的置信区间的代码和结果如代码框 6-6 所示。

代码框 6-6　计算两个总体均值之差的置信区间（独立大样本）

```
import pandas as pd
import numpy as np
```

```
from scipy.stats import norm
example6_3=pd.read_csv('C:/pydata/example/chap06/example6_3.csv')

x1=example6_3['女性支出']; x2=example6_3['男性支出']
xbar1=x1.mean(); s1=x1.std(); n1=len(x1)
xbar2=x2.mean(); s2=x2.std(); n2=len(x2)

interval=norm.interval(alpha=0.95,loc=(xbar1-xbar2),scale=np.sqrt(s1**2/n1+s2**2/n2))
print(f"男女平均支出差值的 95%的置信区间：{np.round(interval,4)}")
```
男女平均支出差值的 95%的置信区间：[381.1844 957.7156]

男女平均支出差值的 95%的置信区间为 381.184 4～957.715 6 元。

2. 独立小样本的估计

当两个样本均为独立小样本（$n_1 < 30$，$n_2 < 30$）时，为估计两个总体均值之差，需要假定两个总体都服从正态分布。当两个总体方差 σ_1^2 和 σ_2^2 已知时，两个样本均值之差经标准化后服从标准正态分布，此时可按式（6.7）建立两个总体均值之差的置信区间。当 σ_1^2 和 σ_2^2 未知时，有以下几种情形。

（1）当两个总体的方差未知但相等时，即 $\sigma_1^2 = \sigma_2^2 = \sigma^2$，需要用两个样本的方差 s_1^2 和 s_2^2 来估计 σ^2。此时需要将两个样本的数据合并在一起，以得到 σ^2 的合并估计量 s_p^2，其计算公式为：

$$s_p^2 = \frac{(n_1 - 1)s_1^2 + (n_2 - 1)s_2^2}{n_1 + n_2 - 2} \tag{6.9}$$

两个样本均值之差经标准化后服从自由度为 $(n_1 + n_2 - 2)$ 的 t 分布，即

$$t = \frac{(\overline{x}_1 - \overline{x}_2) - (\mu_1 - \mu_2)}{s_p\sqrt{\dfrac{1}{n_1} + \dfrac{1}{n_2}}} \sim t(n_1 + n_2 - 2) \tag{6.10}$$

由式（6.10）可推导出两个总体均值之差（$\mu_1 - \mu_2$）在（$1 - \alpha$）置信水平下的置信区间为：

$$(\overline{x}_1 - \overline{x}_2) \pm t_{\alpha/2}(n_1 + n_2 - 2)\sqrt{s_p^2\left(\frac{1}{n_1} + \frac{1}{n_2}\right)} \tag{6.11}$$

（2）当两个总体的方差未知且不相等时，即 $\sigma_1^2 \neq \sigma_2^2$，两个样本均值之差经标准化后近似服从自由度为 v 的 t 分布，自由度 v 的计算公式为：

$$v = \frac{\left(\dfrac{s_1^2}{n_1} + \dfrac{s_2^2}{n_2}\right)^2}{\dfrac{\left(s_1^2 / n_1\right)^2}{n_1 - 1} + \dfrac{\left(s_2^2 / n_2\right)^2}{n_2 - 1}} \tag{6.12}$$

两个总体均值之差（$\mu_1 - \mu_2$）在（$1 - \alpha$）置信水平下的置信区间为：

$$\left(\overline{x}_1 - \overline{x}_2\right) \pm t_{\alpha/2}\left(v\right)\sqrt{\frac{s_1^2}{n_1} + \frac{s_2^2}{n_2}} \tag{6.13}$$

【例 6-4】（数据：example6_4.csv）为估计两种方法组装产品所需时间的差异，分别对两种不同的组装方法各随机安排 12 名工人，每名工人组装一件产品所需的时间如表 6-4 所示。假定两种方法组装产品的时间服从正态分布，以 95% 的置信水平构建两种方法组装产品所需平均时间差值的置信区间。

（1）假定 $\sigma_1^2 = \sigma_2^2$；

（2）假定 $\sigma_1^2 \neq \sigma_2^2$。

表 6-4　两种方法组装产品所需的时间　　　　　单位：分钟

方法一	方法二
28.3	27.6
30.1	22.2
29.0	31.0
37.6	33.8
32.1	20.0
28.8	30.2
36.0	31.7
37.2	26.0
38.5	32.0
34.4	31.2
28.0	33.4
30.0	26.5

解：代码和结果如代码框 6-7 所示。

代码框 6-7　计算两个总体均值之差的置信区间（独立小样本）

```
# 假定方差相等
import pandas as pd;import numpy as np
from scipy.stats import t;from statsmodels.stats.weightstats import ttest_ind
example6_4=pd.read_csv('C:/pydata/example/chap06/example6_4.csv')

x1=example6_4['方法一']; x2=example6_4['方法二']
conf_level=0.95
xbar1=x1.mean(); xbar2=x2.mean()

t_value, p_value,df=ttest_ind(x1=x1,x2=x2,alternative='two-sided',usevar='pooled')
                                # 使用式（6.9）计算方差的合并估计量
interval=t.interval(alpha=conf_level,df=df,loc=(xbar1-xbar2),scale=(xbar1-xbar2)/t_value)
print(f"方法一的平均时间为{xbar1:.1f},方法二的平均时间为{xbar2:.2f}\
\n 假定方差相等，两方法组装时间差值的 95%的置信区间为{np.round(interval,4)}")
```

方法一的平均时间为 32.5,方法二的平均时间为 28.8

假定方差相等，两方法组装时间差值的 95% 的置信区间为[0.1403　7.2597]

```
# 假定方差不相等
t_value,p_value,df=ttest_ind(x1=x1,x2=x2,alternative='two-sided',usevar='unequal')
interval=t.interval(alpha=conf_level,df=df,loc=(xbar1-xbar2),scale=(xbar1-xbar2)/t_value)
print(f"方法一的平均时间为{xbar1}，方法二的平均时间为{xbar2:.1f}\
\n 假定方差不相等，两方法组装时间差值的 95% 的置信区间为{np.round(interval,4)}\
\n 自由度为{df:.4f}")
```

方法一的平均时间为 32.5，方法二的平均时间为 28.8

假定方差不相等，两方法组装时间差值的 95% 的置信区间为[0.1384　7.2616]

自由度为 21.8029

　　假定 $\sigma_1^2 = \sigma_2^2$ 时，两种方法组装产品所需平均时间之差的 95% 的置信区间为 0.140 3～7.259 7 分钟；假定 $\sigma_1^2 \neq \sigma_2^2$ 时，两种方法组装产品所需平均时间之差的 95% 的置信区间为 0.138 4～7.261 6 分钟。

3. 配对样本的估计

　　使用独立样本估计两个总体均值之差时存在潜在弊端。比如在例 6-4 中，在对每种方法随机指派 12 名工人时，偶尔可能会将方法一指派给技术比较差的 12 名工人，而将方法二指派给技术较好的 12 名工人。这种不公平的指派可能会掩盖两种方法组装产品所需时间的真正差异。

　　为解决这一问题，可以使用**配对样本**（paired sample），即一个样本中的数据与另一个样本中的数据相对应，这样的数据通常是对同一个体所做的前后两次测量。比如，先指定 12 名工人用第一种方法组装产品，再让这 12 名工人用第二种方法组装产品，这样得到的两种方法组装产品的时间数据就是配对数据。

　　使用配对样本时，在大样本情形下，两个总体均值之差 $\mu_d = \mu_1 - \mu_2$ 在 $(1-\alpha)$ 置信水平下的置信区间为：

$$\bar{d} \pm z_{\alpha/2} \frac{\sigma_d}{\sqrt{n}} \tag{6.14}$$

式中，d 为两个配对数据的差值；$\bar{d}$ 为各差值的均值；σ_d 为总体差值的标准差。当 σ_d 未知时，可用样本差值的标准差 s_d 来代替。

　　在小样本情形下，假定两个总体的各观测值的配对差服从正态分布。两个总体均值之差 $\mu_d = \mu_1 - \mu_2$ 在 $(1-\alpha)$ 置信水平下的置信区间为：

$$\bar{d} \pm t_{\alpha/2}(n-1)\frac{s_d}{\sqrt{n}} \tag{6.15}$$

　　【例 6-5】（数据：example6_5.csv）由 10 名学生组成一个随机样本，让他们分别采用 A 和 B 两套试卷进行测试，所得分数如表 6-5 所示。假定两套试卷的分数之差服从正态分布，构建两套试卷平均分数之差 $\mu_d = \mu_1 - \mu_2$ 的 95% 的置信区间。

表 6-5   10 名学生两套试卷的测试得分

学生编号	试卷 A	试卷 B
1	78	71
2	63	44
3	72	61
4	89	84
5	91	74
6	49	51
7	68	55
8	76	60
9	85	77
10	55	39

解： 代码和结果如代码框 6-8 所示。

代码框 6-8   计算两个总体均值之差的置信区间（配对样本）

```python
import pandas as pd
import numpy as np
from scipy.stats import t
example6_5=pd.read_csv('C:/pydata/example/chap06/example6_5.csv')

x1=example6_5['试卷 A']; x2=example6_5['试卷 B']
d=x1-x2
conf_level=0.95
dbar=d.mean(); sd=d.std(); n=len(d)

interval=t.interval(alpha=conf_level,df=n-1,loc=dbar,scale=sd/np.sqrt(n))
print(f"两套试卷平均分数之差的 95%的置信区间为：{np.round(interval,4)}")
```
两套试卷平均分数之差的 95%的置信区间为：[6.3273   15.6727]

两套试卷平均分数之差的 95%的置信区间为 6.327 3～15.672 7 分。

6.3   总体比例的区间估计

研究一个总体时，推断总体比例 π 所使用的统计量为样本比例 p。研究两个总体时，所关注的参数是两个总体的比例之差（$\pi_1 - \pi_2$），用于推断的统计量则是两个样本的比例之差（$p_1 - p_2$）。

6.3.1   一个总体比例的估计

推断总体比例时，同样需要考虑样本量的大小。当样本量非常大时，可采用传统的估计方法。对于小样本或中等大小的样本，需要对样本量和试验成功的次数做出修正以改进估计的区间。

1. 大样本的估计方法

由样本比例 p 的抽样分布可知，当样本量足够大时[①]，p 近似服从期望值为 $E(p)=\pi$、方差为 $\sigma_p^2=\pi(1-\pi)/n$ 的正态分布。样本比例经标准化后则服从标准正态分布，即 $z=\dfrac{p-\pi}{\sqrt{\pi(1-\pi)/n}}\sim N(0,1)$。此时，可由正态分布构建总体比例的置信区间。与总体均值的区间估计类似，总体比例的置信区间由 π 的点估计值 $p\pm$ 估计误差得到。π 在 $(1-\alpha)$ 置信水平下的置信区间可一般地表示为：

$$p\pm(\text{分位数}\times p\ \text{的标准误}) \tag{6.16}$$

适用于大样本的传统方法得到的总体比例 π 在 $(1-\alpha)$ 置信水平下的置信区间为：

$$p\pm z_{\alpha/2}\sqrt{\dfrac{p(1-p)}{n}} \tag{6.17}$$

式中，$z_{\alpha/2}$ 是标准正态分布两侧面积各为 $\alpha/2$ 时的 z 值；$z_{\alpha/2}\sqrt{\dfrac{p(1-p)}{n}}$ 是估计误差。

【例 6-6】 某企业想要进行一项工作时间的改革，为征求员工对该项改革措施的意见，随机调查 500 人，其中 325 人赞成改革措施。用 95% 的置信水平估计赞成该项改革的人数比例的置信区间。

解： 代码和结果如代码框 6-9 所示。

代码框 6-9　计算一个总体比例的置信区间（大样本）

```
# 赞成比例的 95% 的置信区间（大样本）
import numpy as np
from scipy.stats import norm

conf_level=0.95
n=500; x=325
p=x/n

interval=norm.interval(alpha=conf_level,loc=p,scale=np.sqrt(p*(1-p)/n))
print(f"赞成该项改革的人数比例的 95% 的置信区间为：{np.round(interval,4)}")
```
赞成该项改革的人数比例的 95% 的置信区间为：[0.6082　0.6918]

该企业员工中赞成该项改革的人数比例的 95% 的置信区间为（0.608 2，0.691 8）。

2. 任意大小样本的估计方法

大样本的估计方法至今仍被广泛使用，但按该方法计算出来的置信水平为 $(1-\alpha)$ 的置信区间能够覆盖总体真实比例的概率通常小于 $(1-\alpha)$，即使大样本也是如此（除非样本量非常大），更不可能应用于小样本。因此，对于任意大小的样本，可以通过修正试验次数（样本量）n 和样本比例 p 的值使置信区间有所改进。

---

① 对于总体比例的估计，确定样本量是否"足够大"的一般经验法则是：区间 $p\pm 2\sqrt{p(1-p)/2}$ 中不包含 0 或 1，或者要求 $np\geq 10$ 和 $n(1-p)\geq 10$。

研究发现，对于任意大小的样本，将试验次数（样本量）n 加上 4，即用 $\tilde{n}=n+4$ 代替 n；将试验成功的次数 x 加上 2，即用 $\tilde{p}=(x+2)/\tilde{n}$ 代替 p，可以改进置信区间。由此得到的总体比例 π 在 $(1-\alpha)$ 置信水平下的置信区间为：

$$\tilde{p}\pm z_{\alpha/2}\sqrt{\frac{\tilde{p}(1-\tilde{p})}{\tilde{n}}} \tag{6.18}$$

该区间也称为 Agresti-Coull 区间（由 Alan Agresti 和 Brent Coull 得出，以其姓氏命名）。对于任意大小的样本，都可以使用式（6.18）来计算总体比例的置信区间。只是在样本较小时，偶尔会有区间下限小于 0 或区间上限大于 1 的情形发生。此时可用 0 代替小于 0 的下限，用 1 代替大于 1 的上限。对于非常大的样本，大样本的估计方法和任意大小样本的估计方法得到的结果几乎相同，但对于小样本或中等样本，使用式（6.18）更合适。

【例 6-7】沿用例 6-6。用 95% 的置信水平估计该企业员工中赞成该项改革的人数比例的置信区间。

解：代码和结果如代码框 6-10 所示。

代码框 6-10　计算一个总体比例的置信区间（任意大小样本）

```
# 赞成比例的95%的置信区间（任意大小样本）
import numpy as np
from scipy.stats import norm

conf_level=0.95
n1=500+4
p1=(325+2)/n1

interval=norm.interval(alpha=conf_level,loc=p1,scale=np.sqrt(p1*(1-p1)/n1))
print(f"赞成该项改革人数比例的95%的置信区间为：{np.round(interval,4)}")
```
赞成该项改革人数比例的 95% 的置信区间为：[0.6071   0.6905]

该企业员工中赞成该项改革的人数比例的 95% 的置信区间为（0.607 1，0.690 5）。

由于本例的样本量较大，两种方法得到的结果几乎相同。但对于中小样本，二者会存在一定差异。因此，这里推荐使用任意大小样本的估计方法。

6.3.2　两个总体比例差的估计

对两个总体比例之差的估计同样需要考虑两个样本量的大小。当两个样本量都非常大时，可采用传统的估计方法。对于两个小样本或中等大小的样本，需要对样本量和试验成功的次数做出修正以改进估计的区间。

1. 两个大样本的估计方法

两个总体比例之差的区间估计原理与一个总体比例的区间估计相同，$(\pi_1-\pi_2)$ 的置信区间由点估计值 $(p_1-p_2)\pm$ 估计误差得到，即

$$p_1-p_2\pm\text{分位数}\times(p_1-p_2)\text{的标准误} \tag{6.19}$$

设两个总体均服从二项分布，即 $X_1\sim B(n_1,p_1)$，$X_2\sim B(n_2,p_2)$。x_1 为 n_1 次独立

Bernoulli 试验成功的次数，p_1 为成功的概率，x_2 为 n_2 次独立 Bernoulli 试验成功的次数，p_2 为成功的概率。由样本比例的抽样分布可知，从两个二项总体中抽出两个独立大样本，两个样本的比例之差近似服从正态分布，而两个样本的比例之差经标准化后则服从标准正态分布，即

$$z = \frac{(p_1 - p_2) - (\pi_1 - \pi_2)}{\sqrt{\dfrac{\pi_1(1-\pi_1)}{n_1} + \dfrac{\pi_2(1-\pi_2)}{n_2}}} \tag{6.20}$$

由于两个总体的比例 π_1 和 π_2 未知，需要用样本比例 p_1 和 p_2 代替。因此，根据正态分布建立的两个总体比例之差（$\pi_1 - \pi_2$）在 $(1-\alpha)$ 置信水平下的置信区间为：

$$(p_1 - p_2) \pm z_{\alpha/2} \sqrt{\frac{p_1(1-p_1)}{n_1} + \frac{p_2(1-p_2)}{n_2}} \tag{6.21}$$

【例 6-8】 在某档电视节目的收视率调查中随机调查 500 名女性观众，有 225 人收看了该节目；随机调查 400 名男性观众，有 128 人收看了该节目。用 95% 的置信水平估计女性与男性收视率差值的置信区间。

解： 设女性收视率为 p_1，男性收视率为 p_2。计算置信区间的代码和结果如代码框 6-11 所示。

代码框 6-11　计算两个总体比例之差的置信区间（大样本）

```
import numpy as np
from scipy.stats import norm

conf_level=0.95
n1=500; n2=400
p1=225/n1; p2=128/n2

interval=norm.interval(alpha=conf_level,loc=(p1-p2),
                       scale=np.sqrt(p1*(1-p1)/n1+p2*(1-p2)/n2))
print(f"女性与男性收视率差值的 95%的置信区间为：{np.round(interval,4)}")
```
女性与男性收视率差值的 95%的置信区间为：[0.0668　0.1932]

女性与男性收视率差值的 95% 的置信区间为 6.68%～19.32%。

2. 两个任意大小样本的估计方法

研究表明，对于两个任意大小的样本，只要对 n_1 和 n_2、p_1 和 p_2 略加修正就可以改进估计区间。具体做法是，将试验次数（样本量）n_1 和 n_2 各加上 2，即用 $\tilde{n}_1 = n_1 + 2$ 代替 n_1，用 $\tilde{n}_2 = n_2 + 2$ 代替 n_2；将试验成功的次数 x_1 和 x_2 各加上 1，即用 $\tilde{p}_1 = (x_1 + 1)/\tilde{n}_1$ 代替 p_1，用 $\tilde{p}_2 = (x_2 + 1)/\tilde{n}_2$ 代替 p_2。由此得到的两个总体比例之差（$\pi_1 - \pi_2$）在 $(1-\alpha)$ 置信水平下的置信区间为：

$$(\tilde{p}_1 - \tilde{p}_2) \pm z_{\alpha/2} \sqrt{\frac{\tilde{p}_1(1-\tilde{p}_1)}{\tilde{n}_1} + \frac{\tilde{p}_2(1-\tilde{p}_2)}{\tilde{n}_2}} \tag{6.22}$$

该区间也称为 Agresti-Coull 区间。对于任意大小的两个样本，可以使用式（6.22）来构建两个总体比例之差的置信区间。如果有区间下限小于 0 或区间上限大于 1 的情形发生，可用 0 代替小于 0 的下限，用 1 代替大于 1 的上限。对于非常大的两个样本，大样本估计方法和任意大小样本估计方法的结果几乎相同，但对于两个小样本或中等样本，任意大小样本的估计方法更适用，因此推荐使用该方法。

【例 6-9】沿用例 6-8。用 95%的置信水平估计女性与男性收视率差值的置信区间。

解：设女性收视率为 p_1，男性收视率为 p_2。代码和结果如代码框 6-12 所示。

代码框 6-12　计算两个总体比例之差的置信区间（任意大小样本）

```
import numpy as np
from scipy.stats import norm

conf_level=0.95
n1=500+2; n2=400+2
p1=(225+1)/n1; p2=(128+1)/n2

interval=norm.interval(alpha=conf_level,loc=(p1-p2),
                       scale=np.sqrt(p1*(1-p1)/n1+p2*(1-p2)/n2))
print(f"女性与男性收视率差值的 95%的置信区间为：{np.round(interval,4)}")
```

女性与男性收视率差值的 95%的置信区间为：[0.0662   0.1924]

女性与男性收视率差值的 95%的置信区间为 6.62%～19.24%。

6.4　总体方差的区间估计

研究一个总体时，推断总体方差 σ^2 的统计量是样本方差 s^2。研究两个总体时，所关注的参数是两个总体的方差比 σ_1^2 / σ_2^2，用于推断的统计量则是两个样本的方差比 s_1^2 / s_2^2。

6.4.1　一个总体方差的估计

估计总体方差时，首先假定总体服从正态分布。其原理与总体均值和总体比例的区间估计不同，不再是点估计量±估计误差。因为样本方差的抽样分布服从 $\chi^2(n-1)$ 分布，所以需要用 χ^2 分布构造总体方差的置信区间。由于 χ^2 分布是不对称分布，因此无法由点估计值±估计误差得到总体方差的置信区间。

若给定置信水平 $(1-\alpha)$，用 χ^2 分布构造总体方差 σ^2 的置信区间，其原理可用下面的图 6-9 表示。

图 6-9 显示，构建总体方差 σ^2 的置信区间，也就是要找到一个 χ^2 值，使其满足 $\chi_{\alpha/2}^2 \leqslant \chi^2 \leqslant \chi_{1-\alpha/2}^2$，由于 $\dfrac{(n-1)s^2}{\sigma^2} \sim \chi^2(n-1)$，可用它来代替 χ^2，于是有

$$\chi_{\alpha/2}^2 \leqslant \frac{(n-1)s^2}{\sigma^2} \leqslant \chi_{1-\alpha/2}^2 \tag{6.23}$$

根据式（6.23）可推导出总体方差 σ^2 在 $(1-\alpha)$ 置信水平下的置信区间为：

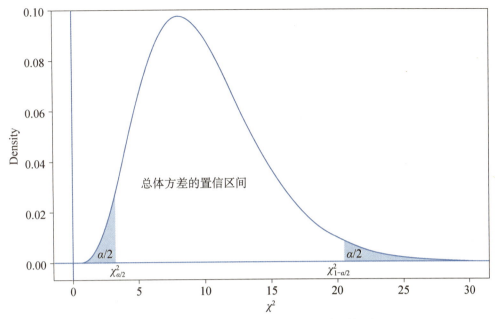

图 6-9 总体方差在（1-α）置信水平下的置信区间

$$\frac{(n-1)s^2}{\chi^2_{1-\alpha/2}} \leqslant \sigma^2 \leqslant \frac{(n-1)s^2}{\chi^2_{\alpha/2}} \tag{6.24}$$

【例 6-10】（数据：example6_2.csv）沿用例 6-2。以 95% 的置信水平构建该种食品重量的方差和标准差的置信区间。

解：代码和结果如代码框 6-13 所示。

代码框 6-13 计算一个总体方差和标准差的置信区间

```
import pandas as pd
from scipy.stats import chi2

example6_2=pd.read_csv('C:/pydata/example/chap06/example6_2.csv')
x=example6_2['食品重量']

conf_level=0.95
sigma2=x.var(); n=len(x)

LCI=(n-1)*sigma2/chi2.ppf(q=(1+conf_level)/2,df=n-1)
UCI=(n-1)*sigma2/chi2.ppf(q=(1-conf_level)/2,df=n-1)

print(f"食品重量方差的 95% 的置信区间为：[{LCI:.4f} ,{UCI:.4f}]",'\n'
      f"食品重量标准差的 95% 的置信区间为：[{pow(LCI,1/2):.4f} ,{pow(UCI,1/2):.4f}]")
```

食品重量方差的 95% 的置信区间为：[56.8290 ,180.3881]
食品重量标准差的 95% 的置信区间为：[7.5385 ,13.4309]

该种食品重量方差的 95% 的置信区间为 $56.8290 \leqslant \sigma^2 \leqslant 180.3881$，标准差的 95% 的置信区间为 $7.5385 \leqslant \sigma \leqslant 13.4309$。

6.4.2 两个总体方差比的估计

在实际应用中，经常会遇到比较两个总体方差的问题。比如，希望比较用两种不同方法生产的产品性能的稳定性，比较不同测量工具的精确度，等等。

由于两个样本的方差比服从 $F(n_1-1,\ n_2-1)$ 分布，因此可用 F 分布构造两个总体方差比 σ_1^2/σ_2^2 的置信区间，其原理可用图 6-10 来表示。

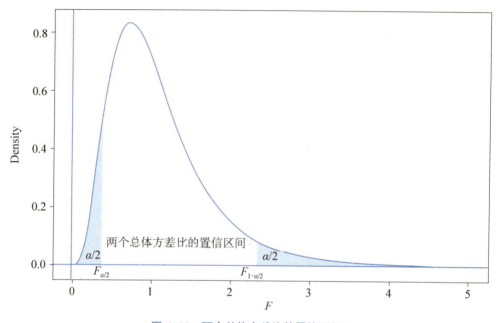

图 6-10 两个总体方差比的置信区间

构建两个总体方差比的置信区间，也就是要找到一个 F 值使其满足 $F_{\alpha/2}\leqslant F\leqslant F_{1-\alpha/2}$。由于 $\dfrac{s_1^2}{s_2^2}\cdot\dfrac{\sigma_2^2}{\sigma_1^2}\sim F(n_1-1,\ n_2-1)$，可用它来代替 F，于是有

$$F_{\alpha/2}\leqslant \frac{s_1^2}{s_2^2}\cdot\frac{\sigma_2^2}{\sigma_1^2}\leqslant F_{1-\alpha/2} \tag{6.25}$$

根据式（6.25）可以推导出两个总体方差比在 $(1-\alpha)$ 置信水平下的置信区间为：

$$\frac{s_1^2/s_2^2}{F_{1-\alpha/2}}\leqslant\frac{\sigma_1^2}{\sigma_2^2}\leqslant\frac{s_1^2/s_2^2}{F_{\alpha/2}} \tag{6.26}$$

式中，$F_{\alpha/2}$ 和 $F_{1-\alpha/2}$ 是分子自由度为 (n_1-1)、分母自由度为 (n_2-1) 的 F 分布两侧面积为 $\alpha/2$ 和 $1-\alpha/2$ 的分位数。

【例 6-11】（数据：example6_4.csv）沿用例 6-4。以 95% 的置信水平构建两种方法组装产品所需时间方差比的置信区间。

解： 代码和结果如代码框 6-14 所示。

代码框 6-14　计算两个总体方差比的置信区间

```
import pandas as pd
import numpy as np
from scipy.stats import f

example6_4=pd.read_csv('C:/pydata/example/chap06/example6_4.csv')
x1=example6_4['方法一']; x2=example6_4['方法二']

conf_level=0.95
var1=x1.var(); var2=x2.var()
n1=len(x1); n2=len(x2)

LCI=(var1/var2)/f.ppf(q=(1+conf_level)/2,dfn=n1-1,dfd=n2-1)
UCI=(var1/var2)/f.ppf(q=(1-conf_level)/2,dfn=n1-1,dfd=n2-1)
print(f"两种方法组装产品所需时间方差比的 95%的置信区间为：[{LCI:.5f} {UCI:.5f}]")
```
两种方法组装产品所需时间方差比的 95%的置信区间为：[0.23788　2.87044]

两种方法组装产品所需时间方差比的 95%的置信区间为（0.237 88，2.870 44）。

习题

6.1　某大学为了解学生每天上网的时间，从全校学生中随机抽取 36 人，调查他们每天上网的时间，得到的数据（单位：小时）如下：

3.3	3.1	6.2	5.8	2.3	4.1	5.4	4.5	3.2
4.4	2.0	5.4	2.6	6.4	1.8	3.5	5.7	2.3
2.1	1.9	1.2	5.1	4.3	4.2	3.6	0.8	1.5
4.7	1.4	1.2	2.9	3.5	2.4	0.5	3.6	2.5

求该校大学生平均上网时间的置信区间，置信水平分别为 90%、95%和 99%。

6.2　某小区共有居民 500 户，小区管理者准备采取一项新的供水设施，想了解居民是否赞成。采用重复抽样方法随机抽取 50 户，其中有 32 户赞成，18 户反对。估计总体中赞成采用新设施的户数比例的置信区间，置信水平为 95%。

6.3　顾客到银行办理业务时往往需要等待一些时间，等待时间的长短与许多因素有关，比如，银行的业务员办理业务的速度、顾客等待排队的方式等。为此，某银行准备采取两种排队方式进行试验，第一种排队方式是所有顾客都进入一个等待队伍；第二种排队方式是顾客在三个业务窗口处排队等待。为比较哪种排队方式使顾客等待的时间更短，银行各随机抽取 10 名顾客，他们在办理业务时等待的时间（单位：分钟）如下：

方式 1	6.5	6.6	6.7	6.8	7.1	7.3	7.4	7.7	7.7	10.7
方式 2	4.2	5.4	5.8	6.2	6.7	7.7	7.7	8.5	9.3	10.0

（1）构建第一种排队方式等待时间均值的 95%的置信区间。

（2）构建第二种排队方式等待时间方差的 95%的置信区间。

（3）构建两种方式排队时间均值之差的 95% 的置信区间：①假设 $\sigma_1^2 = \sigma_2^2$；②假设 $\sigma_1^2 \neq \sigma_2^2$。

6.4   一家人才测评机构对随机抽取的 10 名小企业的经理人用两种方法进行自信心测试，得到的自信心测试分数如下：

人员编号	方法 1	方法 2
1	78	71
2	63	44
3	72	61
4	89	84
5	91	74
6	49	51
7	68	55
8	76	60
9	85	77
10	55	39

构建两种方法平均自信心得分之差 $\mu_d = \mu_1 - \mu_2$ 的 95% 的置信区间。

6.5   从两个总体中各抽取一个 $n_1 = n_2 = 250$ 的独立随机样本，来自总体 1 的样本比例为 $p_1 = 40\%$，来自总体 2 的样本比例为 $p_2 = 30\%$。

（1）求 $(\pi_1 - \pi_2)$ 的 90% 的置信区间。

（2）求 $(\pi_1 - \pi_2)$ 的 95% 的置信区间。

6.6   生产工序的方差是工序质量的一个重要测度指标。当方差较大时，需要对工序进行改进以减小方差。下面是两部机器生产的袋装茶重量的数据（单位：克）：

机器 1			机器 2		
3.45	3.22	3.90	3.22	3.28	3.35
3.20	2.98	3.70	3.38	3.19	3.30
3.22	3.75	3.28	3.30	3.20	3.05
3.50	3.38	3.35	3.30	3.29	3.33
2.95	3.45	3.20	3.34	3.35	3.27
3.16	3.48	3.12	3.28	3.16	3.28
3.20	3.18	3.25	3.30	3.34	3.25

计算两个总体方差比 σ_1^2 / σ_2^2 的 95% 的置信区间。

第7章 假设检验

假设检验是先对总体提出某种假设，然后利用样本信息来判断这一假设是否成立的统计方法。本章首先介绍假设检验的基本原理，然后介绍总体参数检验和正态性检验方法。

7.1 假设检验的原理

假设检验的大致思路是：首先对所关心的总体提出某种假设，然后从待检验的总体中抽取一个样本并获得数据，再根据样本提供的信息判断假设是否成立。如果已知总体分布或能对总体分布做出假定，所关注的仅仅是总体的某个参数，并对参数的某种假设做检验，这样的检验称为**参数检验**（parameter test）；如果是对总体的其他特征（如分布的形式）做检验，或者是样本数据不满足参数检验条件，不依赖于总体分布的形式对总体参数做检验，这样的检验称为**非参数检验**（nonparametric test）。

7.1.1 提出假设

假设（hypothesis）是对总体的某种看法。在参数检验中，假设是对总体参数的具体数值所做的陈述。比如，不知道一批电池的平均使用寿命是多少，不知道一批产品的合格率是多少，不知道某种食品重量的方差是多少，可以事先提出一个假设值，比如，这批电池的平均使用寿命是 5 000 小时，这批产品的合格率是 95%，某种食品重量的方差是 25 克，等等。这些陈述就是对总体参数提出的假设。在非参数检验中，假设也可以是对总体的非参数特征所做的陈述。比如，不知道学生的月平均生活费支出服从何种分布，不知道身高与体重之间为何种关系，可以先假设学生的月平均生活费支出服从正态分布，身高与体重之间为线性关系，等等。这就是对总体的非参数特征所提出的假设。

假设检验（hypothesis test）是在对总体提出假设的基础上，利用样本信息判断假设是否成立的统计方法。比如，假设学生的月平均生活费支出的均值是 2 000 元，假设学生的月平均生活费支出服从正态分布，然后从全校学生中抽取一个样本，根据样本信息检验月平均生活费支出的均值是否为 2 000 元，检验月平均生活费支出是否服从正态分布，这就是假设检验。

在做假设检验时，首先要提出两种假设，即原假设和备择假设。

原假设（null hypothesis）是研究者想收集证据予以推翻的假设，用 H_0 表示。原假设表达的含义是参数没有变化，或变量之间没有某种关系，或总体分布与某一个理论分布无差异，因此 "=" 总是放在原假设上。以总体均值的检验为例，设参数的假设值为 μ_0，原

假设总是写成 H_0: $\mu = \mu_0$, H_0: $\mu \geq \mu_0$ 或 H_0: $\mu \leq \mu_0$。最初假定原假设是成立的，之后根据样本数据确定是否有足够的证据拒绝原假设。

备择假设（alternative hypothesis）是研究者想收集证据予以支持的假设，用 H_1 或 H_a 表示。备择假设所表达的含义是总体参数发生了变化，或变量之间有某种关系，或总体分布与某一个理论分布有差异。以总体均值的检验为例，备择假设的形式总是 H_1: $\mu \neq \mu_0$，H_1: $\mu < \mu_0$ 或 H_1: $\mu > \mu_0$。备择假设通常用于表达研究者自己倾向于支持的看法，然后就是想办法收集证据来拒绝原假设，以支持备择假设。

在假设检验中，如果备择假设没有特定的方向，且含有符号"$\neq$"，这样的假设检验称为**双侧检验**或**双尾检验**（two-tailed test）。如果备择假设具有特定的方向，且含有符号">"或"<"，这样的假设检验称为**单侧检验**或**单尾检验**（one-tailed test）。备择假设含有符号"<"的单侧检验称为**左侧检验**，含有符号">"的单侧检验称为**右侧检验**。

下面通过两个例子来说明确定原假设和备择假设的大致思路。

【例 7-1】一种零件的标准直径为 15cm，为了对生产过程进行控制，质量监测人员定期对一台加工机床进行检查，以确定这台机床生产的零件是否符合标准要求。如果零件的平均直径大于或小于 15cm，则表示生产过程不正常，必须进行调整。陈述用来检验生产过程是否正常的原假设和备择假设。

解：设这台机床生产的所有零件平均直径的真值为 μ。若 $\mu = 15$，则表示生产过程正常；若 $\mu > 15$ 或 $\mu < 15$，则表示生产过程不正常，研究者需要检验这两种可能情形中的任何一种。因此，研究者想收集证据予以推翻的假设应该是"生产过程正常"，而想收集证据予以支持的假设是"生产过程不正常"，因为如果研究者事先认为生产过程正常，也就没有必要进行检验了。因此，建立的原假设和备择假设应为：

$$H_0: \mu = 15 \text{（生产过程正常）}; \quad H_1: \mu \neq 15 \text{（生产过程不正常）}$$

【例 7-2】产品的外包装上都贴有标签，标签上通常标有该产品的性能说明、成分指标等信息。农夫山泉 550ml 瓶装饮用天然水外包装标签上标识：每 100ml 水中钙的含量为 $\geq 400\mu g$（微克）。如果是消费者来做检验，应该提出怎样的原假设和备择假设？如果是生产厂家自己来做检验，又会提出怎样的原假设和备择假设？

解：设每 100ml 水中钙的含量均值为 μ。消费者做检验的目的是想寻找证据来推翻标签中的说法，即 $\mu \geq 400\mu g$（如果对标签中的数值没有质疑，也就没有检验的必要了），而想支持的观点则是标签中的说法不正确，即 $\mu < 400\mu g$。因此，提出的原假设和备择假设应为：

$$H_0: \mu \geq 400 \text{（标签中的说法正确）}; \quad H_1: \mu < 400 \text{（标签中的说法不正确）}$$

如果是生产厂家自己做检验，那么生产者自然是想办法来支持自己的观点，也就是想寻找证据证明标签中的说法是正确的，即 $\mu > 400$，而想推翻的则是 $\mu \leq 400$，因此会提出与消费者看法不同（方向相反）的原假设和备择假设，即

$$H_0: \mu \leq 400 \text{（标签中的说法不正确）}; \quad H_1: \mu > 400 \text{（标签中的说法正确）}$$

通过上面的例子可以看出，原假设和备择假设是一个完备事件组，而且相互对立。这

意味着，在一项检验中，原假设和备择假设必有一个成立，而且只有一个成立。此外，假设的确定带有一定的主观色彩，因为研究者想推翻的假设和研究者想支持的假设最终仍取决于研究者本人的意向。即使对于同一个问题，由于研究目的的不同，也可能提出截然不同的假设。但无论怎样，只要假设的建立符合研究者的最终目的便是合理的。

7.1.2　做出决策

假设检验是根据样本信息做出拒绝或不拒绝原假设的决策。这就涉及两个问题：一是依据什么做出决策；二是所做的决策是否正确。

1. 两类错误与显著性水平

研究者总是希望能做出正确的决策，但由于决策建立在样本信息的基础之上，而样本又是随机的，因此就有可能犯错误。

原假设和备择假设不能同时成立，决策的结果是要么拒绝原假设，要么不拒绝原假设。决策时总是希望当原假设正确时没有拒绝它，当原假设不正确时拒绝它，但实际上很难保证不犯错误。一种情形是，原假设是正确的却拒绝了它，这时所犯的错误称为**第 I 类错误**（type I error），犯第 I 类错误的概率记为 α，因此也称 α 错误。另一种情形是，原假设是错误的却没有拒绝它，这时所犯的错误称为**第 II 类错误**（type II error），犯第 II 类错误的概率记为 β，因此也称 β 错误。

在假设检验中，只要做出拒绝原假设的决策，就有可能犯第 I 类错误；只要做出不拒绝原假设的决策，就有可能犯第 II 类错误。直观上来说，这两类错误的概率之间存在某种关系。在样本量不变的情形下，要减小 α 就会使 β 增大，而要减小 β 就会使 α 增大，两类错误就像一个翘板的两端。人们自然希望犯两类错误的概率都尽可能小，但实际上难以做到。要使 α 和 β 同时减小的唯一办法是增加样本量，但样本量的增加又会受许多因素的限制。因此，人们只能在两类错误的发生概率之间进行平衡，将 α 和 β 控制在能够接受的范围内。一般来说，对于一个固定的样本，如果犯第 I 类错误的代价比犯第 II 类错误的代价高，则将犯第 I 类错误的概率设定得低些较为合理；反之，则可以将犯第 I 类错误的概率设定得高些。那么，检验时应先控制哪类错误呢？一般来说，发生哪一类错误的后果更严重，就应该先控制哪类错误发生的概率。由于犯第 I 类错误的概率可以由研究者事先确定，而犯第 II 类错误的概率相对来说难以计算，因此在假设检验中，人们往往先控制第 I 类错误发生的概率。

假设检验中，犯第 I 类错误的概率也称为**显著性水平**（level of significance），记为 α，它是人们事先确定的犯第 I 类错误概率的最大允许值。显著性水平 α 越小，犯第 I 类错误的可能性自然就越小，但犯第 II 类错误的可能性则随之增大。实际应用中，究竟确定一个多大的显著性水平值合适呢？一般情形下，由于人们认为犯第 I 类错误的后果更严重一些，因此通常会取一个较小的 α 值（一般要求 α 可以取小于或等于 0.1 的任何值）。著名的英国统计学家 Ronald Fisher 在他的研究中把小概率的标准定为 0.05，所以人们通常选择显著性水平为 0.05 或比 0.05 更小的概率，当然也可以取其他值。实际中常用的显著性水平 α 有 0.01、0.05、0.1 等。当选择样本量时，通常要求第 I 类错误发生的概率不大于

0.05，第Ⅱ类错误发生的概率不大于 0.1。

2. 决策的依据

提出具体的假设之后，研究者需要提供可靠的证据来支持所关注的备择假设。在上面的例 7-2 中，如果你想证实产品标签上的说法不属实，即检验假设：H_0: $\mu \geqslant 400$，H_1: $\mu < 400$，而抽取一个样本得到的样本均值为 390 μg，你是否就拒绝原假设呢？如果样本均值是 410 μg，你是否就不拒绝原假设呢？拒绝或不拒绝原假设的依据是什么？传统检验中，决策依据的是检验统计量，现代检验中，人们直接根据检验统计量算出犯第Ⅰ类错误的概率，即所谓的 **P 值**（p-value）。检验时做出决策的依据是：原假设成立时小概率事件不应发生，如果小概率事件发生了，就应当拒绝原假设。统计上通常把 $P \leqslant 0.1$ 的值统称为小概率。

（1）用统计量决策（传统方法）

怎样利用样本信息做出决策呢？传统方法是首先根据样本数据计算出用于决策的**检验统计量**（test statistic）。比如要检验总体均值，我们自然会想到要用样本均值作为判断标准。但样本均值 $\bar{x}$ 是总体均值 μ 的一个点估计量，并不能直接作为判断依据，只有将其标准化后，才能用于度量它与原假设的参数值之间的差异程度。对于总体均值和总体比例的检验，在原假设 H_0 为真的条件下，根据点估计量的抽样分布可以得到**标准化检验统计量**（standardized test statistic）：

$$标准化检验统计量 = \frac{点估计值 - 假设值}{点估计量的标准误} \tag{7.1}$$

标准化检验统计量反映了点估计值（比如样本均值）与假设的总体参数（比如假设的总体均值）相差多少个标准误。虽然检验统计量是一个随机变量，随样本观测结果的不同而变化，但只要已知一组特定的样本观测结果，检验统计量的值也就唯一确定了。

有了检验统计量就可以建立决策准则。根据事先设定的显著性水平 α，可以在统计量的分布上找到相应的**临界值**（critical value）。由显著性水平和相应的临界值围成的一个区域称为**拒绝域**（rejection region）。如果统计量的值落在拒绝域内，就拒绝原假设，否则就不拒绝原假设。拒绝域的大小与设定的显著性水平有关，当样本量固定时，拒绝域随 α 的减小而减小。显著性水平、临界值和拒绝域的关系可用图 7-1 来表示。

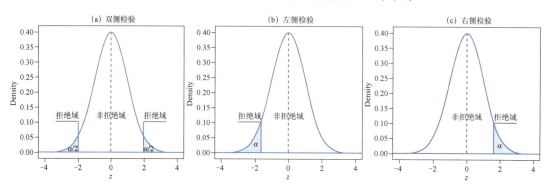

图 7-1　显著性水平、临界值和拒绝域

从图 7-1 可以得出利用统计量做检验时的决策准则：

双侧检验：若|统计量的值|＞临界值，则拒绝原假设。

左侧检验：若统计量的值＜−临界值，则拒绝原假设。

右侧检验：若统计量的值＞临界值，则拒绝原假设。

介绍传统的统计量决策方法只是为了帮助理解假设检验的原理，不推荐使用。

（2）用 P 值决策（现代方法）

统计量检验是根据事先确定的显著性水平 α 围成的拒绝域做出决策。不论检验统计量的值是大还是小，只要它落入拒绝域就拒绝原假设，否则就不拒绝原假设。这样，无论统计量落在拒绝域的什么位置，都只能说犯第 I 类错误的概率是 α。但实际上，α 是犯第 I 类错误的上限控制值，统计量落在拒绝域的不同位置，决策时犯第 I 类错误的概率是不同的。如果能把犯第 I 类错误的真实概率计算出来，就可以直接用这个概率做出决策，而不用考虑事先设定的显著性水平 α。这个犯第 I 类错误的真实概率就是 P 值，它是指当原假设正确时，所得到的样本结果像实际观测结果那样极端或更极端的概率，也称为**观察到的显著性水平**（observed significance level）或实测显著性水平。图 7-2 展示了拒绝原假设时的 P 值与设定的显著性水平 α 的比较。

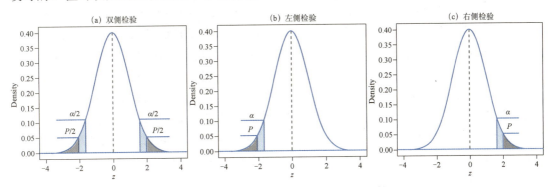

图 7-2　**P 值与设定的显著性水平 α 的比较**

用 P 值决策的规则很简单：如果 $P<\alpha$，拒绝 H_0；如果 $P>\alpha$，不拒绝 H_0。（双侧检验将两侧面积的总和定义为 P）。

P 值决策优于统计量决策。与传统的统计量决策相比，P 值决策提供了更多信息。比如，根据事先确定的 α 进行决策时，只要统计量的值落在拒绝域，无论它在哪个位置，拒绝原假设的结论都是一样的（只能说犯第 I 类错误的概率是 α）。但实际上，统计量落在拒绝域的不同地方，实际的显著性是不同的。比如，统计量落在临界值附近与落在远离临界值的地方，实际的显著性就有较大差异。P 值是根据实际统计量计算出的显著性水平，它告诉我们实际的犯错误概率是多少。图 7-3 展示了拒绝原假设时两个不同统计量的值及其 P 值，从中容易看出统计量决策与 P 值决策的差异。

7.1.3　表述结果

假设检验的目的就是寻找证据拒绝原假设，而不是寻找证据支持原假设。在假设检验

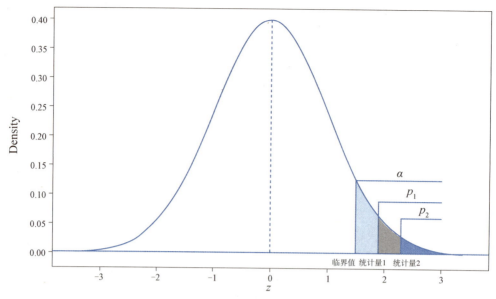

图 7-3 拒绝 H_0 的两个统计量的不同显著性

中，拒绝 H_0 时称样本结果是"统计上显著的"（statistically significant）；不拒绝 H_0 则称样本结果是"统计上不显著的"。当 $P < \alpha$，拒绝 H_0 时，表示有足够的证据证明 H_0 是错误的；当 $P > \alpha$，不拒绝 H_0 时，表示没有足够的证据证明 H_0 是错误的。因此，不拒绝原假设通常不说"接受 H_0"，因为"接受 H_0"的表述隐含着证明了 H_0 是正确的。实际上，P 值只是推翻原假设的证据，而不是证明原假设正确的证据。没有足够的证据拒绝原假设并不等于已经证明了原假设是正确的，而仅仅意味着目前还没有足够的证据拒绝它。比如，在 $\alpha = 0.05$ 的显著性水平上检验假设：H_0：$\mu = 100$，H_1：$\mu \neq 100$，假定根据样本数据计算出的 $P = 0.02$，由于 $P < \alpha$，拒绝 H_0，表示有证据证明 $\mu \neq 100$。如果 $P = 0.2$，不拒绝 H_0，我们也没有证明 $\mu = 100$，而只是表示这个样本还没有足够的证据证明 μ 不是 100。因为假设检验的目的不是证明原假设正确，检验的 P 值也不是原假设正确的证据，它只是原假设不正确的证据。因此，当 P 值较大而不拒绝原假设时，通常将结论描述为没有证据表明 μ 不等于 100。

此外，采取"不拒绝 H_0"而不是"接受 H_0"的表述方法也避免了第 II 类错误发生的风险，因为"接受 H_0"所得结论的可靠性由犯第 II 类错误的概率 β 来度量，而 β 的控制又相对复杂，有时甚至根本无法知道 β 的值（除非你能确切给出 β，否则就不宜表述成"接受"原假设）。当然，不拒绝 H_0 并不意味着 H_0 为真的概率很高，它只是意味着拒绝 H_0 需要更多证据。

7.1.4 效应量

当假设检验拒绝原假设时，表示参数与假设值之间差异显著，但这一结果并未告诉我们差异的大小（或差异程度）。度量差异大小的统计量就是**效应量**（effect size），它描述了结果的差异程度是小、中还是大。

效应量的提出者是 Jacob Cohen（1988），他提供了不同检验效应量小、中、大的度量标准。如果假设检验拒绝了原假设，那么一般应给出相应的效应量。不同检验效应量的计算和具体应用将在后面的检验中陆续介绍。

7.2 总体均值的检验

当研究一个总体时，主要是检验该总体均值 μ 与某个假设值 μ_0 的差异是否显著；当研究两个总体时，主要是检验两个总体均值之差（$\mu_1 - \mu_2$）是否显著。

7.2.1 一个总体均值的检验

检验总体均值时，采用哪种检验统计量取决于抽取的样本是大样本（$n \geqslant 30$）还是小样本（$n < 30$）；此外，还要考虑总体是否服从正态分布、总体方差 σ^2 是否已知等几种情形。

1. 大样本的检验

在大样本情形下，样本均值的抽样分布近似服从正态分布，其标准误为 $\sigma / \sqrt{n}$。将样本均值 $\bar{x}$ 标准化后即可得到检验统计量。由于 $\bar{x}$ 经标准化后服从标准正态分布，因此采用正态分布的检验统计量。设假设的总体均值为 μ_0，当总体方差 σ^2 已知时，总体均值检验的统计量为：

$$z = \frac{\bar{x} - \mu_0}{\sigma / \sqrt{n}} \tag{7.2}$$

当总体方差 σ^2 未知时，可以用样本方差 s^2 来代替，此时总体均值检验的统计量为：

$$z = \frac{\bar{x} - \mu_0}{s / \sqrt{n}} \tag{7.3}$$

【例 7-3】（数据：example7_3.csv）为了监测空气质量，某城市环保部门每隔几周对空气中的 PM2.5（可吸入颗粒物）进行一次随机测试。已知该城市过去每立方米空气中 PM2.5 的均值是 81μg/m³（微克/立方米）。在最近一段时间的 40 次检测中，每立方米空气中的 PM2.5 数值如表 7-1 所示。

表 7-1　每立方米空气中的 PM2.5 数值　　　　单位：μg/m³

82.6	74.7	79.9	87.5	73.8	79.8	87.0	68.3
68.5	78.0	86.2	76.9	75.7	89.9	80.2	85.1
85.1	89.2	77.7	57.5	65.3	80.2	74.7	68.8
97.6	75.0	80.1	76.6	85.1	76.1	81.6	72.5
93.5	77.8	80.7	84.5	77.3	83.3	82.2	85.5

根据最近的测量数据，能否认为该城市每立方米空气中的 PM2.5 均值显著低于 81μg/m³（$\alpha = 0.05$）。

解：这里关心的是空气中 PM2.5 的均值是否显著低于过去的均值，也就是 μ 是否小于 81μg/m³，属于左侧检验。提出的假设为：

$$H_0: \mu \geqslant 81; \quad H_1: \mu < 81$$

检验的 Python 代码和结果如代码框 7-1 所示。

代码框 7-1   一个总体均值的检验（大样本）

```
import pandas as pd
from statsmodels.stats.weightstats import ztest
example7_3=pd.read_csv('C:/pydata/example/chap07/example7_3.csv')

z,p_value=ztest(x1=example7_3['PM2.5 值'],value=81,alternative='smaller')
print(f"样本均值={example7_3['PM2.5 值'].mean():.2f},\
  z 统计量值={z:.4f}，p 值={p_value:.4f}")
```
样本均值=79.55, z 统计量值=-1.1856，p 值=0.1179

结论：在该项检验中，$\bar{x} = 79.55$，$z = -1.185\,6$，$P = 0.117\,9$，由于 $P > 0.05$，不拒绝 H_0，没有证据表明该城市每立方米空气中的 PM2.5 均值显著低于 81μg/m³。

图 7-4 展示了上述检验的结果和决策过程。

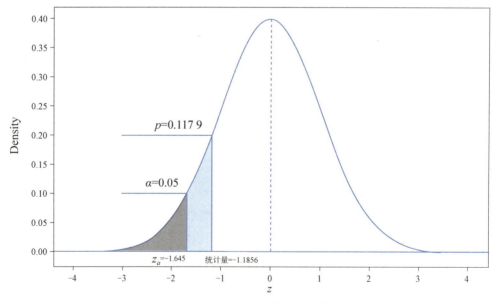

图 7-4   例 7-3 的拒绝域和 P 值

2. 小样本的检验

在小样本（$n < 30$）情形下，检验时首先假定总体服从正态分布。检验统计量的选择与总体方差是否已知有关。

当总体方差 σ^2 已知时，样本均值经标准化后服从标准正态分布，此时可使用式 （7.2）给出的检验统计量。

当总体方差 σ^2 未知时，需要用样本方差 s^2 代替 σ^2，此时按式（7.3）得到的检验统计量不再服从标准正态分布，而是服从自由度为 $n-1$ 的 t 分布，因此需要采用 t 分布进行检验，通常称为 t 检验。检验的统计量为：

$$t = \frac{\bar{x} - \mu_0}{s / \sqrt{n}} \tag{7.4}$$

如果检验结果是拒绝原假设，则可以用效应量来分析样本统计量与假设值的差异程度。单样本 t 检验的效应量通常使用（Cohen）的 d 统计量来度量，计算公式为：

$$d = \frac{\left| 样本均值 - 假设的总体均值 \right|}{样本标准差} = \frac{\left| \bar{x} - \mu_0 \right|}{s} \tag{7.5}$$

该效应量表示样本均值与假设的总体均值的差异是多少个样本标准差。根据 Cohen（1988）提出的标准，单样本 t 检验的小、中、大效应量对应的 d 值分别为 0.20、0.50、0.80。即当 $d < 0.20$ 时，为非常小的效应量，几乎为 0；当 $0.20 \leqslant d < 0.50$ 时，为小的效应量；当 $0.50 \leqslant d < 0.80$ 时，为中的效应量；当 $d \geqslant 0.80$ 时，为大的效应量。0.20 表示样本均值与假设的总体均值相差 0.2 个样本标准差，0.50 表示相差 0.5 个样本标准差，0.80 表示相差 0.8 个样本标准差。当然，他提供的标准只是近似结果，实际应用中可灵活掌握。

【例 7-4】（数据：example7_4.csv）一种建筑材料的厚度要求为 5cm，高于或低于该标准均被认为是不合格的。现对一家生产企业提供的 20 个样品进行检测，检测结果如表 7-2 所示。

表 7-2　20 个建筑材料样品的厚度　　　　单位：cm

4.7	4.9	4.9	4.8	4.7	4.7	4.5	5.0	4.7	4.8
4.6	5.0	4.7	4.7	5.0	5.1	4.7	5.0	4.8	4.7

假定建筑材料的厚度服从正态分布，在 0.05 的显著性水平下，检验该企业生产的建筑材料的厚度是否符合要求。

解：依题意建立如下假设：

$$H_0: \ \mu = 5; \ \ H_1: \ \mu \neq 5$$

检验的 Python 代码和结果如代码框 7-2 所示。

代码框 7-2　一个总体均值的检验（小样本）

```
import pandas as pd
from scipy.stats import ttest_1samp
example7_4=pd.read_csv('C:/pydata/example/chap07/example7_4.csv')

t,p_value=ttest_1samp(a=example7_4['厚度'],popmean=5)    # popmean 为假设的总体均值
print(f"样本均值  = {example7_4['厚度'].mean():.2f}\n\
t 统计量值  = {t:.4f}\n 双尾 p 值  = {p_value:.4g}")
```

```
样本均值  = 4.80
t 统计量值  = -5.6273
双尾 p 值  = 1.998e-05
```

结论：在该项检验中，$\bar{x} = 4.8$，$t = -5.627\,3$，$P = 1.998\text{e-}05$，由于 $P < 0.05$，拒绝 H_0，有证据显示该企业生产的建筑材料的厚度不符合要求。

检验结果表明，该企业生产的建筑材料的厚度与 5cm 有显著差异，但要想知道差异的程度，则需要计算效应量。根据式（7.5）有

$$d = \frac{|4.8 - 5|}{0.158\,943\,9} = 1.258\,3$$

结果表示：样本建筑材料的平均厚度与标准厚度相差 1.258 3 个标准差。根据 Cohen 准则，该检验结果属于大的效应量。计算效应量的代码和结果如代码框 7-3 所示。

代码框 7-3 计算单样本 *t* 检验的效应量

```
mu = 5
xbar = example7_4['厚度'].mean()
sd = example7_4['厚度'].std()
d = abs(xbar - mu) / sd
print(f"效应量  d ={d: .4f}")
```

效应量 d = 1.2583

7.2.2 两个总体均值差的检验

根据获得样本的方式不同，两个总体均值差的检验可分为独立样本和配对样本两种情形，而且也有大样本与小样本之分。检验的统计量是以两个样本均值之差 $(\bar{x}_1 - \bar{x}_2)$ 的抽样分布为基础构造出来的。对于大样本和小样本两种情形，由于两个样本均值之差经标准化后的分布不同，检验统计量也不同。

1. 独立大样本的检验

在大样本情形下，两个样本均值差 $(\bar{x}_1 - \bar{x}_2)$ 的抽样分布近似服从正态分布，$(\bar{x}_1 - \bar{x}_2)$ 经过标准化后则服从标准正态分布。如果两个总体的方差 σ_1^2、σ_2^2 已知，则采用下面的检验统计量：

$$z = \frac{(\bar{x}_1 - \bar{x}_2) - (\mu_1 - \mu_2)}{\sqrt{\dfrac{\sigma_1^2}{n_1} + \dfrac{\sigma_2^2}{n_2}}} \tag{7.6}$$

如果两个总体方差 σ_1^2、σ_2^2 未知，则分别用样本方差 s_1^2、s_2^2 代替，此时检验统计量为：

$$z = \frac{(\bar{x}_1 - \bar{x}_2) - (\mu_1 - \mu_2)}{\sqrt{\dfrac{s_1^2}{n_1} + \dfrac{s_2^2}{n_2}}} \tag{7.7}$$

【例 7-5】（数据：example7_5.csv）为分析男女学生上网时间是否有差异，从男女学生中各随机抽取 36 人，得到每天的上网时间数据如表 7-3 所示。设显著性水平为 0.05，检验男女学生上网的平均时间是否有显著差异。

表 7-3　男女学生每天的上网时间（前 5 行和后 5 行）　　单位：小时

男生上网时间	女生上网时间
4.1	2.8
3.0	2.6
3.5	3.6
2.4	0.9
3.8	2.3
……	……
1.7	4.2
3.6	3.3
2.2	2.8
1.3	2.5
2.6	3.8

解：设 μ_1 为男生上网的平均时间，μ_2 为女生上网的平均时间。由于关心的是上网的平均时间是否有显著差异，故提出的假设为：

$$H_0: \ \mu_1 - \mu_2 = 0; \quad H_1: \ \mu_1 - \mu_2 \neq 0$$

检验的代码和结果如代码框 7-4 所示。

代码框 7-4　两个总体均值差的检验（独立大样本）

```
import pandas as pd
from statsmodels.stats.weightstats import ztest
example7_5 = pd.read_csv('C:/pydata/chap07/example7_5.csv', encoding='gbk')

x1 = example7_5['男生上网时间']
x2 = example7_5['女生上网时间']

z, p_value = ztest(x1=x1, x2=x2, alternative='two-sided')
print(f"男生平均上网时间为{x1.mean(): .4f}，女生平均上网时间为{x2.mean(): .4f}\
      \nz 统计量值 ={z: .4f}，p 值 ={p_value: .4f}")
```
```
男生平均上网时间为 3.0583，女生平均上网时间为 2.8306
z 统计量值 = 1.1188，p 值 = 0.2632
```

结论：在该项检验中，$\bar{x}_{男} = 3.0583$，$\bar{x}_{女} = 2.8306$，$z = 1.1188$，$P = 0.2632$，由于 $P > 0.05$，不拒绝 H_0，没有证据显示男女学生上网的平均时间有显著差异。

2. 独立小样本的检验

当两个样本均为独立小样本时，需要假定两个总体均服从正态分布。检验时有以下 3 种情形。

（1）两个正态总体方差 σ_1^2 和 σ_2^2 已知时，无论样本量大小[①]，两个样本均值之差的抽样分布都服从正态分布，这时可用式（7.6）作为检验统计量。

---

① 如果两个总体均服从正态分布且方差已知，那么两个总体均值之差的检验无须区分样本量大小。

（2）两个正态总体的方差未知但相等时，即 $\sigma_1^2 = \sigma_2^2$，则需要用两个样本的方差 s_1^2 和 s_2^2 进行估计，这时需要将两个样本的数据合并在一起，计算出总体方差的合并估计量，用 s_p^2 表示，计算公式为：

$$s_p^2 = \frac{(n_1 - 1)s_1^2 + (n_2 - 1)s_2^2}{n_1 + n_2 - 1} \tag{7.8}$$

此时，两个样本均值之差经标准化后服从自由度为 $(n_1 + n_2 - 2)$ 的 t 分布，因而采用的检验统计量为：

$$t = \frac{(\bar{x}_1 - \bar{x}_2) - (\mu_1 - \mu_2)}{s_p \sqrt{\dfrac{1}{n_1} + \dfrac{1}{n_2}}} \tag{7.9}$$

（3）两个正态总体的方差未知且不相等时，即 $\sigma_1^2 \neq \sigma_2^2$，两个样本均值之差经标准化后不再服从自由度为 $(n_1 + n_2 - 2)$ 的 t 分布，而是近似服从自由度为 v 的 t 分布。此时的检验统计量为：

$$t = \frac{(\bar{x}_1 - \bar{x}_2) - (\mu_1 - \mu_2)}{\sqrt{\dfrac{s_1^2}{n_1} + \dfrac{s_2^2}{n_2}}} \tag{7.10}$$

该统计量的自由度为 v，其计算公式为：

$$v = \frac{\left(s_1^2 / n_1 + s_2^2 / n_2\right)^2}{\dfrac{\left(s_1^2 / n_1\right)^2}{n_1 - 1} + \dfrac{\left(s_2^2 / n_2\right)^2}{n_2 - 1}} \tag{7.11}$$

如果检验结果拒绝原假设，那么可使用 Cohen 的效应量 d 来分析样本均值的差值与假设的总体均值差值之间的差异程度。独立样本 t 检验的效应量的计算公式为：

$$d = |t| \sqrt{\frac{n_1 + n_2}{n_1 n_2}} \tag{7.12}$$

根据 Cohen（1988）提出的标准，独立样本 t 检验的小、中、大效应量对应的 d 值分别为 0.20、0.50、0.80。

【例 7–6】（数据：example7_6.csv）为比较两家企业生产的同类产品的平均使用寿命是否有显著差异，质检人员对两家企业提供的各 20 个样品进行检测，得到的使用寿命数据如表 7–4 所示。检验两家企业产品的平均使用寿命是否有显著差异（$\alpha = 0.05$）：（1）假设两个总体方差相等；（2）假设两个总体方差不相等。

表 7–4　两家企业产品使用寿命的样本数据（前 5 行和后 5 行）　　　　　单位：小时

甲企业	乙企业
8 428	8 522
8 298	9 071

续表

甲企业	乙企业
8 317	8 257
8 761	8 458
8 058	8 700
……	……
7 956	8 453
8 450	8 703
8 071	8 557
7 911	8 503
7 907	8 254

解： 设 μ_1 为甲企业产品的平均使用寿命，μ_2 为乙企业产品的平均使用寿命。依题意提出如下假设：

$$H_0:\ \mu_1 - \mu_2 = 0;\quad H_1:\ \mu_1 - \mu_2 \neq 0$$

检验的代码和结果如代码框 7-5 所示。

代码框 7-5　两个总体均值差的检验（独立小样本）

```
# 假设总体方差相等
import pandas as pd
from statsmodels.stats.weightstats import ttest_ind
example7_6 = pd.read_csv('C:/pydata/example/chap07/example7_6.csv')

x1 = example7_6['甲企业']
x2 = example7_6['乙企业']
xbar1 = example7_6['甲企业'].mean()
xbar2 = example7_6['乙企业'].mean()

t, p_value, df = ttest_ind(x1=x1, x2=x2, alternative='two-sided', usevar='pooled')
print(f"甲企业产品平均使用寿命 = {xbar1}，乙企业产品平均使用寿命 = {xbar2}\
    \n 假设方差相等时，t 统计量值 ={t: .6f}，自由度 = {df}，p 值 ={p_value: .6f}")
```

```
甲企业产品平均使用寿命 = 8166.0，乙企业产品平均使用寿命 = 8487.5
假设方差相等时，t 统计量值 =-3.494270，自由度 = 38.0，p 值 = 0.001225
```

```
# 假设总体方差不相等
t, p_value, df = ttest_ind(x1=x1, x2=x2, alternative='two-sided', usevar='unequal')
print(f"假设方差不相等时，t 统计量值 ={t: .6f}，自由度 ={df: .4f}，p 值 ={p_value: .6f}")
```

```
假设方差不相等时，t 统计量值 =-3.494270，自由度 = 33.6826，p 值 = 0.001353
```

注：参数 usevar 用于设置假设总体方差是否相等，'pooled'为相等，'unequal'为不等。

```
# 计算效应量
t = -3.494270
n1 = len(example7_6['甲企业']);n2 = len(example7_6['乙企业'])
d = abs(t) * np.sqrt((n1+n2) / (n1*n2))
print(f"效应量 d ={d: .6f}")
```

```
效应量 d = 1.104985
```

结论：在该项检验中，$\bar{x}_{甲企业} = 8\,166.0$，$\bar{x}_{乙企业} = 8\,487.5$，假设总体方差相等时，$t = -3.494\,270$，$df = 38.0$，$P = 0.001\,225$；假设总体方差不等时，$t = -3.494\,270$，$df = 33.682\,6$，$P = 0.001\,353$。两种假设条件下检验的 P 值均小于 0.05，所以拒绝 H_0，表明两家企业产品的平均使用寿命有显著差异。

代码框 7-5 的结果显示，$d = 1.104\,985$，表示甲企业和乙企业产品的平均使用寿命的样本均值差值与假设的总体均值差值相差 1.104\,985 个样本标准差。根据 Cohen 准则，该检验结果属于大的效应量。

3. 配对样本的检验

配对样本的检验需要假定两个总体配对的差值服从正态分布，而且配对差值是从差值总体中随机抽取的。对于小样本情形，配对差值经标准化后服从自由度为 $n-1$ 的 t 分布[①]，检验统计量为：

$$t = \frac{\bar{d} - (\mu_1 - \mu_2)}{s_d / \sqrt{n}} \tag{7.13}$$

式中，$\bar{d}$ 为配对差值的均值，s_d 为配对差值的标准差。

如果检验结果拒绝原假设，则可以计算效应量来进一步分析配对样本差值的均值与假设的总体配对差值的均值之间的差异程度。配对样本 t 检验的效应量的估计由 Cohen 的 d 统计量给出。计算公式为：

$$d = \frac{\left|配对样本差值的均值\right|}{配对差值的标准差} = \frac{\bar{d}}{s_d} = \frac{|t|}{\sqrt{n}} \tag{7.14}$$

根据 Cohen 提出的标准，配对样本 t 检验的小、中、大效应量对应的 d 值分别为 0.20、0.50、0.80。

【例 7-7】（数据：example7_7.csv）某饮料公司研制出一款新产品，为了比较消费者对新旧产品口感的满意程度，随机抽取 10 个消费者，让每个消费者先品尝一款饮料，再品尝另一款饮料，两款饮料的品尝顺序是随机的，然后每个消费者要对两款饮料分别进行评分（0～10 分），评分结果如表 7-5 所示。设显著性水平 $\alpha = 0.05$，检验消费者对两款饮料的评分是否有显著差异。

表 7-5　10 个消费者对两款饮料的评分

旧款饮料	新款饮料
7	8
8	10
6	9
7	9
8	9
8	8

---

① 对于大样本情形，该统计量服从标准正态分布，此时可按正态分布进行检验。

续表

旧款饮料	新款饮料
7	9
8	9
7	10
9	7

解：设 μ_1 为消费者对旧款饮料的平均评分，μ_2 为消费者对新款饮料的平均评分。依题意提出的原假设与备择假设为：

$$H_0:\ \mu_1 - \mu_2 = 0;\ H_1:\ \mu_1 - \mu_2 \neq 0$$

检验的代码和结果如代码框 7-6 所示。

代码框 7-6　两个总体均值差的检验（配对样本）

```
# 两个总体均值差的检验（配对样本）
import pandas as pd
from scipy.stats import ttest_rel
example7_7 = pd.read_csv('C:/pydata/example/chap07/example7_7.csv')

dbar = (example7_7['旧款饮料'] - example7_7['新款饮料']).mean()
t, p_value = ttest_rel(a=example7_7['旧款饮料'], b=example7_7['新款饮料'])
print(f"配对样本差值的均值 ={dbar}, t 统计量值 ={t: .6f}, p 值 ={p_value: .4g}")
```
配对样本差值的均值 =-1.3, t 统计量值 =-2.750848, p 值 = 0.02245

```
# 计算配对样本 t 检验的效应量
import numpy as np

t = 2.750848   # 沿用上题计算的结果
n = example7_7.shape[0]
d = abs(t) / np.sqrt(n)
print(f"效应量 d ={d: .6f}")
```
效应量 d = 0.869895

结论：在该项检验中，$\bar{d} = -1.3$，$t = -2.750\,848$，$df = 9$，$P = 0.022\,45$，由于 $P < 0.05$，拒绝 H_0，表明消费者对新旧两款饮料的评分有显著差异。效应量 $d = 0.869\,895$，根据 Cohen 准则，该检验结果属于大的效应量。

7.3　总体比例的检验

总体比例的检验与总体均值的检验过程类似，本节只介绍大样本（要求 $np \geqslant 10$ 和 $n(1-p) \geqslant 10$）情形下一个总体比例和两个总体比例之差的检验方法。

7.3.1　一个总体比例的检验

在大样本情形下，样本比例 p 近似服从正态分布，标准化后则服从标准正态分布，因此检验统计量为：

$$z = \frac{p - \pi_0}{\sqrt{\dfrac{\pi_0(1-\pi_0)}{n}}} \qquad (7.15)$$

【例 7-8】一家电视台的影视频道制作人认为，某电视连续剧如果在黄金时段播出，收视率将会达到 25%以上。经过一周的试播放后，该制作人随机抽取一个由 2 000 人组成的样本，发现有 450 名观众观看了该电视连续剧。取显著性水平 $\alpha = 0.05$，检验收视率是否达到制作人的预期。

解：制作人想支持的观点是收视率达到 25%以上，因此提出的假设为：

H_0：$\pi \leqslant 25\%$； H_1：$\pi > 25\%$

检验的代码和结果如代码框 7-7 所示。

代码框 7-7   一个总体比例的检验

```python
import numpy as np
from scipy.stats import norm


n = 2000
p = 450 / 2000
pi0 = 0.25
z = (p-pi0) / np.sqrt(pi0 * (1-pi0) / n)
p_value = 1 - norm.cdf(z)
print(f"z 统计量值 = {z: .6f}, p 值 ={p_value: .6g}")
```
z 统计量值 = -2.581989, p 值 = 0.995088

结论：在该项检验中，$z = -2.581\,989$，$P = 0.995\,088$，由于 $P > 0.05$，不拒绝 H_0，没有证据表明收视率达到了制作人的预期。

7.3.2   两个总体比例差的检验

两个总体比例差（$\pi_1 - \pi_2$）的检验思路与一个总体比例的检验类似，要求两个样本都是大样本。即当 $n_1 p_1$、$n_1(1-p_1)$、$n_2 p_2$、$n_2(1-p_2)$ 都大于或等于 10 时，就可以认为两个样本都是大样本。根据两个样本比例差的抽样分布，可得两个总体比例差的检验统计量为：

$$z = \frac{(p_1 - p_2) - (\pi_1 - \pi_2)}{\sigma_{p_1 - p_2}} \qquad (7.16)$$

式中，$\sigma_{p_1 - p_2} = \sqrt{\dfrac{\pi_1(1-\pi_1)}{n_1} + \dfrac{\pi_2(1-\pi_2)}{n_2}}$，是两个样本比例差抽样分布的标准差。

由于两个总体的比例 π_1 和 π_2 是未知的，因此需要用两个样本比例 p_1、p_2 来估计 $\sigma_{p_1 - p_2}$，这时有以下两种情形。

第一种情形是检验两个总体比例差是否相等，即 H_0：$\pi_1 - \pi_2 = 0$ 或 H_0：$\pi_1 = \pi_2$，此时 $\pi_1 = \pi_2 = \pi$ 的最佳估计量是将两个样本合并后得到的合并比例 p。设 x_1 表示样本 1 中成功的次数，x_2 表示样本 2 中成功的次数，则合并后的比例为：

$$p = \frac{x_1 + x_2}{n_1 + n_2} = \frac{p_1 n_1 + p_2 n_2}{n_1 + n_2} \tag{7.17}$$

这时 $\sigma_{p_1 - p_2}$ 的最佳估计量为：

$$\sigma_{p_1 - p_2} = \sqrt{\frac{p(1-p)}{n_1} + \frac{p(1-p)}{n_2}} = \sqrt{p(1-p)\left(\frac{1}{n_1} + \frac{1}{n_2}\right)} \tag{7.18}$$

将式（7.18）代入式（7.16）中得到两个总体比例差的检验统计量为：

$$z = \frac{p_1 - p_2}{\sqrt{p(1-p)\left(\dfrac{1}{n_1} + \dfrac{1}{n_2}\right)}} \tag{7.19}$$

第二种情形是检验两个总体比例差等于某个常数，即 H_0：$\pi_1 - \pi_2 = d_0 (d_0 \neq 0)$，此时可直接用两个样本的比例 p_1 和 p_2 作为相应两个总体比例 π_1 和 π_2 的估计量，得到两个总体比例差的检验统计量为：

$$z = \frac{(p_1 - p_2) - d_0}{\sqrt{\dfrac{p_1(1-p_1)}{n_1} + \dfrac{p_2(1-p_2)}{n_2}}} \tag{7.20}$$

【例 7-9】一所大学准备采取一项新的上网收费措施，为了解男女学生对这一措施的看法是否有差异，分别抽取 200 名男生和 200 名女生进行调查。其中的一个问题是："你是否赞成采取新的上网收费措施？"其中，男生表示赞成的比例为 27%，女生表示赞成的比例为 35%。调查者认为，男生表示赞成的比例显著低于女生。取显著性水平 $\alpha = 0.05$，样本提供的证据是否支持调查者的看法？

解：设 π_1 为男生表示赞成的比例，π_2 为女生表示赞成的比例。依题意提出如下假设：

$$H_0:\ \pi_1 - \pi_2 \geqslant 0;\quad H_1:\ \pi_1 - \pi_2 < 0$$

检验的代码和结果如代码框 7-8 所示。

代码框 7-8　两个总体比例差的检验（H_0：$\pi_1 - \pi_2 = 0$）

```
import numpy as np
from scipy.stats import norm

n1 = 200; n2 = 200
p1 = 0.27; p2 = 0.35
p = (p1*n1 + p2*n2) / (n1+n2)
z = (p1-p2) / np.sqrt(p * (1-p) * (1/n1 + 1/n2))
p_value = norm.cdf(z)
print(f"z 统计量值 = {z: .4f}, p 值 ={p_value: .6g}")
```
```
z 统计量值 = -1.7298, p 值 = 0.041837
```

结论：在该项检验中，$z = -1.729\,8$，$P = 0.041837$，由于 $P < 0.05$，拒绝 H_0，样本提供的证据支持调查者的看法，即男生表示赞成的比例显著低于女生。

【例 7-10】两种方法生产同一种产品，方法 1 的生产成本较高而次品率较低，方法 2 的生产成本较低而次品率则较高。管理人员在选择生产方法时，决定对两种方法的次品率进行比较。如果方法 1 比方法 2 的次品率低 8%以上，则采用方法 1，否则就采用方法 2。管理人员从采用方法 1 生产的产品中随机抽取 300 个，发现有 33 个次品；从采用方法 2 生产的产品中也随机抽取 300 个，发现有 84 个次品。用显著性水平 $\alpha = 0.01$ 进行检验，管理人员应决定采用哪种方法进行生产。

解： 设 π_1 为方法 1 的次品率，π_2 为方法 2 的次品率。因为要检验"方法 1 的次品率是否比方法 2 低 8%"（不是检验二者的差值是否等于 0），所以选择式（7.20）作为检验统计量。依题意提出如下假设：

$$H_0:\ \pi_1 - \pi_2 \geqslant 8\%;\ H_1:\ \pi_1 - \pi_2 < 8\%$$

检验的代码和结果如代码框 7-9 所示。

代码框 7-9   两个总体比例之差的检验（$H_0: \pi_1 - \pi_2 = d_0$）

```
import numpy as np
from scipy.stats import norm

n1 = 300; n2 = 300
p1 = 33/300; p2 = 84/300
d0 = 0.08
z = ((p1-p2) - d0) / np.sqrt(p1 * (1-p1) / n1 + p2 * (1-p2) / n2)
p_value = norm.cdf(z)
print(f"z 统计量值 = {z: .4f}, p 值 ={p_value: .5g}")
```
```
z 统计量值 = -7.9123, p 值 = 1.2635e-15
```

结论： 在该项检验中，$z = -7.912\,3$，$P = 1.263\,5\text{e-}15$，由于 $P < 0.01$，拒绝 H_0，表示方法 1 的次品率显著地低于方法 2 的次品率达 8%以上，所以应采用方法 1 进行生产。

7.4 总体方差的检验

研究一个总体时，总体方差 σ^2 的检验采用 χ^2 统计量。研究两个总体时，两个总体方差比 σ_1^2 / σ_2^2 的检验采用 F 统计量。

7.4.1 一个总体方差的检验

在生产和生活的许多领域，方差的大小是否适度是一个需要考虑的重要因素。一个方差大的产品意味着其质量或性能不稳定。均值相同的产品，方差小的自然要好些。与总体方差的区间估计类似，一个总体方差的检验使用 χ^2 分布。此外，不论样本量 n 是大还是小，总体方差的检验都要求总体服从正态分布。检验统计量为：

$$\chi^2 = \frac{(n-1)s^2}{\sigma_0^2} \tag{7.21}$$

对于设定的显著性水平 α，双侧检验的拒绝域如图 7-5 所示。对于单侧检验，拒绝域在分布一侧的尾部。

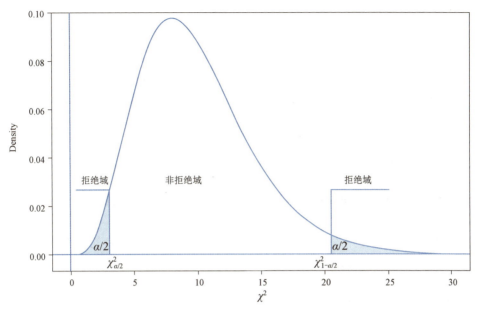

图 7-5 显著性水平为 α 时双侧检验的临界值和拒绝域

【例 7-11】（数据：example7_11.csv）啤酒生产企业采用自动生产线灌装啤酒，每瓶的填装量为 640ml，但受某些不可控因素的影响，每瓶的填装量会有差异。如果 σ^2 很大，就会出现填装量太多或太少的情形，此时，要么生产企业不划算，要么消费者不满意。假定生产标准规定每瓶填装量的方差不应超过 16。企业质检部门抽取了 10 瓶啤酒进行检验，得到的样本数据（单位：ml）如下。检验填装量的方差是否符合要求（$\alpha = 0.05$）。

| 638.3 | 642.0 | 640.4 | 641.1 | 637.2 | 643.3 | 643.7 | 640.5 | 639.8 | 644.2 |

解：依题意提出如下假设：

$$H_0:\ \sigma^2 \leqslant 16;\ H_1:\ \sigma^2 > 16$$

检验的代码和结果如代码框 7-10 所示。

代码框 7-10 一个总体方差的检验

```
import pandas as pd
from scipy.stats import chi2
example7_11 = pd.read_csv('C:/pydata/example/chap07/example7_11.csv')

x = example7_11['填装量']
sigma0_2 = 16
s2 = x.var(); n = len(x); df=n-1
chi2_value = (n-1) * s2 / sigma0_2
p_value = 1 - chi2.cdf(chi2_value, df=df)
print(f"样本填装量的方差 = {s2 :.4f}，卡方统计量值 ={chi2_value: .4f}，\
    自由度 df = {df}，p 值 ={p_value: .4f}")
```
样本填装量的方差 = 5.2872，卡方统计量值 = 2.9741，自由度 df = 9，p 值 = 0.9653

结论：在该项检验中，$s^2 = 5.287\,2$，$\chi^2 = 2.974\,1$，df = 9，$P = 0.965\,3$，由于 $P > 0.05$，不拒绝 H_0，没有证据显示啤酒填装量的方差不符合要求。

7.4.2　两个总体方差比的检验

比较两个总体方差时，通常将原假设与备择假设表示成两个总体方差的比值与数值 1 之间的比较关系。由于两个样本方差比 s_1^2 / s_2^2 是两个总体方差比 σ_1^2 / σ_2^2 的理想估计量，当样本量为 n_1 和 n_2 的两个样本分别独立地抽自两个正态总体时，检验统计量为：

$$F = \frac{s_1^2}{s_2^2} \text{ 或 } F = \frac{s_2^2}{s_1^2} \tag{7.22}$$

【例 7–12】（数据：example7_6.csv）沿用例 7–6。检验两家企业产品使用寿命的方差是否有显著差异（$\alpha = 0.05$）。

解： 设甲企业产品使用寿命的方差为 σ_1^2，乙企业产品使用寿命的方差为 σ_2^2，依题意建立的原假设与备择假设为：

$$H_0: \frac{\sigma_1^2}{\sigma_2^2} = 1; \quad H_1: \frac{\sigma_1^2}{\sigma_2^2} \neq 1$$

检验的代码和结果如代码框 7–11 所示。

代码框 7–11　两个总体方差比的检验

```
import pandas as pd
from scipy.stats import f

example7_6 = pd.read_csv('C:/pydata/example/chap07/example7_6.csv')
x1 = example7_6['甲企业']; x2 = example7_6['乙企业']

s1_square = x1.var(); dfn = len(x1)-1
s2_square = x2.var(); dfd = len(x2)-1

f_value = s1_square / s2_square
p_value = (1-(f.cdf(f_value, dfn=dfn, dfd=dfd))) * 2
print(f"F 统计量值 ={f_value: .4f}, p 值 ={p_value: .4f}")
```

F 统计量值 = 2.1154，p 值 = 0.1110

注：若 F 统计量的值大于 1，则计算的 p 值为 (1–函数值)*2。

结论：在该项检验中，$F = 2.115\,4$，$P = 0.111\,0$，由于 $P > 0.05$，不拒绝 H_0，没有证据表明两家企业产品使用寿命的方差有显著差异。

7.5　正态性检验

以上各节介绍的参数检验（如 t 检验、F 检验等）通常都是在假定总体服从正态分布或总体分布形式已知的条件下进行的。检验样本数据是否来自正态总体就是**正态性检验**（normality test）。正态性检验方法有图示法和检验法两大类。

7.5.1　正态概率图

判断数据是否服从正态分布的可视化图形有直方图、核密度图等，但这类图形是将数据分布的形状与正态分布曲线进行比较，如果分布的形状与正态分布曲线接近，就可以初步认为数据近似服从正态分布，但这种比较形状的做法有时难以做出确切的判断。在实际应用中，常用的检验正态性的可视化方法是绘制出样本数据的**正态概率图**（normal probability plots），它可以对正态性做出较为确切的判断。

正态概率图有两种画法：一种称为 **Q-Q 图**（quantile-quantile plot），一种称为 **P-P 图**（probability-probability plot）。Q-Q 图是根据样本数据的分位数与理论分布（如正态分布）的分位数的符合程度绘制的，有时也称为分位数-分位数图。P-P 图则是根据样本数据的累积概率与理论分布（如正态分布）的累积概率的符合程度绘制的。除了用于正态分布的检验外，Q-Q 图（或 P-P 图）也可用于检验其他分布，如 t 分布、χ^2 分布、均匀分布、贝塔分布、伽马分布等。

以正态 Q-Q 图为例，说明正态概率图的绘制过程。对于一组样本数据，可以计算出任意一点的分位数，记为 Q_o。如果要检验该数据是否服从正态分布，则可以计算出相应的标准正态分布的分位数，称为理论分位数，记为 Q_e。以 Q_e 作为 x 轴，Q_o 作为 y 轴（x 轴和 y 轴可以互换），可以绘制出多个分位数点（Q_e, Q_o）在坐标系中的散点图。如果实际数据服从正态分布，也就是实际分位数等于理论正态分位数（$x=y$），则所有分位数点都会落在一条指定的直线上；如果各分位数点在这条直线周围随机分布，则越靠近直线，说明实际数据越近似正态分布；如果各分位数点的分布有明显的固定模式，则表示实际数据不服从正态分布。P-P 图的画法类似，只不过是根据累积概率绘制的。为理解正态 Q-Q 图，图 7-6 展示了不同分布的直方图和对应的正态 Q-Q 图。

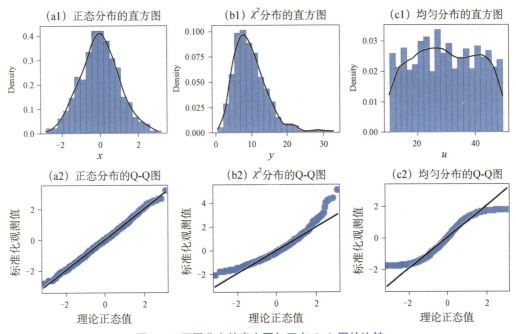

图 7-6　不同分布的直方图与正态 Q-Q 图的比较

图 7-6 中，Q-Q 图中的直线是理论正态分布线，各个点是实际分位数与理论分位数的观测点。图 7-6（a2）显示，各观测点基本上在直线周围随机分布，表示样本数据近似服从正态分布。图 7-6（b2）和（c2）均显示，各观测点的分布有明显的固定模式，表示样本数据不服从正态分布。

在分析正态概率图时，最好不要用严格的标准去衡量数据点是否在理论直线上，只要各点近似在一条直线周围且随机分布即可。当样本量较小时，正态概率图中的点很少，提供的正态性信息很有限。因此，使用 Q-Q 图时，样本量应尽可能大。

【**例 7-13**】（数据：example7_3.csv）沿用例 7-3。绘制正态 Q-Q 图和正态 P-P 图，检验 PM2.5 是否服从正态分布。

解：绘制正态 Q-Q 图和正态 P-P 图的代码和结果如代码框 7-12 所示。

代码框 7-12   绘制正态 Q-Q 图和正态 P-P 图

```
# 图 7-7 的绘制代码
import pandas as pd
import statsmodels.api as sm
from matplotlib import pyplot as plt
plt.rcParams['font.sans-serif'] = ['SimHei']
plt.rcParams['axes.unicode_minus']=False

example7_3 = pd.read_csv('C:/pydata/example/chap07/example7_3.csv')
pplot = sm.ProbPlot(example7_3['PM2.5 值'], fit=True)
plt.subplots(1, 2, figsize=(8, 3))

# 绘制正态 Q-Q 图
ax1 = plt.subplot(121)
pplot.qqplot(line='q', ax=ax1, xlabel='期望正态值', ylabel='标准化观测值')
ax1.set_title('正态 Q-Q 图', fontsize=12)

# 绘制正态 P-P 图
ax2 = plt.subplot(122)
pplot.ppplot(line='r', ax=ax2, xlabel='期望累积概率', ylabel='观测累积概率')
ax2.set_title('正态 P-P 图', fontsize=12)
```

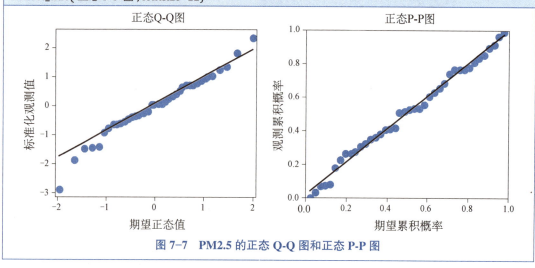

图 7-7   PM2.5 的正态 Q-Q 图和正态 P-P 图

> 注：qqplot 和 ppplot 函数中，line 参数控制分布线的绘制方式：'45'表示绘制 45 度线；'s' 表示绘制标准化线，即根据给定样本的标准差和均值对数据进行缩放；'r'表示拟合一条回归线；'q'表示拟合一条穿过 $Q_{25\%}$ 和 $Q_{75\%}$ 分位数的线。

图 7-7 中，正态 Q-Q 图中的直线为穿过分位数的线，正态 P-P 图中的直线为拟合的回归线。图 7-7 显示，各观测点基本上在理论正态分布直线周围随机分布，表明 PM2.5 近似服从正态分布。

7.5.2 S-W 检验和 K-S 检验

当样本量较小时，正态概率图的应用会受到限制，这时可以使用标准的统计检验方法。检验的原假设是总体服从正态分布。如果检验获得的 P 值小于指定的显著性水平，则拒绝原假设，表示总体不服从正态分布；如果 P 值较大而不能拒绝原假设，则可以认为总体服从正态分布。正态性的检验方法有很多，这里只介绍两种常用的检验方法，即 Shapiro-Wilk 检验（简称 S-W 检验）和 Kolmogorov-Smirnov 检验（简称 K-S 检验）。

1. S-W 检验

S-W 检验是 S. S. Shapiro 和 M. B. Wilk 于 1965 年提出的，该检验是用顺序统计量 W 来检验分布的正态性。S-W 检验的具体步骤如下：

首先，对研究的总体提出如下假设：

H_0：总体服从正态分布；H_1：总体不服从正态分布

然后，按下列公式计算检验统计量 W：

$$W = \frac{\sum a_i y_i^2}{\sum (y_i - \bar{y})^2} \tag{7.23}$$

式中，y_i 为排序后的样本数据，$\bar{y}$ 为样本均值，a_i 是样本量为 n 时对应的系数。

W 统计量的最大值是 1，最小值是 $na_1^2/(n-1)$。统计量越大，表示数据越符合正态分布。但在非正态分布的小样本数据中也经常会出现较大的 W 值，同时，由于该统计量的分布是未知的，因此需要通过模拟来估计其概率或者通过查表得到 a_i 的值。当 P 值小于指定显著性水平时表示总体不符合正态分布。S-W 检验适用于样本量较小的情形，即 $3 \leqslant n \leqslant 50$ 时。

【例 7-14】（数据：example7_3.csv）沿用例 7-3。用 S-W 方法检验 PM2.5 是否服从正态分布（$\alpha = 0.05$）。

解：提出假设：

H_0：PM2.5 服从正态分布；H_1：PM2.5 不服从正态分布

S-W 检验的代码和结果如代码框 7-13 所示。

代码框 7–13 S-W 正态性检验

```
import pandas as pd
from scipy.stats import shapiro
example7_3 = pd.read_csv('C:/pydata/example/chap07/example7_3.csv')

W, p_value = shapiro(example7_3['PM2.5 值'])
print(f "统计量 W ={W: .4f}，p 值 ={p_value: .4g}")
```
统计量 W = 0.9827，p 值 = 0.7888

结论：在该项检验中，$W = 0.982\,7$，$P = 0.788\,8$，由于 $P > 0.05$，不拒绝原假设，没有证据显示 PM2.5 不服从正态分布。

2. K-S 检验

当样本量较大时，可使用 K-S 检验。该检验既可用于大样本，也可用于小样本，主要用于检验总体是否服从某个已知的理论分布。[①] K-S 检验是将某一变量的累积分布函数与特定的分布函数进行比较，检验其拟合程度。设总体的累积分布函数为 $F(x)$，已知的理论分布函数为 $F_0(x)$，则检验的原假设和备择假设为：

H_0：$F(x) = F_0(x)$（总体分布与指定的理论分布差异不显著）

H_1：$F(x) \neq F_0(x)$（总体分布与指定的理论分布差异显著）

设各样本观测值在理论分布中出现的累积概率为 $F_0(x)$，各样本观测值的实际累积概率为 $S(x)$，实际累积概率与理论累积概率的差值为 $D(x)$，差值序列中的最大绝对差值为：

$$D = \max\left(\left|S(x_i) - F_0(x_i)\right|\right) \tag{7.24}$$

由于实际累积概率为离散值，通常做以下修正：

$$D = \max\left\{\left(\left|S(x_i) - F_0(x_i)\right|\right), \left(\left|S(x_{i-1}) - F_0(x_i)\right|\right)\right\} \tag{7.25}$$

式（7.25）就是 K-S 检验的统计量。在小样本情形下，统计量 D 服从 Kolmogorov 分布；在大样本情形下，则用正态分布近似，统计量为：

$$z = \sqrt{n}D \tag{7.26}$$

如果 H_0 成立，每次抽样得到的 D 值应当不会与零偏离太远，否则就应拒绝 H_0。对于设定的显著性水平 α，若检验统计量 D（或 Z）对应的概率小于 α，则拒绝 H_0，表示总体分布与指定的理论分布差异显著。

K-S 检验要求样本数据是连续的数值型数据，而且要求理论分布已知。比如，要检验样本数据是否来自 $\mu = 100$、$\sigma = 10$ 的正态总体，即 $X \sim N(100, 10^2)$。当总体均值和方差未知时，可以用样本均值 $\bar{x}$ 和方差 s^2 来代替。

【例 7–15】（数据：example7_3.csv）沿用例 7–3。用 K-S 检验方法检验该 PM2.5 是否服从正态分布（$\alpha = 0.05$）。

解： 提出假设：

---

① 该检验的理论分布主要有正态分布、泊松分布、均匀分布、指数分布等。

H_0：PM2.5 服从正态分布；H_1：PM2.5 不服从正态分布

由于 K-S 检验要求正态总体是已知的，即参数 μ 和 σ^2 已知。当 μ 和 σ^2 未知时，可以分别用样本均值 $\bar{x}$ 和样本方差 s^2 来代替。

K-S 检验的代码和结果如代码框 7-14 所示。

代码框 7-14　K-S 正态性检验

```
import pandas as pd
from scipy.stats import kstest
example7_3 = pd.read_csv('C:/pydata/example/chap07/example7_3.csv')

x=example7_3['PM2.5 值']
D, p_value = kstest(x, 'norm', alternative='two-sided', mode='asymp',
        args=(x.mean(),x.std()))
print(f"统计量 D ={D: .4f}，p 值 ={p_value: .4g}")
```

统计量 D = 0.0903，p 值 = 0.8999

注：参数 mode 控制统计量的计算模式，默认'auto'，选择'exact'表示使用精确理论分布，选择'asymp'表示使用检验统计量的渐近分布，选择'approx'表示用两次单尾来近似计算双尾统计量。

结论：在该项检验中，$D = 0.090\,3$，$P = 0.899\,9$，由于 $P > 0.05$，不拒绝 H_0，没有证据显示 PM2.5 不服从正态分布。

由于 S-W 检验和 K-S 检验对正态性偏离十分敏感，因此当样本数据轻微偏离正态分布时，这些检验往往就会导致拒绝原假设。当某些分析对正态性的要求相对宽松时，应谨慎使用这些检验。

习题

7.1　一种机床加工的零件尺寸的绝对平均误差为 1.35mm。生产厂家准备采用一种新的机床进行加工以期进一步降低误差。为检验新机床加工的零件尺寸的平均误差与旧机床相比是否有显著降低，从新机床生产的零件中随机抽取 50 个进行检验。50 个零件尺寸的绝对误差数据（单位：mm）如下。

1.26	1.19	1.31	0.97	1.81
1.13	0.96	1.06	1.00	0.94
0.98	1.10	1.12	1.03	1.16
1.12	1.12	0.95	1.02	1.13
1.23	0.74	1.50	0.50	0.59
0.99	1.45	1.24	1.01	2.03
1.98	1.97	0.91	1.22	1.06
1.11	1.54	1.08	1.10	1.64
1.70	2.37	1.38	1.60	1.26
1.17	1.12	1.23	0.82	0.86

（1）绘制 Q-Q 图，检验零件尺寸的绝对误差是否服从正态分布。

（2）检验新机床加工的零件尺寸的平均误差与旧机床相比是否有显著降低（$\alpha = 0.01$）。

7.2 一种联合收割机的金属板的平均重量为 25 千克。对某企业生产的 20 块金属板进行测量，得到的重量数据（单位：千克）如下。

22.6	26.6	23.1	23.5
27.0	25.3	28.6	24.5
26.2	30.4	27.4	24.9
25.8	23.2	26.9	26.1
22.2	28.1	24.2	23.6

（1）采用 S-W 检验和 K-S 检验两种方法，检验该企业生产的金属板的重量是否服从正态分布（$\alpha = 0.05$）。

（2）假定金属板的重量服从正态分布，检验该企业生产的金属板是否符合要求（$\alpha = 0.05$）。

（3）计算效应量并分析差异程度。

7.3 某市场研究机构用一组被调查者样本来给某特定商品的潜在购买力打分。样本中每个人都分别在看过该产品的新的电视广告之前与之后打分。潜在购买力的分值为 0～10 分，分值越高，表示潜在购买力越强。原假设认为"看后"的平均得分小于或等于"看前"的平均得分，拒绝该假设就表示广告提高了平均潜在购买力得分。取 $\alpha = 0.05$ 的显著性水平，用下列数据检验该假设，计算并分析效应量。

个体	购买力得分	
	看后	看前
1	6	5
2	6	4
3	7	7
4	4	3
5	3	5
6	9	8
7	7	5
8	6	6

7.4 某企业为比较两种方法对员工培训的效果，采用方法 1 对 15 名员工进行培训，采用方法 2 对另外 15 名员工进行培训。培训后的测试分数如下（前 5 行和后 5 行）。

方法 1	方法 2
56	59
47	52
42	53

续表

方法 1	方法 2
50	54
47	58
……	……
45	53
43	65
52	53
48	57
44	55

在 $\alpha=0.05$ 的显著性水平下，检验两种方法的培训效果是否有显著差异。

（1）假定方差相等。

（2）假定方差不相等。

（3）计算效应量分析差异程度。

7.5　对消费者的一项调查显示，17%的人早餐饮料是牛奶。某城市的牛奶生产商认为，该城市的人早餐饮用牛奶的比例更高。为验证这一说法，生产商随机抽取 550 人组成一个随机样本，其中 115 人早餐饮用牛奶。检验该生产商的说法是否属实（$\alpha=0.05$）。

7.6　为研究小企业经理是否认为他们获得了成功，在随机抽取的 100 个小企业的女性经理中，认为自己成功的人数为 24 人；在 95 个男性经理中，认为自己成功的人数为 39 人。在 $\alpha=0.05$ 的显著性水平下，检验男女经理认为自己成功的人数比例是否有显著差异。

7.7　为比较新、旧两种肥料对产量的影响，以便决定是否采用新肥料，研究者选择面积相等、土壤等条件相同的 40 块田地，分别施用新、旧两种肥料，得到的产量数据（单位：千克）如下（前 5 行和后 5 行）。

旧肥料	新肥料
109	105
98	113
103	106
97	110
101	109
……	……
104	110
100	109
104	112
106	119
101	119

取显著性水平 $\alpha = 0.05$：

（1）检验新肥料获得的平均产量是否显著高于旧肥料，假定方差相等。

（2）检验施用两种肥料下的产量的方差是否有显著差异。

（3）计算效应量，分析差异程度。

7.8 生产工序中的方差是工序质量的一个重要指标，通常较大的方差意味着需要通过寻找减小工序方差的途径来改进工序。某杂志上刊载的两部机器生产的袋装茶重量的数据（单位：克）如下（前 5 行和后 5 行），检验这两部机器生产的袋装茶重量的方差是否存在显著差异（$\alpha = 0.05$）。

机器 1	机器 2
2.95	3.22
3.16	3.38
3.20	3.30
3.45	3.30
3.20	3.34
……	……
3.25	3.36
3.18	3.26
3.20	3.27
3.28	3.28
3.12	3.35

第 8 章　类别变量分析

在分析实际问题时，常常会遇到类别变量，如性别、产品的品牌、消费者的偏好等。类别变量的观测结果是各个类别，对这些类别的描述性分析主要是计算观测频数的比例、比率等统计量；而推断性分析则是对各类别的频数进行 χ^2 检验，内容包括 χ^2 拟合优度检验和 χ^2 独立性检验等。

8.1　一个类别变量的拟合优度检验

只研究一个类别变量时，可利用 χ^2 检验来判断各类别的观察频数与某一期望频数或理论频数是否一致。比如，各月份的产品销售额是否符合均匀分布，不同地区的离婚率是否有显著差异，等等，这就是 χ^2 **拟合优度检验**（goodness of fit test）。该检验是利用 χ^2 统计量来判断某个类别变量中各类别的观察频数与期望频数或理论频数是否一致，也可用于判断各类别的观察频数是否符合某一理论分布，如泊松分布或正态分布等。

8.1.1　期望频数相等

为更好地理解拟合优度检验，还是先从一个例子开始。

【**例 8-1**】（数据：example8_1.csv）为研究消费者对不同类型的饮料是否有明显偏好，一家调查公司随机调查了 2 000 个消费者对 4 种类型饮料的偏好情况，得到不同类型饮料的偏好数据如表 8-1 所示。

表 8-1　2 000 个消费者对不同类型饮料的偏好数据

饮料类型	人数
碳酸饮料	525
矿泉水	550
果汁	470
其他	455
合计	2 000

表 8-1 中的饮料类型是类别变量，共有 4 个类别值，每个类别的偏好人数称为**观察频数**（observed frequency），即各类别的实际频数。如果消费者对各类型饮料没有明显偏好，则各类别的观察频数应该相等或接近相等，也就是不同类型饮料的消费者人数都是

500 人（2 000/4），这就是各类别的**期望频数**（expected frequency）或理论频数。调查者想分析消费者对不同类型饮料的偏好是否有显著差异，实际上也就是检验观察频数与期望频数是否一致，因此，拟合优度检验也称为**一致性检验**（test of homogeneity）。该检验使用的是 χ^2 统计量，它是由英国统计学家卡尔·皮尔逊（Karl Pearson）于 1900 年提出的，因此，拟合优度检验所使用的统计量也称为 Pearson χ^2。其计算公式为：

$$\chi^2 = \sum \frac{(f_o - f_e)^2}{f_e} \tag{8.1}$$

式中，f_o 为观察频数，f_e 为期望频数，该统计量服从自由度为 $k-1$ 的 χ^2 分布，k 为类别个数。

如果统计量 χ^2 等于 0，则表示观察频数与期望频数完全一致；如果统计量 χ^2 显著不等于 0，则表示观察频数与期望频数之间存在显著差异，χ^2 值越大，差异就越显著。

下面来检验消费者对不同类型饮料的偏好是否有显著差异（$\alpha = 0.05$）。

解：具体步骤如下：

第 1 步：提出假设。设不同类型饮料的偏好人数为 f_o，期望频数为 f_e，提出的假设为：

H_0：$f_o = f_e$（观察频数与期望频数无显著差异）

H_1：$f_o \neq f_e$（观察频数与期望频数有显著差异）

第 2 步：计算检验统计量 χ^2。如果消费者对不同类型饮料的偏好无显著差异，意味着各期望频数相等，即不同类型饮料的期望频数均为 500。χ^2 统计量的计算过程如表 8-2 所示。

表 8-2   计算例 8-1 的 χ^2 统计量

饮料类型	观察频数 f_o	期望频数 f_e	$(f_o - f_e)^2 / f_e$
碳酸饮料	525	500	1.25
矿泉水	550	500	5.00
果汁	470	500	1.80
其他	455	500	4.05
合计	2 000	2 000	12.10

第 3 步：做出决策。$\chi^2 = 12.10$，自由度为 $4-1=3$，由 Python 函数得右尾 P 值为 0.007 048（$1 - \text{chi2.cdf}(12.1, \text{df}=3)$），由于 $P < \alpha$，拒绝 H_0，表明消费者对不同类型饮料的偏好有显著差异。

期望频数相等时，拟合优度检验的 Python 代码和结果如代码框 8-1 所示。

代码框 8-1   期望频数相等时的拟合优度检验

```
import pandas as pd
from scipy.stats import chisquare
example8_1 = pd.read_csv("C:/pydata/example/chap08/example8_1.csv")

chi2, p_value = chisquare(f_obs=example8_1['人数'])
print(f"卡方统计量 ={chi2: .2f}，p 值 ={p_value: .4g}")
```

卡方统计量 = 12.10，p 值 = 0.007048
注：chisquare 函数默认 f_exp=None，即期望频数相等。

在该项检验中，χ^2=12.10，df=3，P=0.007 048，由于 $P < 0.05$，拒绝 H_0，表明消费者对不同类型饮料的偏好有显著差异。

8.1.2 期望频数不等

如果各类别的期望频数不相等，做拟合优度检验时，需要先计算出各类别的期望频数，然后按式（8.1）计算 χ^2 统计量。

【例 8-2】（数据：example8_2.csv）一项社会学研究认为，离婚率的高低与受教育程度有关，而且由于社会经济发展程度及生活方式等因素的影响，不同地区也有一定差异。在对全国离婚家庭样本的研究中发现，离婚家庭中，受教育程度为小学及以下的家庭所占的比例为 20%，初中家庭为 35%，高中家庭为 25%，大学家庭为 12%，研究生家庭为 8%。在对南部地区 260 个离婚家庭的调查中，不同受教育程度的离婚家庭分布如表 8-3 所示。检验南部地区不同受教育程度的离婚家庭数与期望频数是否一致（$\alpha = 0.05$）。

表 8-3　南部地区不同受教育程度的离婚家庭分布　　　　单位：个

受教育程度	离婚家庭数
小学及以下	30
初中	110
高中	80
大学	25
研究生	15
合计	260

解： 第 1 步：提出假设。这里将全国的调查比例作为期望比例。所关心的问题是南部地区不同受教育程度的离婚家庭数与期望频数是否一致。设不同受教育程度的离婚家庭数为 f_o，期望频数为 f_e，提出的假设为：

H_0：$f_o = f_e$（不同受教育程度的离婚家庭数与期望频数无显著差异）

H_1：$f_o \neq f_e$（不同受教育程度的离婚家庭数与期望频数有显著差异）

第 2 步：计算期望频数和检验统计量。虽然期望比例是已知的，但期望频数需要计算。如果南部地区不同受教育程度的离婚家庭数与期望的一样，那么在 260 个离婚家庭中，不同受教育程度的离婚家庭数所占的比例与全国的期望比例应该一致。因此，用期望比例乘以总的观察频数（样本量）即得期望频数。计算结果如表 8-4 所示。

表 8-4　计算例 8-2 的期望频数

受教育程度	观察频数	期望比例（%）	期望频数=期望比例×样本量
小学及以下	30	20	$0.20 \times 260 = 52.0$
初中	110	35	$0.35 \times 260 = 91.0$

续表

受教育程度	观察频数	期望比例（%）	期望频数=期望比例×样本量
高中	80	25	$0.25 \times 260 = 65.0$
大学	25	12	$0.12 \times 260 = 31.2$
研究生	15	8	$0.08 \times 260 = 20.8$
合计	260	100	260

根据表 8-4 中的期望频数，计算的 χ^2 统计量如表 8-5 所示。

表 8-5　计算例 8-2 的 χ^2 统计量

受教育程度	观察频数 f_o	期望频数 f_e	$(f_o - f_e)^2 / f_e$
小学及以下	30	52.0	9.307 7
初中	110	91.0	3.967 0
高中	80	65.0	3.461 5
大学	25	31.2	1.232 1
研究生	15	20.8	1.617 3
合计	260	260	19.585 6

第 3 步：决策与结论。在该项检验中，$\chi^2 = 19.585\ 6$，df=4，由 Python 函数得 $P = 0.000\ 602\ 8$（$1 - chi2.cdf(19.5856, df=4)$）。由于 $P < 0.05$，拒绝 H_0，表明南部地区不同受教育程度的离婚家庭数与期望频数有显著差异。

期望频数不相等时，拟合优度检验的 Python 代码和结果如代码框 8-2 所示。

代码框 8-2　期望频数不相等时的拟合优度检验

```
import pandas as pd
from scipy.stats import chisquare
example8_2 = pd.read_csv("C:/pydata/example/chap08/example8_2.csv")

x = example8_2['离婚家庭数']
chi2, p_value = chisquare(f_obs=x, f_exp=x.sum()*example8_2['期望比例'])
print(f"卡方统计量 ={chi2: .4f}，p 值 ={p_value: .4g}")
```
卡方统计量 = 19.5856，p 值 = 0.0006028

代码框 8-2 中的结果与手工计算结果相同。

8.2　两个类别变量的独立性检验

两个类别变量的推断分析主要是检验两个变量是否独立，这就是 χ^2 独立性检验（test of independence）。

8.2.1　列联表与 χ^2 独立性检验

如果研究的是两个类别变量，每个变量有多个类别，通常将两个变量多个类别的频数用交叉表的形式表示出来。其中一个变量放在行（row）的位置，称为行变量，其类别数（行数）用 r 表示；另一个变量放在列（column）的位置，称为列变量，其类别数（列数）用 c 表示。这种由两个类别变量交叉分类形成的频数分布表就是**列联表**（contingency table）。一个由 r 行和 c 列组成的列联表也称为 $r \times c$ 列联表。

对列联表中的两个类别变量进行分析，通常是判断两个变量是否独立。该检验的原假设是：两个变量独立（无关），如果原假设被拒绝，则表明两个变量不独立，或者说两个变量相关。χ^2 独立性检验的统计量为：

$$\chi^2 = \sum\sum \frac{(f_o - f_e)^2}{f_e} \qquad (8.2)$$

式中，f_o 为观察频数，f_e 为期望频数，期望频数的计算见式（8.4）。该统计量服从自由度为 $(r-1)(c-1)$ 的 χ^2 分布，r 为行数，c 为列数。

下面通过一个例子展示 χ^2 独立性检验的具体过程。

【例 8-3】（数据：example8_3.csv）一家购物网站对在本网站购物的客户做了一项调查。调查的客户来自东部、中部、西部三个地区，共 500 人，表 8-6 是客户对本购物网站的整体满意度评价结果。检验客户满意度与地区是否独立（$\alpha = 0.05$）。

表 8-6　客户对本网站购物满意度的调查结果

满意度	地区			
	东部	中部	西部	合计
满意	126	158	35	319
不满意	34	82	65	181
合计	160	240	100	500

解：提出假设：

H_0：满意度与地区独立；　H_1：满意度与地区不独立

计算期望频数和检验统计量。要计算检验统计量，关键是求出期望频数。如果两个变量独立，各类别交叉项的概率可根据独立事件的概率乘法公式求得。

设给定单元格所在行的合计频数为 RT，所在列的合计频数为 CT，任意给定单元格（比如第 i 行第 j 列的单元格 $r_i c_j$）的概率为：

$$P(r_i c_j) = P(r_i) \times P(c_j) = \left(\frac{RT}{n}\right) \times \left(\frac{CT}{n}\right) \qquad (8.3)$$

用式（8.3）乘以总观察频数（即样本量 n），可以得到任意单元格的期望频数为：

$$f_e = \left(\frac{RT}{n}\right) \times \left(\frac{CT}{n}\right) \times n \qquad (8.4)$$

比如，第 1 个单元格的期望频数为：

$$f_1 = \left(\frac{319}{500}\right) \times \left(\frac{160}{500}\right) \times 500 = 102.08$$

按上述步骤计算得到的各单元格的期望频数如表 8-7 所示。

表 8-7　各单元格的期望频数计算表

满意度	地区			
	东部	中部	西部	合计
满意	126 （102.08）	158 （153.12）	35 （63.80）	319
不满意	34 （57.92）	82 （86.88）	65 （36.20）	181
合计	160	240	100	500

注：表中括号内的数值是期望频数。

将每个单元格的 $(f_o - f_e)^2 / f_e$ 加起来，即可得到按式（8.2）计算的 χ^2 统计量：

$$\chi^2 = \frac{(126 - 102.08)^2}{102.08} + \cdots + \frac{(65 - 36.20)^2}{36.20} = 51.826\,6$$

决策与结论。在该项检验中，χ^2=51.826 6，df=2，由 Python 函数得 P = 5.572e-12（$1 - $ chi2.cdf(51.8266,df=2)），由于 $P < 0.05$，拒绝 H_0，表示满意度与地区不独立，或者说满意度与地区有关。

χ^2 独立性检验的 Python 代码和结果如代码框 8-3 所示。

代码框 8-3　两个类别变量的独立性检验

```
# 数据已是列联表情形下的检验
import pandas as pd
from scipy.stats import chi2_contingency

x = [[126, 158, 35], [34, 82, 65]]                                      # 写入频数向量
df = pd.DataFrame(x, index=['满意', '不满意'], columns=['东部', '中部', '西部'])   # 生成列联表
chi2, p_value, df, f_exp = chi2_contingency(df)
print(f"卡方统计量 ={chi2: .3f}，自由度 = {df}，P ={p_value: .4g}\n 期望频数为: \n{f_exp}")
```

```
卡方统计量 = 51.827，自由度 = 2，P = 5.572e-12
期望频数为:
[[102.08 153.12   63.8 ]
 [ 57.92  86.88  36.2 ]]
```

注：如果数据已是列联表形式，需要先写入列联表，再进行检验；如果是原始的类别数据，可使用 pandas 模块中的 crosstab 函数生成列联表，再进行检验。

代码框 8-3 显示的 χ^2 统计量及 P 值与手工计算结果相同。

8.2.2　应用 χ^2 检验的注意事项

在应用 χ^2 检验时，要求样本量应足够大，特别是每个单元格的期望频数不能太小，否则应用 χ^2 检验可能会得出错误结论。从 χ^2 统计量的计算公式可以看出，期望频数 f_e 在公式的分母上，如果某个单元格的期望频数过小，χ^2 统计量的值就会变大，从而导致拒绝原假设。因此，应用 χ^2 检验时对单元格的期望频数有以下要求：

如果仅有两个单元格，单元格的最小期望频数应不小于 5，否则不能进行 χ^2 检验。

单元格有两个以上时，期望频数小于 5 的单元格数不能超过总格子数的 20%，否则不能进行 χ^2 检验。如果期望频数小于 5 的单元格数超过 20%，则可以采取合并类别的办法来解决这一问题。在上面的各例子中，每个单元格的期望频数均大于 5。因此，可以进行 χ^2 检验。

8.3　两个类别变量的相关性度量

如果 χ^2 独立性检验拒绝了原假设，则表明两个变量不独立，这意味着它们之间存在一定的相关。这时，可以进一步度量它们之间的关联程度，使用的统计量主要有 φ **系数**（φ coefficient）、**Cramer's V 系数**（Cramer's V coefficient）、**列联系数**（contingency coefficient）等，这些系数的计算均以 χ^2 统计量的值为基础。

8.3.1　φ 系数和 Cramer's V 系数

1. φ 系数

φ 系数主要用于 2×2 列联表的相关性度量。计算公式为：

$$\varphi = \sqrt{\frac{\chi^2}{n}} \qquad (8.5)$$

式中，χ^2 为按式（8.2）计算出的 χ^2 值，n 为列联表的总频数（即样本量）。

对于 2×2 列联表，φ 系数的取值范围在 0～1 之间。φ 越接近 1，表示两个变量之间的关系越强；φ 越接近 0，表示关系越弱。但是，当列联表的行数或列数大于 2 时，φ 系数会随着行数或列数的增加而变大且没有上限。这时，φ 系数的含义不易解释。

例如，根据例 8-3 的计算结果，得到满意度与地区之间的 φ 系数为：

$$\varphi = \sqrt{\frac{\chi^2}{n}} = \sqrt{\frac{51.8266}{500}} = 0.321952$$

满意度与地区之间的关联系数为 0.321 952，表示二者之间有一定的相关性。

2. Cramer's V 系数

Cramer's V 系数是由 Cramer 提出来的。计算公式为：

$$V = \sqrt{\frac{\chi^2}{n \times \min\left[(r-1),(c-1)\right]}} \tag{8.6}$$

式中，χ^2 为按式（8.2）计算出的 χ^2 值，n 为列联表的总频数（即样本量），r 为行数，c 为列数，$\min\left[(r-1),(c-1)\right]$ 表示 $(r-1)$ 和 $(c-1)$ 中较小的一个。

Cramer's V 系数的取值范围总是在 0～1 之间。当两个变量独立时，$V=0$；当两个变量完全相关时，$V=1$。如果列联表的行数或列数中有一个为 2，Cramer's V 系数就等于 φ 系数。例如，根据例 8-3 的计算结果，得到满意度与地区之间的 Cramer's V 系数为：

$$V = \sqrt{\frac{\chi^2}{n \times (2-1)}} = \sqrt{\frac{51.826\,6}{500 \times 1}} = 0.321\,952$$

结果与 φ 系数一致。

8.3.2　列联系数

列联系数主要用于大于 2×2 列联表的相关性度量，用 C 表示。计算公式为：

$$C = \sqrt{\frac{\chi^2}{\chi^2 + n}} \tag{8.7}$$

从式（8.7）可以看出，列联系数不可能大于或等于 1。当两个变量独立时，$C=0$，即使两个变量完全相关，列联系数也不可能等于 1。因此，解释列联系数的含义不够方便。例如，根据例 8-3 的计算结果，得到满意度与地区之间的列联系数为：

$$C = \sqrt{\frac{51.826\,6}{51.826\,6 + 500}} = 0.306\,461$$

3 个系数均显示满意度与地区之间存在一定的相关性，但关系较弱。

计算列联表的相关性度量的 Python 代码和结果如代码框 8-4 所示。

代码框 8-4　计算两个类别变量的相关性度量

```
import math
n=500
chi2=51.827    # 使用例 8-3 的计算结果
phi=math.sqrt(chi2/n)
v=math.sqrt(chi2/n*(2-1))
c=math.sqrt(chi2/(chi2+n))
print(f'phi 系数 ={phi: .6f}\nv 系数 ={v: .6f}\nc 系数 ={c: .6f}')
```

phi 系数 = 0.321953

v 系数 = 0.321953

c 系数 = 0.306462

注：手工计算因中间过程的数据舍入，与代码框 8-4 的结果略有差异。

习题

8.1 一家食品生产企业想了解过去一年中各月份的销售量是否符合均匀分布，以便更好地安排生产，企业的市场销售部门收集了过去一年中每个月的销售量数据（单位：箱）如下：

月份	销售量
1 月	1 660
2 月	1 600
3 月	1 560
4 月	1 490
5 月	1 380
6 月	1 620
7 月	1 580
8 月	1 680
9 月	1 550
10 月	1 370
11 月	1 410
12 月	1 610

检验各月份的销售量是否符合均匀分布（$\alpha = 0.05$）。

8.2 为研究大学生的逃课情况，一个研究小组做了一次调查，得到男女学生逃课情况的汇总表如下：

是否逃课	男	女
逃过课	34	38
未逃过课	28	50

检验是否逃课与学生性别是否独立（$\alpha = 0.05$）。

8.3 为研究上市公司对其股价波动的关注程度，一家研究机构对在主板、科创板和创业板上市的 190 家公司进行了调查，得到如下数据：

上市板块	关注	不关注
主板	50	70
科创板	30	15
创业板	20	5

（1）检验上市板块与对股价波动的关注程度是否独立（$\alpha = 0.05$）。

（2）计算上市板块与对股价波动的关注程度两个变量之间的 φ 系数、Cramer's V 系数和列联系数，并分析其相关程度。

8.4   一家汽车企业的销售部门对北部地区、南部地区和中部地区的 400 个消费者进行抽
样调查，得到如下数据：

汽车价格	北部地区	南部地区	中部地区
10 万元以下	20	40	40
10～20 万元	50	50	60
20～30 万元	30	20	20
30 万元以上	40	10	20

（1）检验地区与汽车价格是否独立（$\alpha = 0.05$）。

（2）计算地区与汽车价格两个变量之间的 φ 系数、Cramer's V 系数和列联系数，并分
析其相关程度。

第 9 章　方差分析

方差分析是 20 世纪 20 年代发展起来的一种统计方法，它的基本原理是由英国统计学家 Ronald A. Fisher 在进行实验设计时为解释实验数据而首先引入的。目前，方差分析方法广泛应用于心理学、生物学、工程和医药的实验数据的分析。本章首先介绍方差分析的基本原理，然后介绍只涉及一个因变量的单因子独立样本和双因子独立样本的方差分析方法。

9.1　方差分析的原理

9.1.1　什么是方差分析

方差分析（analysis of variance，ANOVA）是分析类别自变量对数值因变量影响的一种统计方法。自变量对因变量的影响也称为自变量**效应**（effect）。由于效应的大小表现在因变量的误差里有多少是由自变量造成的，因此方差分析是通过对数据误差的分析来检验这种效应是否显著。

为了理解方差分析的有关概念，先看一个简单的例子。

【例 9–1】（数据：example9_1.csv）为了分析小麦品种对产量的影响，一家研究机构挑选了 3 个小麦品种：品种 1、品种 2、品种 3，然后选择条件和面积相同的 30 个地块，每个品种在 10 个地块上试种，实验获得的产量数据如表 9–1 所示。

表 9–1　3 个小麦品种的产量数据　　　　　　　　　　　单位：kg

品种 1	品种 2	品种 3
729	639	684
738	648	711
711	648	693
729	594	684
702	648	702
801	693	801
828	729	783
783	693	756
765	657	783
774	711	783

在表 9-1 中，"小麦品种"是类别变量，称为实验的**因子**（factor），品种 1、品种 2、品种 3 是因子的 3 个不同取值，称为**处理**（treatment）或**水平**（level）。这里的"地块"就是接受处理的对象或实体，称为**实验单元**（experimental unit）。产量则是因变量，每个地块上获得的产量是样本观测值。分析小麦品种对产量影响的统计方法就是方差分析。在单因子方差分析中，也可以解释为检验各处理间的均值是否相同，比如，检验不同小麦品种产量的均值是否相等。

9.1.2 误差分解

怎样分析小麦品种对产量是否有显著影响呢？由于品种对产量的影响（效应）体现在产量数值的误差里，因此，分析时首先应从数据误差的分析入手。方差分析的原理就是通过对数据误差的分析来判断类别自变量（小麦品种）对数值因变量（产量）的影响（效应）是否显著。

怎样分析数据的误差呢？表 9-1 显示，每个品种（每种处理）各有 10 个实验数据，这些数据实际上是从每个品种的产量总体中抽出来的样本量为 10 的随机样本，共获得 3 个样本的 30 个实验数据。可以看出，这 30 个产量数据是不同的。反映全部观测数据的误差称为**总误差**（total error）。本例中，总误差反映了全部 30 个观测数据误差的大小。

总误差可能是由不同处理（小麦的不同品种）造成的，也可能是由其他随机因素造成的。由不同处理造成的误差称为**处理误差**（treatment error）或**处理效应**（treatment effect）。本例中，处理误差反映了不同品种对产量的影响。由于处理误差来自不同的处理之间，有时也称为**组间误差**（between-group error）。由其他随机因素对观测数据造成的误差称为**随机误差**（random error），或简称**误差**（error）。本例中，随机误差反映了除品种外其他随机因素对产量的影响。由于随机误差主要存在于每种处理的内部，因此也称为**组内误差**（within-group error）。

在统计中，数据的误差通常用**平方和**（sum of squares）表示，记为 SS。反映全部数据总误差大小的平方和称为**总平方和**（sum of squares for total），记为 SST。例如，全部 30 个地块的产量之间的误差平方和就是总平方和，它反映了全部产量的总离散程度。反映处理误差大小的平方和称为**处理平方和**（treatment sum of squares）或**组间平方和**（between-group sum of squares），记为 SSA（注：这里把因子记为 A）。例如，不同品种之间产量的误差平方和就是处理平方和。反映随机误差大小的平方和称为**误差平方和**（sum of squares of error）或**组内平方和**（within-group sum of squares），记为 SSE。这样，全部数据的总误差平方和被分解成两部分：一部分是处理平方和 SSA，另一部分是误差平方和 SSE。显然，这三个误差平方和的关系为：SST=SSA+SSE。

数据误差的来源及其分解过程可用图 9-1 来表示。

方差分析就是要分析数据的总误差中处理误差是否显著存在。如果处理（小麦品种）对观测数据（产量）没有显著影响，意味着处理误差不显著。这时，每种处理所对应的总体均值（μ_i）应该相等。如果处理误差显著存在，每种处理所对应的总体均值（μ_i）至少有一对不相等。

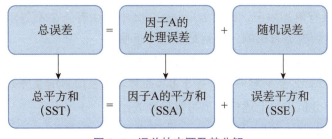

图 9-1 误差的来源及其分解

9.2 单因子方差分析

只考虑一个因子对观测数据影响的方差分析称为**单因子方差分析**（one-way analysis of variance）。比如，在例 9-1 中，只考虑小麦品种对产量的影响就属于单因子方差分析。

9.2.1 数学模型

设因子 A 有 I 个处理（比如小麦品种有"品种 1""品种 2""品种 3" 3 个处理），单因子方差分析可用下面的线性模型来表示：

$$y_{ij} = \mu_i + \varepsilon_{ij} \tag{9.1}$$

式中，y_{ij} 为第 i（$i=1, 2, \cdots, I$）个处理中的第 j 个观测值；μ_i 为第 i 个处理的均值；ε_{ij} 为第 i 处理中的第 j 个观测值的随机误差。例如，在表 9-1 中，品种 1（第 1 个处理）的第 1 个观测值 729（y_{11}）可表示为品种 1 的平均产量（μ_1）加上随机误差（ε_{11}）；品种 2（第 2 个处理）的第 1 个观测值 639 可表示为品种 2 的平均产量（μ_2）加上随机误差（ε_{21}）；等等。

对于式（9.1），通常假定 ε_{ij} 是期望值为 0、方差相等的正态随机变量，即 $\varepsilon \sim N(0, \sigma^2)$，这意味着无论 i 的数值是多少，ε_{ij} 均服从期望值为 0、方差为某个假定值的正态分布，ε_{ij} 所对应的是随机误差。同时，为了能够对观测值（产量）进行预测，假定 $E(y)=\mu_i$，即第 i 个处理的各观测值都等于该处理的均值。比如，品种 1 的各产量的预测值就是品种 1 的产量均值。

设全部观测数据的总均值为 μ，第 i 个处理效应用第 i 个处理均值 μ_i 与总均值之差（$\mu_i - \mu$）表示，记为 α_i，即 $\alpha_i = \mu_i - \mu$。这样，第 i 个处理均值被分解成 $\mu_i = \mu + \alpha_i$，此时模型（9.1）可以表示成下面的形式：

$$y_{ij} = \mu + \alpha_i + \varepsilon_{ij} \tag{9.2}$$

式中，μ 为不考虑因子（小麦品种）影响时的观测值（产量）的总均值，它是模型的常数项（截距）；α_i 为处理为 i（$i=1, 2, \cdots, I$）时对观测值的附加效应，比如，小麦品种为品种 1 时对平均产量的影响。α_i 所对应的就是处理误差，比如，假定 $\alpha_1 = 50$，它表示品种 1 的平均产量比总的平均产量高出 50kg。如果 3 个品种的平均产量无显著差异，则表示品种对产量没有附加效应，应当有 $\alpha_1 = \alpha_2 = \alpha_3 = 0$；如果 3 个品种的平均产量有显著差异，则表示品种对产量有附加效应，此时 α_1，α_2，α_3 中至少有一个不等于 0。因此，要检验小麦品种对产量是否有显著影响，也就是检验如下假设：

H_0：$\alpha_1 = \alpha_2 = \alpha_3 = 0$（品种对产量的影响不显著）

H_1：α_1，α_2，α_3 至少有一个不等于 0（品种对产量的影响显著）

在单因子方差分析中，上述检验也可等价地表示为：

H_0：$\mu_1 = \mu_2 = \mu_3 = 0$；$H_1$：$\mu_1$，$\mu_2$，$\mu_3$ 不全相等

9.2.2   效应检验

设因子 A 有 I 个处理，单因子方差分析要检验的假设为：

H_0：$\alpha_i = 0$（$i = 1, 2, \cdots, I$）（处理效应不显著）

H_1：α_i 至少有一个不等于 0（处理效应显著）

为获得上述检验的统计量，首先需要计算处理平方和 SSA、误差平方和 SSE，然后将各平方和除以相应的自由度 df，以消除观测数据的个数对平方和大小的影响，其结果称为**均方**（mean square，MS），也称为方差。最后，将处理均方（MSA）除以误差均方（MSE）即得到用于检验处理效应的统计量 F。这一计算过程可以用方差分析表的形式来表示。表 9–2 展示了单因子方差分析表的一般形式。

表 9–2   单因子方差分析表

误差来源	平方和 SS	自由度 df	均方 MS	检验统计量 F
处理效应	$SSA = \sum_{i=1}^{I} n_i \left(\bar{y}_i - \bar{\bar{y}} \right)^2$	$I-1$	$MSA = \dfrac{SSA}{I-1}$	$F = \dfrac{MSA}{MSE}$
误差	$SSE = \sum_{i=1}^{I} \sum_{j=1}^{n_i} \left(y_{ij} - \bar{y}_i \right)^2$	$n-I$	$MSE = \dfrac{SSE}{n-I}$	
总效应	$SST = \sum_{i=1}^{I} \sum_{j=1}^{n_i} \left(y_{ij} - \bar{\bar{y}} \right)^2$	$n-1$		

表 9–2 中：

n 为因变量观测值的个数，本例中 $n = 30$。

n_i 为第 i 个处理的样本量，本例中 3 个处理的样本量相等，均为 10。

$\bar{y}_i = \dfrac{1}{n_i} \sum_{j=1}^{n_i} y_{ij}$（$i = 1, 2, \cdots, I$；$j = 1, 2, \cdots, J$），是对应于第 i 个处理的样本均值。

$\bar{\bar{y}} = \dfrac{1}{n} \sum_{i=1}^{I} \sum_{j=1}^{n_i} y_{ij}$，是所有样本数据的总均值。

有了统计量，就可以根据 P 值做出决策：若 $P < \alpha$，拒绝 H_0，α_i（$i = 1, 2, \cdots, I$）不

全为 0，表示处理效应显著（因子对观测值有显著影响）。

【例 9-2】（数据：example9_2.csv）沿用例 9-1。检验小麦品种对产量的影响是否显著（$\alpha = 0.05$）。

解： 设小麦品种对产量的效应分别为 α_1（品种 1）、α_2（品种 2）、α_3（品种 3）。提出的假设为：

$$H_0:\ \alpha_1 = \alpha_2 = \alpha_3 = 0 \text{（品种对产量的影响不显著）}$$

$$H_1:\ \alpha_1,\ \alpha_2,\ \alpha_3 \text{ 至少有一个不等于 0（品种对产量的影响显著）}$$

单因子方差分析的 Python 代码和结果如代码框 9-1 所示。

代码框 9-1　单因子方差分析

```
# 将表 9-1 的短格式数据融合成长格式数据，并另存为 example9_2
import pandas as pd
example9_1 = pd.read_csv('C:/pydata/chap09/example9_1.csv', encoding='gbk')

example9_2 = pd.melt(example9_1, value_vars=['品种 1', '品种 2', '品种 3'], \
                    var_name='品种', value_name='产量')   # 融合数据
example9_2.head()                                          # 展示数据前 5 行

# 注：为方便使用，已将数据存为 utf-8 格式的 csv 文件，并命名为 example9_2
```

	品种	产量
0	品种 1	729
1	品种 1	738
2	品种 1	711
3	品种 1	729
4	品种 1	702

```
# 拟合单因子方差分析模型并输出方差分析表
from statsmodels.formula.api import ols
from statsmodels.stats.anova import anova_lm
example9_2 = pd.read_csv('C:/pydata/example/chap09/example9_2.csv')

model1 = ols(formula='产量 ~ 品种',data=example9_2).fit()    # 拟合方差分析模型
anova_lm(model1,typ=1)
```

	df	sum_sq	mean_sq	F	PR(>F)
品种	2	45360	22680	12.312704	0.000158
Residual	27	49734	1842	NaN	NaN

注：拟合方差分析模型时，函数中的参数 typ 用于指定误差平方和的类型，默认 typ=1，可选 typ={"Ⅰ"，"Ⅱ"，"Ⅲ"}或{1，2，3}。

```
# 使用 summary 函数输出模型摘要
print(model.summary())
```

```
                            OLS Regression Results
================================================================================
Dep. Variable:                    产量   R-squared:                      0.477
Model:                            OLS   Adj. R-squared:                 0.438
Method:                 Least Squares   F-statistic:                    12.31
Date:                Sun, 12 Feb 2023   Prob (F-statistic):          0.000158
Time:                        10:03:55   Log-Likelihood:                -153.77
No. Observations:                  30   AIC:                            313.5
Df Residuals:                      27   BIC:                            317.7
Df Model:                           2
Covariance Type:            nonrobust
================================================================================
                   coef    std err          t      P>|t|      [0.025      0.975]
--------------------------------------------------------------------------------
Intercept       756.0000     13.572     55.703      0.000     728.152     783.848
品种[T.品种2]     -90.0000     19.194     -4.689      0.000    -129.382     -50.618
品种[T.品种3]     -18.0000     19.194     -0.938      0.357     -57.382      21.382
================================================================================
Omnibus:                        6.194   Durbin-Watson:                  1.094
Prob(Omnibus):                  0.045   Jarque-Bera (JB):               1.968
Skew:                           0.110   Prob(JB):                       0.374
Kurtosis:                       1.765   Cond. No.                       3.73
================================================================================
```

代码框 9-1 中的方差分析表部分列出了品种效应和随机效应的平方和（sum_sq）、自由度（df）、均方（mean_sq）、检验统计量值（F）、检验的 P 值（PR(>F)）。由于 $P = 0.000158 < 0.05$，拒绝 H_0，表示 α_i（$i = 1, 2, 3$）至少有一个不等于 0，这意味着品种对产量的影响显著。

代码框 9-1 中的模型摘要包括 3 部分：

第 1 部分是模型基本信息与拟合信息，左侧列出了因变量名称、模型（OLS）和拟合方法（普通最小二乘法）、运行日期与时间、观测值个数、残差自由度、模型自由度、协方差类型；右侧列出了 R 方、调整后的 R 方、F 统计量及其 P 值、对数似然值、AIC 和 BIC 等（相关内容见第 10 章）。

第 2 部分是模型系数估计信息，包括截距与模型系数的估计值、标准差、t 统计量的值、t 统计量的 p 值、截距和系数的 95% 的置信区间。其中，**截距**（intercept）是模型 $y_{ij} = \mu + \alpha_i + \varepsilon_{ij}$ 中的常数项 μ，它表示不考虑"品种"这一因子影响时产量总的均值为 756kg，这实际上就是品种 1（参照水平）的平均产量。由于 3 个品种一共有 3 个参数，因此在估计模型的参数时，需要将因子的某一个处理（本例为品种 1）作为参照水平，这相当于强迫 $\alpha_1 = 0$，另外两个参数（品种 2 和品种 3）的估计值实际上是与参照水平相比较的结果。比如，品种 2 的参数 $\alpha_2 = -90$，即品种 2 的平均产量（666）与参照水平品种 1 的平均产量（756）相比低 90kg，表示品种 2 对产量的效应；品种 3 的参数 $\alpha_3 = -18$，即品种 3 的平均产量（738）与参照水平品种 1 的平均产量相比低 18kg，表示品种 3 对产量的效应。

第 3 部分是模型诊断信息，包括 Omnibus 检验、DW 残差独立性检验、JB 正态性检验、条件数（用于识别多重共线性）等。

此外，还可以绘制各样本产量的均值图来观察各样本均值之间的差异，代码和结果如代码框 9-2 所示。

代码框 9-2　绘制各样本产量的均值图

```
# 图 9-2 的绘制代码
model1 = ols(formula='产量 ~ 品种',data=example9_2).fit()

mean = model1.params.values[0]
lci, uci = model1.conf_int().iloc[0].values
df_mean = pd.DataFrame([lci, mean, uci], index=['lci', 'mean', 'uci'],
                       columns=['品种 1'])
df_mean['品种 2'] = df_mean['品种 1'] + model1.params.values[1]
df_mean['品种 3'] = df_mean['品种 1'] + model1.params.values[2]

ax = df_mean.T.plot(ls='', marker='o',legend=False, c='red',
                    figsize=(7, 4.5), xlabel='品种', ylabel='产量')
ax = df_mean.loc['mean'].plot()
```

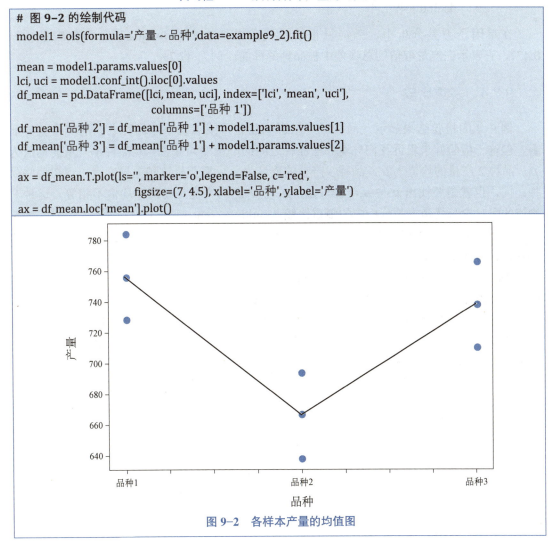

图 9-2　各样本产量的均值图

图 9-2 中间的点是各样本产量的均值，上下的点分别是 95%的置信区间的上限和下限。

9.2.3　效应量分析

如果方差分析的结果是拒绝原假设，则表示自变量（因子）对因变量（观测结果）的影响显著，而影响的大小则用效应量来度量。在单因子方差分析中，效应量是因子平方和（处理平方和）与总平方和之比，它反映了在因变量取值的总误差中被因子解释的比例。显然，效应量越大，说明自变量与因变量之间的关系越强。用 η^2 表示效应量，计算公式为：

$$\eta^2 = \frac{\text{因子平方和}}{\text{总平方和}} = \frac{\text{SSA}}{\text{SST}} \tag{9.3}$$

例如，根据代码框 9-1 中的方差分析结果计算的效应量为：

$$\eta^2 = \frac{45\,360}{45\,360 + 49\,734} = 0.477$$

在单因子方差分析中，效应量也就是代码框 9-1 中的 R-squared，即效应量 $\eta^2 =$ 0.477，它表示在产量取值的总误差中被品种解释的比例为 47.7%。

9.2.4 多重比较

例 9-2 的检验结果显示，品种对产量影响显著，或者说不同品种之间的产量差异显著，但这一检验并未告诉我们究竟哪些品种之间的产量差异显著。设品种 1 产量的均值为 μ_1，品种 2 产量的均值为 μ_2，品种 3 产量的均值为 μ_3，要分析这种差异究竟出现在哪些品种之间，也就是要找出 μ_1 与 μ_2、μ_1 与 μ_3、μ_2 与 μ_3 之间究竟是哪两个均值不相等，这种对均值的配对检验就是方差分析中的**多重比较**（multiple comparison）。

多重比较的方法有许多种，每种方法的适用场合不完全一样，这里只介绍常用的 Tukey-Kramer 的 HSD 方法。

HSD 是**真实显著差异**（honestly significant difference，HSD）的缩写，该方法是由 John W.Tukey 于 1953 年提出的，因此也称为 Tukey 的 HSD 方法。由于 Tukey 的 HSD 方法要求各处理的样本量相同，因此当各处理的样本量不相同时，该方法就不再适用。20 世纪 50 年代中期，C.Y.Kramer 对 Tukey 的 HSD 方法做了一些修正，使其适用于样本量不同的情形。修正后的 HSD 检验称为 Tukey-Kramer 方法，简称 Tukey-Kramer 的 HSD 方法。该方法的适用场合是：研究者事先并未计划做多重比较，只是在方差分析拒绝原假设后，才需要对任意两个处理的均值进行比较。

HSD 方法依据的不是普通的 t 分布，而是**学生化全距分布**（studentized range distribution）。该分布有两个参数，分别是 I 和 $(N-I)$。HSD 方法用自由度为 I 和 $(N-I)$ 的学生化全距分布的 $(1-\alpha)$ 分位数作为临界值，记为 $q_\alpha(I, N-I)$。

HSD 方法考虑三个数值，即处理个数、均方误差 MSE 和样本量。利用这三个值和一个临界值 q 确定出一个临界差异，该临界差异是判断两个处理的均值存在显著差异所必须达到的差异。因此，只要计算出 HSD，就可以将两个处理的均值之差的绝对值与 HSD 进行比较，从而确定两个处理的均值是否存在显著差异。HSD 的计算公式为：

$$\text{HSD} = q_\alpha(I, N-I)\sqrt{\frac{\text{MSE}}{2}\left(\frac{1}{n_i} + \frac{1}{n_j}\right)} \tag{9.4}$$

式中，I 为处理的个数（也就是样本均值的个数）；N 为所有样本观测值的个数；n_i 和 n_j 分别为第 i 个样本和第 j 个样本的样本量；α 为设定的显著性水平；$(N-I)$ 为 MSE 的自由度；$q_\alpha(I, N-I)$ 为学生化全距分布的临界值。

当各处理的样本量相同时，即 $n_i = n_j = n$，$\sqrt{\dfrac{\text{MSE}}{2}\left(\dfrac{1}{n} + \dfrac{1}{n}\right)} = \sqrt{\dfrac{\text{MSE}}{n}}$，式（9.4）简化为：

$$HSD = q_\alpha \left(I, N-I \right) \sqrt{\frac{MSE}{n}} \tag{9.5}$$

式（9.5）简称 Tukey 的 HSD 方法。

HSD 方法也可以得到 $\mu_i - \mu_j$ 的置信区间。设定显著性水平为 α，$(\mu_i - \mu_j)$ 在 $1 - \alpha$ 置信水平下的置信区间为 $(\bar{y}_i - \bar{y}_j) \pm HSD$，即

$$\left(\bar{y}_i - \bar{y}_j \right) \pm q_\alpha \left(I, N-I \right) \sqrt{\frac{MSE}{2} \left(\frac{1}{n_i} + \frac{1}{n_j} \right)} \tag{9.6}$$

【例 9-3】（数据：example9_2.csv）沿用例 9-2。用 HSD 方法对不同品种的产量均值做多重比较（$\alpha = 0.05$）。

解： 提出假设：

H_0：$\mu_i = \mu_j$；H_1：$\mu_i \neq \mu_j$

计算 HSD。临界值[①]为 3.506 426，计算的 HSD 为：

$$HSD = 3.506\,426 \times \sqrt{\frac{1\,842}{2} \times \left(\frac{1}{10} + \frac{1}{10} \right)} = 47.589\,32$$

计算各处理的样本均值差的绝对值 $\left| \bar{y}_i - \bar{y}_j \right|$，并与 HSD 进行比较，然后做出决策，若 $\left| \bar{y}_i - \bar{y}_j \right| > HSD$，则拒绝 H_0。

$\left| \bar{y}_1 - \bar{y}_2 \right| = \left| 756 - 666 \right| = 90 > 47.589\,32$，拒绝 H_0，品种 1 和品种 2 的产量之间差异显著。

$\left| \bar{y}_1 - \bar{y}_3 \right| = \left| 756 - 738 \right| = 18 < 47.589\,32$，不拒绝 H_0，品种 1 和品种 3 的产量之间差异不显著。

$\left| \bar{y}_2 - \bar{y}_3 \right| = \left| 666 - 738 \right| = 72 > 47.589\,32$，拒绝 H_0，品种 2 和品种 3 的产量之间差异显著。

HSD 多重比较的 Python 代码和结果如代码框 9-3 所示。

代码框 9-3 多重比较的 HSD 方法

```
import pandas as pd
from statsmodels.stats.multicomp import MultiComparison
example9_2 = pd.read_csv('C:/pydata/example/chap09/example9_2.csv')

mc = MultiComparison(example9_2['产量'], groups=example9_2['品种'])
print(mc.tukeyhsd(alpha=0.05))
    Multiple Comparison of Means - Tukey HSD, FWER=0.05
===========================================================
 group1 group2 meandiff  p-adj   lower    upper  reject
-----------------------------------------------------------
 品种 1  品种 2   -90.0   0.001 -137.5804 -42.4196  True
 品种 1  品种 3   -18.0   0.6149  -65.5804  29.5804 False
 品种 2  品种 3    72.0   0.0024   24.4196 119.5804  True
-----------------------------------------------------------
```

---

① 临界值 $q_\alpha \left(I, N-I \right)$ 由 R 语言的函数 qtukey(p=0.95, nmeans=3, df=27) 求得，其中，p 为概率，nmeans 为处理个数，df 为自由度。

代码框 9–3 给出了品种间的均值差（meandiff）、差异性检验的调整 P 值（p-adj）、差值的 95% 的置信区间下限（lower）和上限（upper），最后一列给出的是检验的结论，True 表示差异显著，False 表示差异不显著。结果显示，品种 1 和品种 3 之间的差异不显著，品种 1 和品种 2、品种 2 和品种 3 之间的差异均显著。

9.3　双因子方差分析

考虑两个因子（类别自变量）对数值因变量影响的方差分析称为**双因子方差分析**（two-way analysis of variance）。分析时有两种情形：一是只考虑两个因子对因变量的单独影响，即**主效应**（main effect），这时的方差分析称为只考虑主效应的双因子方差分析，或称为**无重复双因子分析**（two-factor without replication analysis）；二是除了两个因子的主效应外，还考虑两个因子的搭配对因变量产生的**交互效应**（interaction effect），这时的方差分析称为考虑交互效应的双因子方差分析，或称为**可重复双因子分析**（two-factor with replication analysis）。

9.3.1　数学模型

设因子 A 有 I 个处理，因子 B 有 J 个处理，两个因子共有 IJ 种不同的处理组合。如果每种处理组合只测得一个观测值，则有 IJ 个观测值，这样的测量属于无重复测量（无重复实验）；如果每种处理组合测得多个观测值，这样的测量就属于重复测量（重复实验）。如果每种处理组合重复测量的次数相同，将重复次数记为 K，这时两个因子的 IJ 种不同处理组合共有 IJK 个观测值。

如果只考虑主效应而不考虑交互效应，两个因子的每种组合可以只测得一个观测值，即 $K=1$。但考虑交互效应时，每种组合就必须重复测得多个观测值，一般要求每种处理的重复次数 K 不小于 2。

为便于表述，引进下列记号：

$\bar{\mu}_{i.}$：因子 A 的第 i 个处理的均值（$i=1, 2, \cdots, I$）。

$\bar{\mu}_{.j}$：因子 B 的第 j 个处理的均值（$j=1, 2, \cdots, J$）。

μ：总均值，它是所有处理均值 μ_{ij} 的平均。

α_i：因子 A 的效应。它衡量的是因子 A 的第 i 个处理均值与总均值的差异程度，即 $\alpha_i = \bar{\mu}_{i.} - \mu$。

β_j：因子 B 的效应。它衡量的是因子 B 的第 j 个处理均值与总均值的差异程度，即 $\beta_j = \bar{\mu}_{.j} - \mu$。

γ_{ij}：因子 A 的第 i 个处理和因子 B 的第 j 个处理搭配产生的交互效应。它衡量的是因子 A 的第 i 个处理和因子 B 的第 j 个处理组合（共有 IJ 个）对因变量产生的效应。

ε_{ijk}：误差。随机因子对因变量的影响。

这样，任何一个观测值 y_{ijk} 都可以表示成下面的线性组合，即

$$y_{ijk} = \mu + \alpha_i + \beta_j + \gamma_{ij} + \varepsilon_{ijk}\,(k = 1,\ 2,\ \cdots,\ K) \tag{9.7}$$

式（9.7）中：

y_{ijk} 为因子 A 的第 i 个处理和因子 B 的第 j 个处理组合的第 k 个观测值。

μ 为不考虑因子 A 和因子 B 及其交互影响时观测值的总均值，它是模型的常数项（截距）。

α_i 为因子 A 的处理为 i 时对观测数据的效应，它所对应的就是因子 A 的处理误差。

β_j 为因子 B 的处理为 j 时对观测数据的效应，它所对应的就是因子 B 的处理误差。

γ_{ij} 为因子 A 的第 i 个处理和因子 B 的第 j 个处理搭配产生的交互效应。

ε_{ijk} 为因子 A 的第 i 个处理和因子 B 的第 j 个处理组合中第 k 个观测值的随机误差，同时假定 ε_{ijk} 服从均值为 0、方差为常数的正态分布。

式（9.7）就是考虑交互效应时双因子方差分析的数学模型。

当交互效应 γ_{ij} 为 0 时，式（9.7）变为：

$$y_{ijk} = \mu + \alpha_i + \beta_j + \varepsilon_{ijk}\,(k = 1,\ 2,\ \cdots,\ K) \tag{9.8}$$

式（9.8）就是只考虑主效应时双因子方差分析的数学模型，显然它是交互效应方差分析模型的一个特例。

实际应用双因子方差分析时，应首先考虑交互效应模型，当交互效应不显著时，再考虑做主效应方差分析。考虑到方法的繁简程度，下面先介绍主效应方差分析。

9.3.2　主效应分析

1. 效应检验

对于因子 A 的 I 个处理和因子 B 的 J 个处理，要检验因子 A 和因子 B 对因变量的主效应，也就是检验如下假设：

检验因子 A 的假设：

　　H_0：$\alpha_i = 0$（$i = 1,\ 2,\ \cdots,\ I$）（因子 A 的处理效应不显著）

　　H_1：α_i 至少有一个不等于 0（因子 A 的处理效应显著）

检验因子 B 的假设：

　　H_0：$\beta_j = 0$（$j = 1,\ 2,\ \cdots,\ J$）（因子 B 的处理效应不显著）

　　H_1：β_j 至少有一个不等于 0（因子 B 的处理效应显著）

各因子的效应用误差来表示。检验上述假设时，与式（9.8）对应的误差分解过程如图 9-3 所示。

根据上述误差分解原理，可以构建用于检验因子 A 和因子 B 主效应的统计量 F_A 和 F_B。设：

y_{ijk} 为因子 A 的第 i 个处理和因子 B 的第 j 个处理组合的第 k 个观测值；

$\bar{y}_{i.}$ 为因子 A 的第 i 个处理的样本均值；

$\bar{y}_{.j}$ 为因子 B 的第 j 个处理的样本均值；

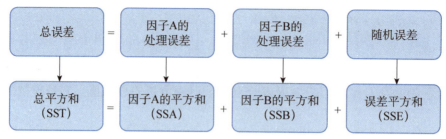

图 9-3   只考虑主效应的误差分解

$\overline{y}_{ij}$ 为因子 A 的第 i 个处理和因子 B 的第 j 个处理组合的样本均值；

$\overline{\overline{y}}$ 为全部 IJK 个观测值的总均值。

各平方和的计算公式如下：

$$总平方和\,SST = \sum_{i=1}^{I}\sum_{j=1}^{J}\sum_{k=1}^{K}\left(y_{ijk}-\overline{\overline{y}}\right)^2$$

$$因子\,A\,的平方和\,SSA = JK\sum_{i=1}^{I}\left(\overline{y}_{i.}-\overline{\overline{y}}\right)^2$$

$$因子\,B\,的平方和\,SSB = IK\sum_{j=1}^{J}\left(\overline{y}_{.j}-\overline{\overline{y}}\right)^2$$

$$交互效应平方和\,SSAB = K\sum_{i=1}^{I}\sum_{j=1}^{J}\left(\overline{y}_{ij}-\overline{y}_{i.}-\overline{y}_{.j}+\overline{\overline{y}}\right)^2$$

$$误差平方和\,SSE = SST-SSA-SSB-SSAB$$

将各平方和（SS）除以相应的自由度 df 得到各均方（MS），再将各处理均方（MSA 和 MSB）分别除以误差均方（MSE），即得到用于检验因子 A 和因子 B 主效应的统计量 F_A 和 F_B。

只考虑主效应的双因子方差分析表如表 9-3 所示。

表 9-3   只考虑主效应的双因子方差分析表

误差来源	平方和 SS	自由度 df	均方 MS	检验统计量 F
因子 A 的处理效应	SSA	$I-1$	$MSA = \dfrac{SSA}{I-1}$	$F_{A.} = \dfrac{MSA}{MSE}$
因子 B 的处理效应	SSB	$J-1$	$MSB = \dfrac{SSB}{J-1}$	$F_B = \dfrac{MSB}{MSE}$
误差	SSE	$IJK-I-J+1$	$MSE = \dfrac{SSE}{IJK-I-J+1}$	
总效应	SST	$IJK-1$		

注：如果两个因子的每种处理组合只测得一个观测值，即 $K=1$，则误差平方和 SSE 的自由度 df $=IJ-I-J+1=(I-1)(J-1)$，总平方和 SST 的自由度 df $=IJ-1$。

【例 9-4】（数据：example9_4.csv）假定在例 9-2 中，除了考虑品种对产量的影响外，还考虑施肥方式对产量的影响。设有甲、乙两种施肥方式，此时，3 个品种和两种施肥方式的搭配共有 3×2 = 6 种组合。如果选择 30 个地块进行实验，每一种搭配可以做 5 次实验，也就是每个品种的样本量为 5，这相当于每个品种重复做了 5 次实验。实验取得的数据如表 9-4 所示。检验品种和施肥方式对产量的影响是否显著($\alpha = 0.05$)。

表 9-4 小麦品种和施肥方式的实验数据 单位: kg

施肥方式	品种 1	品种 2	品种 3
甲	729	639	684
	738	648	711
	711	648	693
	729	594	684
	702	648	702
乙	801	693	801
	828	729	783
	783	693	756
	765	657	783
	774	711	783

解：设品种（因子 A）对产量的效应分别为 α_1（品种 1）、α_2（品种 2）和 α_3（品种 3）；施肥方式（因子 B）对产量的效应分别为 β_1（施肥方式甲）、β_2（施肥方式乙）。检验品种效应的假设为：

H_0: $\alpha_1 = \alpha_2 = \alpha_3 = 0$ （品种对产量的影响不显著）

H_1: α_1, α_2, α_3 至少有一个不等于 0（品种对产量的影响显著）

检验施肥方式效应的假设为：

H_0: $\beta_1 = \beta_2 = 0$ （施肥方式对产量的影响不显著）

H_1: β_1, β_2 至少有一个不等于 0（施肥方式对产量的影响显著）

主效应方差分析的 Python 代码和结果如代码框 9-4 所示。

代码框 9-4 主效应方差分析

```
# 将表 9-4 的短格式数据（table9_4）转为长格式，并另存为 example9_4
import pandas as pd
table9_4 = pd.read_csv('C:/pydata/example/chap09/table9_4.csv')

example9_4=pd.melt(table9_4, id_vars=['施肥方式'], value_vars=['品种 1', '品种 2', '品种 3'],
                var_name='品种', value_name='产量')          # 融合数据为长格式

# 输出主效应方差分析表
from statsmodels.formula.api import ols
from statsmodels.stats.anova import anova_lm

model2m = ols(formula='产量 ~ 品种+施肥方式',data=example9_4).fit()   # 拟合主效应模型
anova_lm(model2m, typ=1)      # 输出方差分析表
```

	df	sum_sq	mean_sq	F	PR(>F)
品种	2	45360	22680	54.328358	5.18E-10
施肥方式	1	38880	38880	93.134328	4.42E-10
Residual	26	10854	417.461538	NaN	NaN

```
# 输出模型的其他信息
print(model2m.summary())
```

```
                            OLS Regression Results
==============================================================================
Dep. Variable:                      产量   R-squared:                       0.886
Model:                             OLS   Adj. R-squared:                  0.873
Method:                  Least Squares   F-statistic:                     67.26
Date:                Sun, 12 Feb 2023   Prob (F-statistic):           2.21e-12
Time:                        13:24:43   Log-Likelihood:                -130.93
No. Observations:                   30   AIC:                             269.9
Df Residuals:                       26   BIC:                             275.5
Df Model:                            3
Covariance Type:             nonrobust
==============================================================================
                   coef    std err          t      P>|t|      [0.025      0.975]
------------------------------------------------------------------------------
Intercept       792.0000      7.461    106.157      0.000     776.664     807.336
品种[T.品种2]     -90.0000      9.137     -9.850      0.000    -108.782     -71.218
品种[T.品种3]     -18.0000      9.137     -1.970      0.060     -36.782       0.782
施肥方式[T.甲]    -72.0000      7.461     -9.651      0.000     -87.336     -56.664
==============================================================================
Omnibus:                        0.889   Durbin-Watson:                   2.269
Prob(Omnibus):                  0.641   Jarque-Bera (JB):                0.880
Skew:                          -0.360   Prob(JB):                        0.644
Kurtosis:                       2.570   Cond. No.                         4.22
==============================================================================
```

代码框 9-4 给出的方差分析表显示，检验品种和施肥方式两个因子的 P 值（PR(> F)）均接近于 0，表示两个因子对产量均有显著影响。

代码框 9-4 中的截距是模型 $y_{ijk} = \mu + \alpha_i + \beta_j + \varepsilon_{ijk}$ 中的常数项 μ，它表示不考虑"品种"和"施肥方式"影响时产量的均值为 792kg。由于 3 个品种共有 3 个参数，因此在估计模型的参数时，将第一个水平（本例为品种 1）作为参照水平，这相当于强制 $\alpha_1 = 0$，另外两个参数（品种 2 和品种 3）的估计值实际上就是与参照水平相比较的结果。比如，品种 2 的参数 $\alpha_2 = -90$，表示品种 2 对产量的效应。施肥方式的参数估计将施肥方式乙作为参照水平，也就是强制 $\beta_2 = 0$，$\beta_1 = -72$ 表示施肥方式为甲时对产量的效应，即施肥方式为甲时的产量比施肥方式为乙时的产量平均低 72kg。

2. 效应量分析

在双因子主效应方差分析中，衡量效应量大小的统计量是**偏效应**（partial effect），即偏 η^2。某个因子的偏效应是排除另一个因子的效应后，该因子对因变量影响的大小。

设因子 A 的偏效应量为 η_{Ap}^2，因子 B 的偏效应量 η_{Bp}^2，计算公式为：

$$\eta_{\mathrm{A}p}^2 = \frac{\text{因子A的平方和}}{\text{因子A的平方和}+\text{误差平方和}} = \frac{\text{SSA}}{\text{SSA}+\text{SSE}} \tag{9.9}$$

$$\eta_{\mathrm{B}p}^2 = \frac{\text{因子B的平方和}}{\text{因子B的平方和}+\text{误差平方和}} = \frac{\text{SSB}}{\text{SSB}+\text{SSE}} \tag{9.10}$$

例如，根据代码框 9-4 中的方差分析结果，得到品种和施肥方式的偏效应量分别为：

品种的偏效应量：

$$\eta_{\mathrm{A}p}^2 = \frac{45\,360}{45\,360+10\,854} = 0.806\,916$$

表示在排除施肥方式的影响后，品种因子解释了产量误差的 80.691 6%。

施肥方式的偏效应量：

$$\text{偏}\,\eta_{\mathrm{B}p}^2 = \frac{38\,880}{38\,880+10\,854} = 0.781\,759$$

表示在排除品种的影响后，施肥方式因子解释了产量误差的 78.175 9%。

除了两个因子的偏效应量外，还可以计算每个因子的主效应量，以反映每个因子对因变量的单独影响的大小。主效应量的计算方法是分别将每个因子的平方和除以总平方和，如式（9.3）所示。

例如，根据代码框 9-4 中的方差分析结果得到品种的主效应量为：

$$\eta_{\mathrm{A}}^2 = \frac{45\,360}{45\,360+38\,880+10\,854} = 0.477\,0$$

施肥方式的主效应量为：

$$\eta_{\mathrm{B}}^2 = \frac{38\,880}{45\,360+38\,880+10\,854} = 0.408\,9$$

即品种因子单独解释了产量误差的 47.70%，施肥方式因子单独解释了产量误差的 40.89%。

由于主效应量 η^2 具有可加性，因此将两个主效应量相加就是两个因子的**联合效应**（joint effect），它反映了两个因子联合起来对因变量影响的大小。例如，将品种的主效应量和施肥方式的主效应量相加，为 0.477 001 7 + 0.408 858 60 = 0.885 9，表示品种和施肥方式两个因子联合起来总共解释了产量误差的 88.59%。

计算主效应方差分析效应量的 Python 代码和结果如代码框 9-5 所示。

代码框 9-5　计算主效应方差分析的效应量

```
# 计算主效应量和偏效应量
model2m = ols(formula='产量 ~ 品种+施肥方式',data=example9_4).fit() # 拟合模型
df_res = anova_lm(model2m, typ=1)
df_res['eta_sq'] = df_res['sum_sq'] / df_res['sum_sq'].sum()    # 计算主效应量
df_res['eta_sq_part'] = df_res['sum_sq'] / (df_res['sum_sq'] +
                                            df_res.loc['Residual','sum_sq'])# 计算偏效应量
df_res[['eta_sq','eta_sq_part']][:2]    # 输出前 2 行效应量
```

	eta_sq	eta_sq_part
品种	0.477002	0.806916
施肥方式	0.408859	0.781759

代码框 9-5 中列出了每个因子的主效应量（eta_sq）和偏效应量（eta_sq_part）。

9.3.3　交互效应分析

1. 效应检验

如果除了考虑品种和施肥方式两个因子的主效应外，还考虑两个因子搭配对产量的交互作用，则方差分析的模型为式（9.7）。

对于因子 A 的 I 个处理和因子 B 的 J 个处理，要检验因子 A 的效应、因子 B 的效应、两个因子的交互效应，也就是检验如下假设。

检验因子 A 的假设：

H_0：$\alpha_i = 0$（$i = 1, 2, \cdots, I$）（因子 A 的处理效应不显著）

H_1：α_i 至少有一个不等于 0（因子 A 的处理效应显著）

检验因子 B 的假设：

H_0：$\beta_j = 0$（$j = 1, 2, \cdots, J$）（因子 B 的处理效应不显著）

H_1：β_j 至少有一个不等于 0（因子 B 的处理效应显著）

检验交互效应的假设：

H_0：$\gamma_{ij} = 0$（交互效应不显著）

H_1：γ_{ij} 至少有一个不等于 0（交互效应显著）

检验上述假设时，与式（9.7）对应的总误差分解过程可用图 9-4 表示。

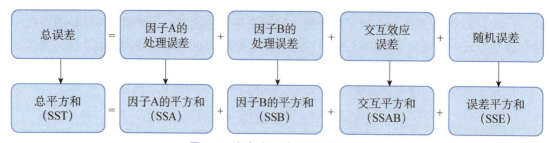

图 9-4　考虑交互效应的误差分解

根据上述误差分解原理，可以构建用于检验的统计量 F_A、F_B、F_{AB}。其原理与只考虑主效应的双因子方差分析类似，其方差分析表如表 9-5 所示。

表 9-5　考虑交互效应的双因子方差分析表

误差来源	平方和 SS	自由度 df	均方 MS	检验统计量 F
因子 A 的 处理效应	SSA	$I-1$	$\mathrm{MSA}=\dfrac{\mathrm{SSA}}{I-1}$	$F_{\mathrm{A}}=\dfrac{\mathrm{MSA}}{\mathrm{MSE}}$
因子 B 的 处理效应	SSB	$J-1$	$\mathrm{MSB}=\dfrac{\mathrm{SSB}}{J-1}$	$F_{\mathrm{B}}=\dfrac{\mathrm{MSB}}{\mathrm{MSE}}$
A、B 的 交互效应	SSAB	$(I-1)(J-1)$	$\mathrm{MSAB}=\dfrac{\mathrm{SSAB}}{(I-1)(J-1)}$	$F_{\mathrm{AB}}=\dfrac{\mathrm{MSAB}}{\mathrm{MSE}}$
误差	SSE	$IJ(K-1)$	$\mathrm{MSE}=\dfrac{\mathrm{SSE}}{IJ(K-1)}$	
总效应	SST	$IJK-1$		

【例 9-5】（数据：example9_4.csv）沿用例 9-4。检验品种、施肥方式及其交互效应对产量的影响是否显著 $(\alpha=0.05)$。

解： 设品种对产量的效应分别为 α_1（品种 1）、α_2（品种 2）和 α_3（品种 3）；施肥方式对产量的效应分别为 β_1（施肥方式甲）、β_2（施肥方式乙）；交互效应为 γ_{ij}。

检验品种效应的假设为：

H_0：$\alpha_1=\alpha_2=\alpha_3=0$（品种对产量的影响不显著）

H_1：α_1，α_2，α_3 至少有一个不等于 0（品种对产量的影响显著）

检验施肥方式效应的假设为：

H_0：$\beta_1=\beta_2=0$（施肥方式对产量的影响不显著）

H_1：β_1，β_2 至少有一个不等于 0（施肥方式对产量的影响显著）

检验交互效应的假设：

H_0：$\gamma_{ij}=0$（$i=1,\ 2,\ 3$；$j=1,\ 2$）（交互效应不显著）

H_1：γ_{ij} 至少有一个不等于 0（交互效应显著）

交互效应方差分析的代码和结果如代码框 9-6 所示。

代码框 9-6　交互效应的方差分析

```
# 交互效应方差分析表
import pandas as pd
from statsmodels.formula.api import ols
from statsmodels.stats.anova import anova_lm
example9_4 = pd.read_csv('C:/pydata/example/chap09/example9_4.csv')

model2i = ols(formula='产量 ~ 品种+施肥方式+品种:施肥方式',data=example9_4).fit()
anova_lm(model2i, typ=1)
```

	df	sum_sq	mean_sq	F	PR(>F)
品种	2.0	45360.0	22680.00	54.368932	1.220666E-09

施肥方式	1.0	38880.0	38880.00	93.203883	9.729467E-10
品种:施肥方式	2.0	842.4	421.20	1.009709	3.792836E-01
Residual	24.0	10011.6	417.15	NaN	NaN

```
# 输出模型的其他信息
print(model2i.summary())
```

```
                            OLS Regression Results
==============================================================================
Dep. Variable:                     产量   R-squared:                       0.895
Model:                            OLS   Adj. R-squared:                  0.873
Method:                 Least Squares   F-statistic:                     40.79
Date:                Sun, 12 Feb 2023   Prob (F-statistic):           5.77e-11
Time:                        14:21:48   Log-Likelihood:                -129.72
No. Observations:                  30   AIC:                             271.4
Df Residuals:                      24   BIC:                             279.9
Df Model:                           5
Covariance Type:            nonrobust
==============================================================================
                            coef    std err          t      P>|t|      [0.025      0.975]
------------------------------------------------------------------------------
Intercept                790.2000      9.134     86.512      0.000     771.348     809.052
品种[T.品种2]            -93.6000     12.917     -7.246      0.000    -120.260     -66.940
品种[T.品种3]             -9.0000     12.917     -0.697      0.493     -35.660      17.660
施肥方式[T.甲]           -68.4000     12.917     -5.295      0.000     -95.060     -41.740
品种[T.品种2]:施肥方式[T.甲]   7.2000     18.268      0.394      0.697     -30.503      44.903
品种[T.品种3]:施肥方式[T.甲] -18.0000     18.268     -0.985      0.334     -55.703      19.703
==============================================================================
Omnibus:                        1.127   Durbin-Watson:                   2.334
Prob(Omnibus):                  0.569   Jarque-Bera (JB):                0.644
Skew:                          -0.359   Prob(JB):                        0.725
Kurtosis:                       3.007   Cond. No.                         9.77
==============================================================================
```

```
# 绘制主效应和交互效应图（见图 9-5）
from statsmodels.graphics.api import interaction_plot
import matplotlib.pyplot as plt
df = pd.read_csv('C:/pydata/example/chap09/example9_4.csv')

y_col = '产量'; x1_col = '品种'; x2_col = '施肥方式'

plt.subplots(2, 2, figsize=(8, 7))
ax1 = plt.subplot(221)
interaction_plot(x=df[x2_col],trace=df[x1_col], response=df[y_col],
                 xlabel=y_col, ylabel=x2_col, ax=ax1)
ax1.set_title(f '{y_col} ~ {x2_col}|{x1_col}')

ax2 = plt.subplot(222)
df.boxplot(column=y_col, by=x1_col,grid=False, ax=ax2)
ax2.set_title(f '{y_col} ~ {x1_col}|{x1_col}')

ax3 = plt.subplot(223)
```

```
df.boxplot(column=y_col, by=x2_col,grid=False, ax=ax3)
ax3.set_title(f '{y_col} ~ {x2_col}|{x2_col}')

ax4 = plt.subplot(224)
interaction_plot(x=df[x1_col],trace=df[x2_col], response=df[y_col],
                 xlabel=y_col, ylabel=x1_col, ax=ax4)
ax4.set_title(f '{y_col} ~ {x1_col}|{x2_col}')

plt.tight_layout()
```

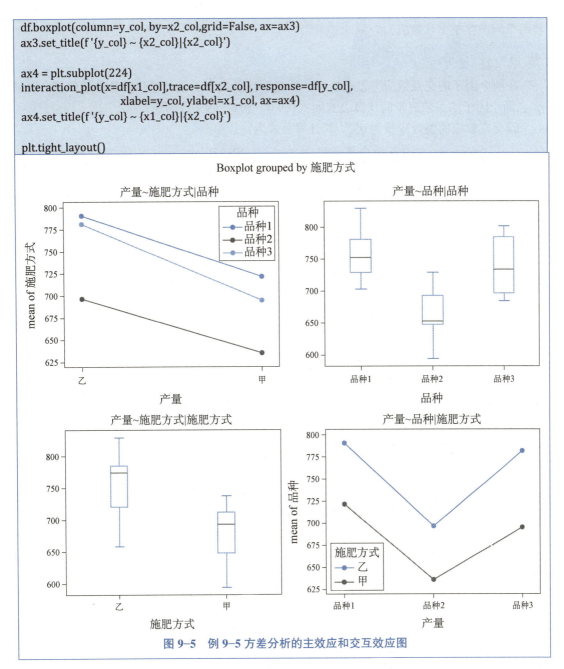

图 9-5 例 9-5 方差分析的主效应和交互效应图

代码框 9-6 中的方差分析表显示，检验品种和施肥方式的 P 值均小于 0.05，表示两个因子对产量的影响均显著；而检验交互效应的 $P = 0.379$，大于 0.05，表示交互效应对产量的影响不显著。

图 9-5 中的箱线图反映了两个因子的主效应，可观察品种和施肥方式的不同处理的产量差异；折线图反映了两个因子的交互效应。图中的各条折线基本上是平行的，表示两个因子间无明显的交互效应（无交互效应时，一个因子各处理间均值的差异不会随另一个因子处理的变化而变化，各条折线是平行的。如果各条线明显不平行或之间有交叉，则意味

着两个因子存在交互效应）。

2. 效应量分析

在两个因子的交互效应方差分析中，衡量效应量大小的统计量仍然是偏效应量，即偏 η^2。两个因子的偏效应量的计算公式如式（9.9）和式（9.10）所示。

设交互效应的偏效应量为 η^2_{ABp}，其计算公式为：

$$\eta^2_{ABp} = \frac{交互效应平方和}{交互效应平方和 + 误差平方和} = \frac{SSAB}{SSAB + SSE} \tag{9.11}$$

例如，根据代码框 9-6 中的方差分析结果，得到品种、施肥方式及其交互效应的偏效应量分别为：

品种的偏效应量：

$$\eta^2_{Ap} = \frac{45\,360}{45\,360 + 10\,011.6} = 0.819\,2$$

表示在排除施肥方式和交互效应的影响后，品种因子解释了产量误差的 81.92%。

施肥方式的偏效应量：

$$\eta^2_{Bp} = \frac{38\,880}{38\,880 + 10\,011.6} = 0.795\,2$$

表示在排除品种和交互效应的影响后，施肥方式解释了产量误差的 79.52%。

交互效应的偏效应量：

$$\eta^2_{ABp} = \frac{842.4}{842.4 + 10\,011.6} = 0.077\,6$$

表示在排除品种和施肥方式的影响后，交互效应解释了产量误差的 7.76%。这么小的偏效应量也佐证了上述检验中交互效应不显著的结论。

同样，可以将各因子的平方和分别除以总平方和计算出因子 A、因子 B 的主效应量以及交互效应 AB 的效应量。显然，各项主效应之和等于 1。

计算交互效应方差分析效应量的 Python 代码和结果如代码框 9-7 所示。

代码框 9-7　计算交互效应方差分析的效应量

```
model2i = ols(formula='产量 ~ 品种+施肥方式+品种:施肥方式',data=example9_4).fit()
df_res = anova_lm(model2i, typ=1)
df_res['eta_sq'] = df_res['sum_sq'] / df_res['sum_sq'].sum()
df_res['eta_sq_part'] = df_res['sum_sq'] / (df_res['sum_sq'] + df_res.loc['Residual', 'sum_sq'])
df_res.loc['Residual', 'eta_sq_part'] = np.nan
df_res[['eta_sq','eta_sq_part']][:3]    # 输出前 3 行效应量
```

	eta_sq	eta_sq_part
品种	0.477002	0.819193
施肥方式	0.408859	0.795229
品种:施肥方式	0.008859	0.077612

9.4 方差分析的假定及其检验

在方差分析模型中，假定误差项 ε 是期望值为 0、方差相等的正态独立随机变量，也就是说，误差项 ε 满足 3 个基本假定，即正态性、方差齐性和独立性。这些假定实际上也是对因变量 y 的假定，因此，在做方差分析之前，应首先对这些假定进行检验，考察数据是否适合做方差分析。

9.4.1 正态性检验

正态性（normality）假定要求每个处理所对应的总体都服从正态分布（检验正态性的方法见第 7 章），即对于任意一个处理，其观测值是来自正态总体的简单随机样本。例如，在例 9-1 中，要求每个品种的产量均服从正态分布；在例 9-4 中，还要求每种施肥方式的产量也均服从正态分布。

【**例 9-6**】（数据：example9_2.csv）沿用例 9-2。分别用 Q-Q 图和检验方法检验各品种小麦的产量是否服从正态分布。（$\alpha = 0.05$）。

解：首先，绘制 Q-Q 图来检验小麦产量是否服从正态分布。当每个处理的样本量足够大时，可以对每个样本绘制 Q-Q 图来检验每个处理对应的总体是否服从正态分布；当每个处理的样本量比较小时，正态概率图中的点很少，提供的正态性信息有限，这时可以将每个处理的样本数据合并绘制一幅正态概率图来检验正态性。由于本例中每个样本只有 10 个数据，因此将 3 个样本数据合并后绘制 Q-Q 图，Python 代码和结果如代码框 9-8 所示。

代码框 9-8 用 Q-Q 图检验正态性

```
#3 个品种的产量数据合并后的正态 Q-Q 图、直方图及核密度曲线（见图 9-6）
import pandas as pd
from matplotlib import pyplot as plt
import statsmodels.api as sm
import seaborn as sns
plt.rcParams['font.sans-serif'] = ['SimHei']
plt.rcParams['axes.unicode_minus'] = False
example9_2 = pd.read_csv('C:/pydata/example/chap09/example9_2.csv')

# 绘制 Q-Q 图
plt.subplots(1, 2, figsize=(8, 3.5))
ax1 = plt.subplot(121)
pplot = sm.ProbPlot(example9_2['产量'], fit=True)
pplot.qqplot(line='r', ax=ax1, xlabel='期望正态值', ylabel='标准化的观测值')
ax1.set_title('产量的正态 Q-Q 图', fontsize=12)

# 绘制直方图与核密度图
plt.subplot(122)
sns.histplot(example9_2['产量'],kde=True, bins=6,stat='frequency')
plt.title('产量的直方图与核密度图')


plt.tight_layout()
```

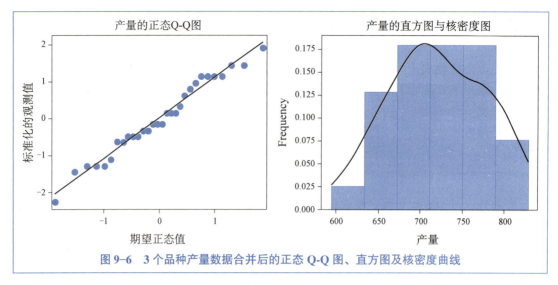

图 9-6   3 个品种产量数据合并后的正态 Q-Q 图、直方图及核密度曲线

图 9-6 中的正态 Q-Q 图显示，产量近似服从正态分布；直方图与核密度图显示，产量接近对称分布。

其次，如果 Q-Q 图不能确定产量是否近似服从正态分布，可以采用 S-W 检验或 K-S 检验来分析。以各品种的产量为例，检验的 Python 代码和结果如代码框 9-9 所示。

代码框 9-9   S-W 和 K-S 正态性检验

```
# 3 个品种产量的 S-W 正态性检验
import pandas as pd
from scipy.stats import shapiro
example9_1 = pd.read_csv('C:/pydata/example/chap09/example9_1.csv')
x1=example9_1['品种 1'];x2=example9_1['品种 2'];x3=example9_1['品种 3']

W1, p1_value = shapiro(x1)
W2, p2_value = shapiro(x2)
W3, p3_value = shapiro(x3)
print(f"品种 1：统计量 W1 ={W1: .5f}，P1 ={p1_value: .4g}",'\n'
      f"品种 2：统计量 W2 ={W2: .5f}，P2 ={p2_value: .4g}",'\n'
      f"品种 3：统计量 W3 ={W3: .5f}，P3 ={p3_value: .4g}")
```

品种 1：统计量 W1 = 0.95704，P1 = 0.7517
品种 2：统计量 W2 = 0.94408，P2 = 0.5992
品种 3：统计量 W3 = 0.84402，P3 = 0.04929

```
# 3 个品种产量的 K-S 正态性检验
from scipy.stats import kstest
x1=example9_1['品种 1'];x2=example9_1['品种 2'];x3=example9_1['品种 3']

D1, p1_value = kstest(x1, 'norm', alternative='two-sided', mode='asymp',
        args=(x1.mean(),x1.std()))
D2, p2_value = kstest(x2, 'norm', alternative='two-sided', mode='asymp',
        args=(x2.mean(),x2.std()))
D3, p3_value = kstest(x3, 'norm', alternative='two-sided', mode='asymp',
        args=(x3.mean(),x3.std()))
```

```
print(f"品种 1：统计量 D1 ={D1: .5f}，p 值 ={p1_value: .4g}",'\n'
      f"品种 2：统计量 D2 ={D2: .5f}，p 值 ={p2_value: .4g}",'\n'
      f"品种 3：统计量 D3 ={D3: .5f}，p 值 ={p3_value: .4g}")
```

品种 1：统计量 D1 = 0.17001，p 值 = 0.9347

品种 2：统计量 D2 = 0.18896，p 值 = 0.8675

品种 3：统计量 D3 = 0.22861，p 值 = 0.6728

注：也可以将 3 个品种的产量数据合并后进行检验。对于各施肥方式下的产量也可以做类似的检验，限于篇幅，这里不再演示，请读者自己完成。

代码框 9-9 中的结果显示，在 S-W 检验和 K-S 检验中，只有品种 3 的 P 值略微小于 0.05（可忽略不计），其余检验的 P 值均较大，可以认为不同的产量均近似服从正态分布。需要注意的是，由于 S-W 检验和 K-S 检验对正态性偏离较敏感，因此当样本数据轻微偏离正态分布时，往往会导致拒绝原假设。而方差分析对正态性的要求相对比较宽松，即使正态性略微不满足，对分析结果的影响也不是很大。因此，实际中应谨慎使用这些检验。

9.4.2　方差齐性检验

方差齐性（homogeneity of variance）假定要求各处理的总体方差 σ^2 必须相等，即 $\sigma_1^2 = \sigma_2^2 = \cdots = \sigma_I^2$。比如，在例 9-2 中，要求 3 个品种产量的方差都相等；在例 9-4 中，要求每个品种的产量和每种施肥方式的产量的方差都相等。检验方差齐性可以使用图示法，也可以使用标准的统计检验。

1. 图示法

检验方差齐性的图形有箱线图和残差图等。比如，绘制出每个样本数据的箱线图观察其离散程度，如果各样本箱线图的离散程度大致相同，那么方差齐性假定就可能满足。另一种图示法是绘制残差图。**残差**（residual）是实际观测值与预测值的差值，残差除以残差的标准差称为**标准化残差**（standardized residual）。以例 9-2 的单因子方差分析和例 9-5 的双因子方差分析为例，绘制残差图的代码和结果如代码框 9-10 所示。

代码框 9-10　用残差图检验方差齐性

```
import pandas as pd
from statsmodels.formula.api import ols
import statsmodels.api as sm
import matplotlib.pyplot as plt
plt.rcParams['font.sans-serif'] = ['SimHei']
plt.rcParams['axes.unicode_minus']=False

example9_2 = pd.read_csv('C:/pydata/example/chap09/example9_2.csv')
example9_4 = pd.read_csv('C:/pydata/example/chap09/example9_4.csv')
model = ols(formula='产量 ~ 品种',data=example9_2).fit()          # 拟合单因子模型
model2i = ols(formula='产量 ~ 品种+施肥方式+品种:施肥方式',data=example9_4).fit()
                                                    # 拟合交互效应模型
```

```
# 例 9-2 单因子方差分析的残差图（见图 9-7（a））
plt.subplots(1, 2, figsize=(8, 3.5))
plt.subplot(121)
plt.scatter(model.fittedvalues, model.resid,marker='*')
plt.xlabel('拟合值')
plt.ylabel('残差')
plt.title('(a) 例 9-2 的残差图', fontsize=13)
plt.axhline(0, ls='--',color='red')

# 例 9-5 交互效应方差分析的残差图（见图 9-7（b））
ax2 = plt.subplot(122)
plt.scatter(model2i.fittedvalues, model2i.resid,marker='*')
plt.xlabel('拟合值')
plt.ylabel('残差')
plt.title('(b) 例 9-5 的残差图', fontsize=13)
plt.axhline(0, ls='--',color='red')

plt.tight_layout()
```

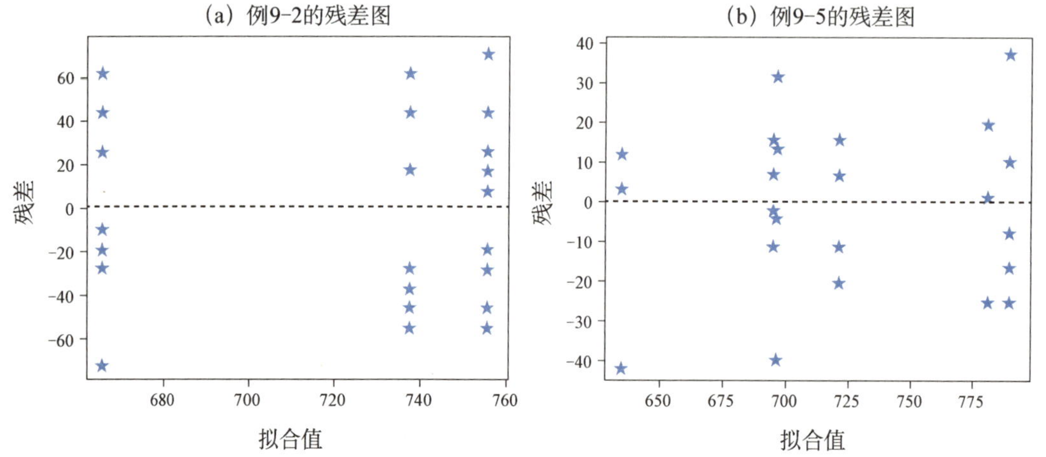

图 9-7   例 9-2 和例 9-5 方差分析模型的残差图

残差图的 x 轴是模型的拟合值，y 轴是预测残差。图 9-7（a）是例 9-2 单因子方差分析的残差图，图 9-7（b）是交互效应方差分析的残差图。图 9-7 显示，残差都没有离群点，拟合值和残差的散点随机分布在一个水平带之内，其离散程度也基本相同，表明单因子方差分析和交互效应方差分析均满足方差齐性。

2. 检验法

当残差图不能判断数据是否满足方差齐性时，可以使用检验的方法。方差齐性检验的方法有 Levene 检验、Bartlett 检验等，限于篇幅，这里只介绍 Levene 检验，它是由 H.Levene 于 1960 年提出的。该检验既可用于正态总体，也可用于非正态总体。

对于因子的 I 个处理，方差齐性检验的假设是：

$$H_0: \quad \sigma_1^2 = \sigma_2^2 = \cdots = \sigma_I^2$$

$$H_1: \quad \sigma_1^2, \ \sigma_2^2, \ \cdots, \ \sigma_I^2 \ 至少有两个不等$$

检验统计量为:

$$F = \frac{\mathrm{MSA}}{\mathrm{MSE}} \sim F(I-1, n-I) \tag{9.12}$$

式中, MSA 和 MSE 是对因变量实施 $y_i' = |y_i - \mathrm{Med}_i|$ 的变换后进行方差分析得到的处理均方和残差均方, Med_i 是第 i 个处理的 y 的中位数。

如果 $P < \alpha$, 则拒绝 H_0, 表示各总体的方差不相等。

【例 9–7】(数据: example9_4.csv) 沿用例 9–4。用 Levene 方法检验不同品种的产量和不同施肥方式的产量是否满足方差齐性($\alpha = 0.05$)。

解: Levene 检验的 Python 代码和结果如代码框 9–11 所示。

代码框 9–11　Levene 方差齐性检验

```
# 不同品种产量的 Levene 检验
import pandas as pd
from scipy.stats import levene
df = pd.read_csv('C:/pydata/example/chap09/example9_4.csv')

sample1 = df.loc[df['品种']=='品种 1', '产量'].values
sample2 = df.loc[df['品种']=='品种 2', '产量'].values
sample3 = df.loc[df['品种']=='品种 3', '产量'].values

F, p_value = levene(sample1, sample2, sample3)
print(f"统计量 F ={F: .4f},  p 值 ={p_value: .4g}")
```
统计量 F = 0.9292, p 值 = 0.4071

```
# 不同施肥方式产量的 Levene 检验
import pandas as pd
from scipy.stats import levene

sample1 = df.loc[df['施肥方式']=='甲', '产量'].values
sample2 = df.loc[df['施肥方式']=='乙', '产量'].values

F, p_value = levene(sample1, sample2)
print(f"统计量 F ={F: .4f},  p 值 ={p_value: .4g}")
```
统计量 F = 0.2323, p 值 = 0.6336

注: levene 函数中 center 参数默认为'median'。

代码框 9–11 中的 P 值均大于 0.05, 不拒绝 H_0, 可以认为各个品种的产量和不同施肥方式的产量均满足方差齐性。

在方差分析中, 对方差齐性的要求相对宽松, 当方差略有不齐时, 对分析结果的影响不是很大。特别是当各处理的样本量相同时, 方差分析对于不等方差是稳健的。

除正态性和方差齐性假定外, 方差分析中还有一个重要的假定, 即**独立性**(independence)。该假定要求每个样本数据是来自不同处理的独立样本。比如, 在例 9–4

中，3 个品种的产量数据是来自 3 个不同品种产量总体的 3 个独立样本，两种施肥方式的产量是来自两种施肥方式产量总体的两个独立样本。方差分析对独立性的要求比较严格，若该假设得不到满足，方差分析的结果往往会受到较大影响。独立性可在实验设计之前予以确定，不需要检验，因为在获取数据之前，实验的安排是否独立，研究者本身就是清楚的。

习题

9.1 一家牛奶公司有 4 台机器装填牛奶，每桶的容量为 4L。下面是从 4 台机器中抽取的装填量样本数据（单位：L）：

机器 1	机器 2	机器 3	机器 4
4.05	3.99	3.97	4.00
4.01	4.02	3.98	4.02
4.02	4.01	3.97	3.99
4.04	3.99	3.95	4.01
4.00	4.00	4.02	4.00
4.03	4.05	4.00	4.03

（1）检验机器对装填量是否有显著影响（$\alpha = 0.01$）。
（2）分析效应量。
（3）采用 HSD 方法比较哪些机器的装填量之间存在显著差异。
（4）检验装填量是否满足正态性和方差齐性。

9.2 一家管理咨询公司为不同的客户提供人力资源管理讲座。每次讲座的内容基本上一样，听课者有时是高层管理者，有时是中层管理者，有时是基层管理者。该咨询公司认为，不同层级的管理者对讲座的满意度是不同的。听完讲座后，随机抽取不同层级的管理者，他们的满意度评分如下（评分标准是 1~10，10 代表非常满意）：

高层管理者	中层管理者	基层管理者
7	8	5
7	9	6
8	8	5
7	10	7
9	9	4
8	10	8

（1）检验管理者的层级不同是否会导致评分有显著差异（$\alpha = 0.05$），并分析效应量。
（2）采用 HSD 方法比较管理者的评分之间的差异。
（3）检验满意度评分是否满足正态性和方差齐性。

9.3 某家电制造公司准备购进一批 5 号电池，现有 A、B、C 三个电池生产企业愿意供货。为比较它们生产的电池质量，从每个企业中各随机抽取 5 节电池，经实验得其使用寿命（单位：小时）数据如下：

实验号	电池生产企业		
	A	B	C
1	50	32	45
2	50	28	42
3	43	30	38
4	40	34	48
5	39	26	40

（1）分析 3 家企业生产的电池平均寿命之间有无显著差异（$\alpha = 0.05$），并分析效应量。

（2）如果有差异，用 HSD 方法检验哪些企业之间有差异。

9.4 有 5 个不同品种的种子和 4 个不同的施肥方案，在 20 块同样面积的土地上分别采用 5 种种子和 4 个施肥方案搭配进行实验，取得的产量数据（单位：吨）如下：

品种	施肥方案			
	1	2	3	4
1	12.0	9.5	10.4	9.7
2	13.7	11.5	12.4	9.6
3	14.3	12.3	11.4	11.1
4	14.2	14.0	12.5	12.0
5	13.0	14.0	13.1	11.4

（1）检验不同品种和不同施肥方案对产量的影响是否显著（$\alpha = 0.05$）。

（2）计算偏效应量并进行分析。

9.5 城市道路交通管理部门为研究不同路段和不同时段对行车时间的影响，派一名交通警察分别在 3 个路段的高峰期与非高峰期亲自驾车进行实验，通过实验共获得 30 个行车时间（单位：分钟）数据。

时段	路段		
	路段 1	路段 2	路段 3
高峰期	36.5	28.1	32.4
	34.1	29.9	33.0
	37.2	32.2	36.2
	35.6	31.5	35.5
	38.0	30.1	35.1
非高峰期	30.6	27.6	31.8
	27.9	24.3	28.0
	32.4	22.0	26.7
	31.8	25.4	29.3
	27.3	21.7	25.6

（1）分析路段、时段以及路段和时段的交互作用对行车时间的影响（$\alpha = 0.05$）。

（2）计算偏效应量并进行分析。

第10章 回归分析

研究某些实际问题时，往往涉及多个数值变量，如果这些变量之间存在某种关系，并且能用数学模型把这种关系表示出来，那么就可以利用这一模型来解释变量间的关系，或根据给定的变量来预测所关注的变量，这就是**回归**（regression）要解决的问题。**回归分析**（regression analysis）本质上是对变量之间关系的分析，因此，本章首先介绍相关分析的有关知识，然后介绍一元线性回归和多元线性回归的建模方法。

10.1 变量间的关系

建立回归模型时，首先需要确定变量之间的关系，然后依据变量间的关系建立适当的模型。因此，变量间关系的分析是回归建模的基础。分析变量之间的关系需要解决下面的问题：（1）变量之间是否有关系；（2）如果有，它们之间是什么关系；（3）变量之间的关系强度如何；（4）样本所反映的变量之间的关系能否代表总体变量之间的关系。

10.1.1 相关关系的描述

变量间的关系大体上分为两种类型，即函数关系和相关关系。函数关系是人们比较熟悉的。设有两个变量 x 和 y，变量 y 随着变量 x 的变化而变化，并完全依赖于 x，当 x 取某个值时，y 依据确定的关系取相应的值，则称 y 是 x 的函数，记为 $y = f(x)$。

在实际问题中，有些变量间的关系并不像函数关系那么简单。例如，家庭收入与家庭支出之间就不是完全确定的关系。收入水平相同的家庭，它们的支出往往不同，而支出相同的家庭，它们的收入水平也可能不同。这意味着家庭支出并不能完全由家庭收入这一个因素决定，还受消费水平、银行利率等其他因素的影响。正是由于影响一个变量的因素有多个，才造成了它们之间关系的不确定性。变量之间这种不确定的关系称为**相关关系**（correlation）。

相关关系的特点是：一个变量的取值不能由另一个变量唯一确定，当变量 x 取某个值时，变量 y 的取值可能有多个，或者说，当 x 取某个固定的值时，y 的取值对应着一个分布。例如，身高（x）与体重（y）的关系就属于相关关系。一般来说，身高较高的人，其体重也较重。但实际情形并非完全如此，体重并不完全由身高这一个因素决定，还受饮食习惯等其他许多因素的影响。因此，身高相同的人，体重的取值可能有多个，即身高取某个值时，体重的取值对应着一个分布。

相关分析（correlation analysis）的目的是描述变量间的关系，并对关系强度进行度量。描述相关关系的常用工具是散点图。对于两个变量 x 和 y，可以根据散点图的分布形态判断它们之间有没有关系、有什么关系及关系的大致强度等。

【**例 10-1**】（数据：example10_1.csv）为了研究上市公司各项指标之间的关系，随机抽取 25 家上市公司，得到 4 项财务数据如表 10-1 所示。绘制 4 个变量的散点图并分析它们之间的关系。

表 10-1　25 家上市公司的有关财务数据　（前 5 行和后 5 行）

样本编号	每股收益（元）	每股净资产（元）	每股现金流量（元）	总股本（亿股）
1	0.88	5.86	1.50	2.28
2	1.14	11.13	4.95	9.09
3	4.88	17.30	1.93	7.37
4	3.23	8.08	1.80	1.45
5	7.83	19.97	4.13	6.32
……	……	……	……	……
21	15.65	29.82	12.90	5.39
22	1.66	9.57	0.95	4.45
23	1.25	10.96	2.58	6.79
24	0.47	7.35	1.48	2.53
25	6.86	13.94	22.80	6.43

解： 如果只关注两个变量之间的关系，则可以绘制一幅散点图。如果关注 4 个变量两两之间的关系，则可以绘制散点图矩阵。代码和结果如代码框 10-1 所示。

代码框 10-1　绘制散点图矩阵

```python
# 图 10-1 的绘制代码
import pandas as pd
import seaborn as sns
import matplotlib.pyplot as plt
plt.rcParams['font.sans-serif'] = ['SimHei']
plt.rcParams['axes.unicode_minus'] = False
df = pd.read_csv('C:/pydata/example/chap10/example10_1.csv')

sns.pairplot(df[['每股收益','每股净资产','每股现金流量','总股本']],
             height=2,diag_kind='kde', markers='.',kind='reg' )
```

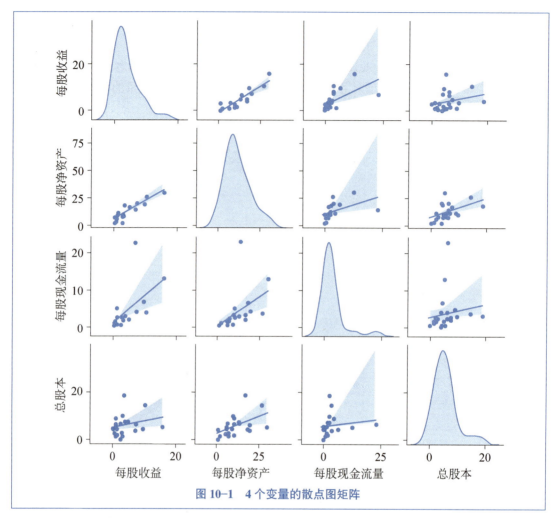

图 10-1　4 个变量的散点图矩阵

图 10-1 显示，每股收益与每股净资产之间的线性关系最强，每股现金流量与总股本之间的线性关系最弱，其他变量之间也都存在一定的线性相关关系。

10.1.2　关系强度的度量

根据散点图可以判断两个变量之间有无相关关系，并对关系形态做出大致描述，但若要准确度量变量间的关系强度，则需要计算相关系数。

1. 相关系数及其解读

相关系数（correlation coefficient）是度量两个变量之间线性关系强度的统计量。样本相关系数记为 r，计算公式为：

$$r = \frac{\sum (x_i - \bar{x})(y_i - \bar{y})}{\sqrt{\sum (x_i - \bar{x})^2 \cdot \sum (y_i - \bar{y})^2}} \tag{10.1}$$

按式（10.1）计算的相关系数也称为**Pearson 相关系数**[①]（Pearson's correlation coefficient）。

计算相关系数时，假定两个变量之间是线性关系，两个变量都是随机变量且服从一个联合的双变量正态分布[②]。此外，样本数据中不应有极端值，否则会对相关系数的值产生较大影响。

r 的取值范围为 $-1 \sim 1$，即 $-1 \leqslant r \leqslant 1$。$|r| \to 1$ 表示两个变量之间的线性关系强；$|r| \to 0$ 表示两个变量之间的线性关系弱。$r > 0$ 表示 x 与 y 之间为正线性相关；$r < 0$ 表示 x 与 y 之间为负线性相关；$|r| = 1$ 表示 x 与 y 之间为完全线性相关，其中 $r = 1$ 表示 x 与 y 之间为完全正线性相关，$r = -1$ 表示 x 与 y 之间为完全负线性相关；$r = 0$ 表示 x 与 y 之间不存在线性相关。需要注意的是，r 仅仅是 x 与 y 之间线性关系的一种度量，它不能用于描述非线性关系。这意味着 $r = 0$ 只表示两个变量之间不存在线性相关，并不表示变量之间没有任何关系，比如它们之间可能存在非线性关系。当变量之间的非线性相关程度较强时，就可能会导致 $r = 0$。因此，当 $r = 0$ 或很小时，不能轻易得出两个变量之间没有关系的结论，而应结合散点图做出合理解释。

2. 相关系数的检验

设总体相关系数为 ρ，ρ 通常是未知的，需要根据样本相关系数 r 做出近似估计。由于 r 是根据样本数据计算的，抽取的样本不同，r 的取值也就不同，因此 r 是一个随机变量。能否用样本相关系数表示总体的相关程度，需要考察样本相关系数的可靠性，也就是进行显著性检验。

相关系数的显著性检验通常采用 R. A. Fisher 提出的 t 检验方法，该检验可用于小样本，也可用于大样本。检验的具体步骤如下：

第 1 步：提出假设：

H_0：$\rho = 0$（两个变量之间的线性关系不显著）

H_1：$\rho \neq 0$（两个变量之间的线性关系显著）

第 2 步：计算检验统计量：

$$t = \frac{r\sqrt{n-2}}{\sqrt{1-r^2}} \sim t(n-2) \tag{10.2}$$

第 3 步：做出决策。求出统计量的 P 值，如果 $P < \alpha$，则拒绝 H_0，表示总体的两个变量之间线性关系显著。

【例 10-2】（数据：example10_1.csv）沿用例 10-1。计算 4 个变量两两之间的相关系数，并检验其显著性（$\alpha = 0.05$）。

解：将相关系数的结果以矩阵形式给出，代码和结果如代码框 10-2 所示。

代码框 10-2　相关系数的计算和检验

```
# 计算相关系数矩阵
import pandas as pd
```

---

① 相关和回归的概念是 1877—1888 年间由 Francis Galton 提出的，但真正使该理论系统化的是卡尔·皮尔逊，为纪念他的贡献，也将相关系数称为 Pearson 相关系数。

② 注意：并不是简单地要求两个变量各自服从正态分布。

```
from scipy.stats import pearsonr
df = pd.read_csv('C:/pydata/example/chap10/example10_1.csv')

corr = df.iloc[:,1:].corr()
corr
```

	每股收益	每股净资产	每股现金流量	总股本
每股收益	1.000000	0.886292	0.598971	0.254539
每股净资产	0.886292	1.000000	0.482134	0.521195
每股现金流量	0.598971	0.482134	1.000000	0.147115
总股本	0.254539	0.521195	0.147115	1.000000

```
# 相关系数的检验
col = ['每股收益', '每股净资产', '每股现金流量', '总股本']
df_pvalue = pd.DataFrame(index=col, columns=col)
for i in range(1, 5):
    for j in range(1, 5):
        cor, p_value = pearsonr(df.iloc[:,i], df.iloc[:,j])    # 计算 Pearson 相关系数
        df_pvalue.iloc[i-1, j-1] = p_value                     # 给出双尾检验 P 值
df_pvalue
```

	每股收益	每股净资产	每股现金流量	总股本
每股收益	0	3.76E-09	0.00155796	0.21949
每股净资产	3.76E-09	0	0.01466	0.00754821
每股现金流量	0.00155796	0.01466	0	0.482835
总股本	0.21949	0.00754821	0.482835	0

注：如果只计算两个变量之间的相关系数并进行检验，如每股收益与每股净资产，则可以使用代码 "pearsonr(df['每股收益'], df['每股净资产'])"，结果为(0.886292, 3.7604e-09)，第 1 个值为相关系数，第 2 个值为检验的 P 值。

代码框 10–2 中的相关系数矩阵给出了 4 个变量两两之间的相关系数。结果显示，每股收益与每股净资产的相关系数最大，为 0.886 292，表示二者之间的线性关系较强，而每股现金流量与总股本的相关系数最小，仅为 0.147 115，表示二者之间的线性关系非常弱，可以说几乎不存在线性关系。

检验的 P 值矩阵给出了相关系数检验的双尾 P 值。结果显示，每股收益与总股本、每股现金流量与总股本之间检验的 P 值较大（大于 0.05），表示这些变量之间的线性关系不显著，其余变量之间检验的 P 值均较小（小于 0.05），表示它们之间的线性关系显著。

10.2   一元线性回归

10.2.1   什么是回归分析

在相关分析中，所有变量的地位都相同。回归分析则不同，需要对变量的地位做出区分。下面利用例 10–1 的数据来理解回归的含义。

例 10–1 中涉及 4 个变量，如果将这些变量一视同仁，仅对变量间的关系进行分析，

这就是相关分析；如果特别关注其中的某个变量，比如，特别关注每股收益，而将其余变量看作影响每股收益的因素，分析的目的是想利用其余变量来解释或预测每股收益，这就是回归分析。

在回归分析中，研究者特别关注的变量称为**因变量**（dependent variable）或**响应变量**（response variable），用 y 表示。如果分析的目的是想利用其余变量解释因变量，则因变量也称为被解释变量；如果分析的目的是想利用其余变量来预测因变量，则因变量也称为被预测变量。用来预测或解释因变量的一个或多个变量称为**自变量**（independent variable），用 x 表示。当用自变量解释因变量时，自变量也称为**解释变量**（explanatory variable）；当用自变量预测因变量时，自变量也称为**预测变量**（predictor variable）。比如，在例 10-1 中，如果特别关注每股收益，而将每股净资产、每股现金流量和总股本看作影响每股收益的因素，分析的目的是想用每股净资产、每股现金流量和总股本来解释或预测每股收益，则每股收益就是因变量，每股净资产、每股现金流量和总股本就是自变量。

在回归分析中，只涉及一个自变量时称为一元回归，涉及多个自变量时则称为多元回归。如果因变量与自变量之间是线性关系，则称为**线性回归**（linear regression）；如果因变量与自变量之间是非线性关系，则称为**非线性回归**（nonlinear regression）。本章主要介绍线性回归。

10.2.2　模型估计

确定变量间的关系后，就可以依据关系形态建立适当的回归模型。回归分析通过适当的数学模型将变量间的关系表达出来，进而通过一个或几个自变量的取值来解释或预测因变量。一元线性回归建模的步骤大致如下：

第 1 步：确定因变量和自变量，并确定它们之间的关系。

第 2 步：如果因变量与自变量之间为线性关系，则建立线性关系模型，并对模型进行估计和检验。

第 3 步：利用回归方程进行预测。

第 4 步：对回归模型进行诊断。

1. 回归模型与回归方程

设因变量为 y，自变量为 x。模型中只涉及一个自变量时称为一元回归，若 y 与 x 之间为线性关系，则称为一元线性回归。描述因变量 y 如何依赖于自变量 x 和误差项 ε 的方程称为**回归模型**（regression model）。一元线性回归模型可表示为：

$$y = \beta_0 + \beta_1 x + \varepsilon \tag{10.3}$$

式中，β_0 和 β_1 为模型的参数。

式（10.3）表示，在一元线性回归模型中，y 等于 x 的线性函数（$\beta_0 + \beta_1 x$）加上误差项 ε。$\beta_0 + \beta_1 x$ 反映了由于 x 的变化而引起的 y 的线性变化；ε 是称为误差项的随机变量，它是除 x 以外的其他随机因素对 y 的影响，是不能由 x 和 y 之间的线性关系所解释的 y 的误差。

建立一元线性回归模型时，首先假定因变量 y 与自变量 x 之间为线性关系[①]，而且自变量 x 的取值是事先给定的（假定 x 是非随机变量），而 y 则是随机变量。这意味着对于任意一个给定的 x 值，y 的取值都对应着一个分布，因此，$E(y) = \beta_0 + \beta_1 x$ 代表一条直线。但由于单个的数据点是从 y 的分布中抽取出来的，可能不在这条直线上，因此必须包含一个误差项 ε 来描述模型的观测点，并对 ε 做出以下假定：

（1）正态性。ε 是一个服从正态分布的随机变量，且期望值为 0，即 $E(\varepsilon) = 0$。这意味着在式（10.3）中，由于 β_0 和 β_1 都是常数，有 $E(\beta_0) = \beta_0$，$E(\beta_1) = \beta_1$，因此对于一个给定的 x 值，y 的期望值为 $E(y) = \beta_0 + \beta_1 x$。

（2）方差齐性。对于所有的 x 值，ε 的方差 σ^2 都相同。这意味着对于一个给定的 x 值，y 的方差也都等于 σ^2。

（3）独立性。对于一个给定的 x 值，它所对应的 ε 与其他 x 值所对应的 ε 不相关。因此，对于一个给定的 x 值，它所对应的 y 值与其他 x 所对应的 y 值也不相关。这表示，在 x 取某个给定值的情形下，y 的变化由误差项 ε 的方差 σ^2 决定。当 σ^2 较小时，y 的观测值非常靠近直线；当 σ^2 较大时，y 的观测值将偏离直线。对于任意一个给定的 x 值，y 都服从期望值为 $E(y) = \beta_0 + \beta_1 x$、方差为 σ^2 的正态分布，并且不同的 x 具有相同的方差。

回归模型中的参数 β_0 和 β_1 是未知的，需要利用样本数据去估计。当用样本统计量 $\hat{\beta}_0$ 和 $\hat{\beta}_1$ 估计参数 β_0 和 β_1 时，就得到了估计的回归方程（estimated regression equation），它是根据样本数据求出的回归模型的估计。一元线性回归模型的估计方程为：

$$\hat{y} = \hat{\beta}_0 + \hat{\beta}_1 x \tag{10.4}$$

式中，$\hat{\beta}_0$ 为估计的回归直线在 y 轴上的截距；$\hat{\beta}_1$ 为直线的斜率，也称为回归系数（regression coefficient），它表示 x 每改变一个单位时，y 的平均改变量。

2. 参数的最小二乘估计

模型参数的估计通常采用**普通最小二乘法**（ordinary least squares method，OLS），简称最小二乘法或最小平方法（least squares method），它是通过使因变量的观测值 y_i 与估计值 $\hat{y}_i$ 之间的离差平方和达到最小来估计 β_0 和 β_1。最小二乘法的含义可用图 10-2 表示。

根据最小二乘法估计参数可知 β_0 和 β_1 的抽样分布，并且在一定条件下，β_0 和 β_1 的最小二乘估计量具有性质 $E(\hat{\beta}_0) = \beta_0$、$E(\hat{\beta}_1) = \beta_1$，与其他估计量相比，其抽样分布具有较小的方差。正是基于上述性质，最小二乘法广泛应用于回归模型参数的估计。

根据最小二乘法，有

$$\sum (y_i - \hat{y}_i)^2 = \sum (y_i - \hat{\beta}_0 - \hat{\beta}_1 x_i)^2 = 最小 \tag{10.5}$$

令 $Q = \sum (y_i - \hat{y}_i)^2$，在给定样本数据后，$Q$ 是 $\hat{\beta}_0$ 和 $\hat{\beta}_1$ 的函数且最小值总存在。根据微积分的极值定理，对 Q 求关于 $\hat{\beta}_0$ 和 $\hat{\beta}_1$ 的偏导数并令其等于 0，便可求出 $\hat{\beta}_0$ 和 $\hat{\beta}_1$，即

[①] 也可以利用 10.1 节介绍的相关分析来确定因变量 y 与自变量 x 之间是否为线性关系。

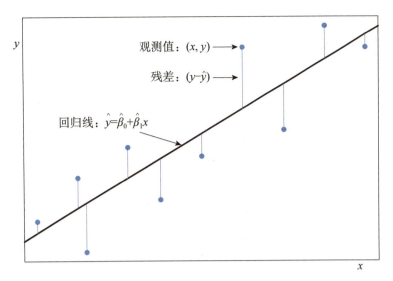

图 10-2　最小二乘法示意图

$$\begin{cases} \left.\dfrac{\partial Q}{\partial \beta_0}\right|_{\beta_0=\hat{\beta}_0} = -2\sum_{i=1}^{n}\left(y_i - \hat{\beta}_0 - \hat{\beta}_1 x_i\right) = 0 \\[3mm] \left.\dfrac{\partial Q}{\partial \beta_1}\right|_{\beta_1=\hat{\beta}_1} = -2\sum_{i=1}^{n} x_i\left(y_i - \hat{\beta}_0 - \hat{\beta}_1 x_i\right) = 0 \end{cases} \qquad (10.6)$$

解上述方程组得：

$$\begin{cases} \hat{\beta}_1 = \dfrac{\sum\left(x_i - \overline{x}\right)\left(y_i - \overline{y}\right)}{\sum\left(x_i - \overline{x}\right)^2} \\[4mm] \hat{\beta}_0 = \overline{y} - \hat{\beta}_1 \overline{x} \end{cases} \qquad (10.7)$$

【例 10-3】（数据：example10_1.csv）沿用例 10-1。拟合每股收益（因变量 y）与每股净资产（自变量 x）的估计的回归方程。

解： 回归分析的代码和结果如代码框 10-3 所示。

代码框 10-3　一元线性回归模型的拟合

```
# 拟合回归模型
import pandas as pd
from statsmodels.formula.api import ols
df = pd.read_csv('C:/pydata/example/chap10/example10_1.csv')

model1= ols("每股收益 ~ 每股净资产",data=df).fit()
print(model1.summary())
```

```
                      OLS Regression Results
==============================================================================
Dep. Variable:            每股收益   R-squared:                       0.786
Model:                       OLS   Adj. R-squared:                  0.776
Method:            Least Squares   F-statistic:                     84.23
Date:           Sun, 19 Feb 2023   Prob (F-statistic):           3.76e-09
```

Time:		16:06:36	Log-Likelihood:			−49.130
No. Observations:		25	AIC:			102.3
Df Residuals:		23	BIC:			104.7
Df Model:		1				
Covariance Type:		nonrobust				

	coef	std err	t	P>|t|	[0.025	0.975]
Intercept	−1.6700	0.698	−2.392	0.025	−3.115	−0.225
每股净资产	0.4675	0.051	9.178	0.000	0.362	0.573

Omnibus:		1.134	Durbin-Watson:	1.993
Prob(Omnibus):		0.567	Jarque-Bera (JB):	1.082
Skew:		0.419	Prob(JB):	0.582
Kurtosis:		2.420	Cond. No.	26.7

Notes:
[1] Standard Errors assume that the covariance matrix of the errors is correctly specified.

```
# 输出方差分析表
from statsmodels.stats.anova import anova_lm
anova_lm(model1, typ=1)
```

	df	sum_sq	mean_sq	F	PR(>F)
每股净资产	1	272.995423	272.995423	84.233159	0.000000
Residual	23	74.541841	3.240950	NaN	NaN

代码框 10-3 中的结果显示，每股收益与每股净资产的估计方程为：

$$\hat{y} = -1.670\,0 + 0.467\,5 \times 每股净资产$$

将每股净资产的各个取值代入上述估计方程，可以得到每股收益的各个估计值 $\hat{y}_i$。回归系数 $\hat{\beta}_1 = 0.467\,5$ 表示，每股净资产每变动（增加或减少）1 元，每股收益平均变动（增加或减少）0.467 5 元。在回归分析中，对截距 $\hat{\beta}_0$ 通常不做实际意义上的解释，除非 x 取 0 有实际意义。代码框 10-3 输出的其他结果将在后面陆续介绍。

10.2.3 模型评估和检验

回归模型是根据样本数据建立的，一个具体的样本拟合的估计方程仅仅是模型的多个估计方程之一。这个估计方程是否足够好地拟合了数据，能否作为总体回归模型的代表，这都需要对回归模型进行评估和检验，之后才能确定模型是否可用。

1. 模型评估

根据估计方程 $\hat{y} = \hat{\beta}_0 + \hat{\beta}_1 x$，可用自变量 x 的取值来预测因变量 y 的取值。但预测的精度取决于回归模型对观测数据的拟合程度。如果各观测点都落在这一直线上，模型就是对数据的完全拟合，此时用 x 来估计 y 是没有误差的。各观测点越是紧密围绕直线，模型对观测数据的拟合程度就越好，反之则越差。回归直线与各观测点的接近程度称为回归模型的**拟合优度**（goodness of fit）。评价拟合优度的一个重要统计量就是**决定系数**（coefficient of determination）。

　　决定系数是对回归模型拟合优度的度量。为理解它的含义，需要考察因变量 y 的取值的误差。

　　因变量 y 的取值是不同的，y 的取值的这种波动称为误差。误差的产生来自两个方面：一是由自变量 x 的取值不同造成的；二是 x 以外的其他随机因素的影响。对于一个具体的观测值来说，误差的大小可以用 $(y_i - \overline{y})$ 来表示，如图 10–3 所示。n 个观测值的总误差可用误差的平方和表示，称为总平方和，记为 SST，即 $\mathrm{SST} = (y_i - \overline{y})^2$。

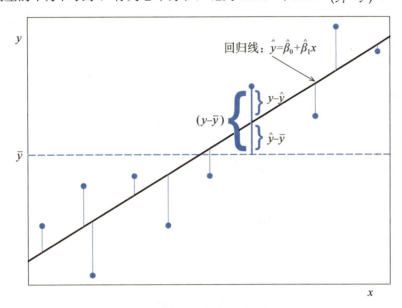

图 10–3　误差分解示意图

　　图 10–3 显示，每个观测值的误差都可以分解为两部分：$y_i - \overline{y} = (y_i - \hat{y}_i) + (\hat{y}_i - \overline{y})$。两边平方并对所有 n 个点求和，有

$$\sum(y_i - \overline{y})^2 = \sum(y_i - \hat{y}_i)^2 + \sum(\hat{y}_i - \overline{y})^2 + 2\sum(y_i - \hat{y}_i)(\hat{y}_i - \overline{y}) \tag{10.8}$$

可以证明，$\sum(y_i - \hat{y}_i)(\hat{y}_i - \overline{y}) = 0$，因此有

$$\sum(y_i - \overline{y})^2 = \sum(y_i - \hat{y}_i)^2 + \sum(\hat{y}_i - \overline{y})^2 \tag{10.9}$$

式（10.9）的左边为总平方和 SST，它被分解为两部分：$\sum(\hat{y}_i - \overline{y})^2$ 是回归值 $\hat{y}_i$ 与均值 $\overline{y}$ 的误差平方和，它是由 x 的变化引起的 y 的变化，反映了 y 的总误差中由 x 的变化引起的 y 的变化部分，是可以由回归直线来解释的 y_i 的误差部分，称为**回归平方和**（regression sum of squares），记为 SSR；$\sum(y_i - \hat{y}_i)^2$ 是实际观测值与回归值的误差平方和，它是除了 x 对 y 的线性影响之外的其他随机因素对 y 的影响，是不能由回归直线来解释的 y_i 的误差部分，称为**残差平方和**（residual sum of squares），记为 SSE。三个平方和的关系为：

总平方和（SST）=回归平方和（SSR）+残差平方和（SSE）　　　　（10.10）

从图 10-3 可以看出，回归模型拟合得好坏取决于回归平方和 SSR 占总平方和 SST 的比例 SSR/SST 的大小。各观测值越靠近直线，SSR/SST 越大，模型拟合得越好。回归平方和占总平方和的比例称为决定系数，记为 R^2，其计算公式为：

$$R^2 = \frac{\text{SSR}}{\text{SST}} = \frac{\sum (\hat{y}_i - \overline{y})^2}{\sum (y_i - \overline{y})^2}$$　　　　（10.11）

R^2 度量了模型的拟合程度。若所有观测点都落在直线上，则残差平方和 SSE=0，$R^2 = 1$，拟合是完全的；如果 y 的变化与 x 无关，此时 $\hat{y} = \overline{y}$，则 $R^2 = 0$。可见 R^2 的取值范围是[0, 1]。R^2 越接近于 1，模型的拟合程度越好；R^2 越接近于 0，模型的拟合程度越差。

代码框 10-3 显示的决定系数（R-squared）$R^2 = 0.786 = 78.6\%$，它表示在每股收益取值的总误差中，有 78.6%可以由每股收益与每股净资产之间的线性关系来解释，可见模型的拟合程度较高。

除了使用 R^2 评估模型的拟合优度外，还可以用残差的标准误来评估模型的预测效果。**残差标准误**（residual standard error）是残差平方和的均方根，用 s_e 表示。计算公式为：

$$s_e = \sqrt{\frac{\sum (y_i - \hat{y}_i)^2}{n - k - 1}} = \sqrt{\frac{\text{SSE}}{n - k - 1}} = \sqrt{\text{MSE}}$$　　　　（10.12）

式中，k 为自变量的个数，在一元线性回归中，$n - k - 1 = n - 2$。

s_e 是度量各观测值在直线周围分散程度的一个统计量，它反映了实际观测值 y_i 与回归估计值 $\hat{y}_i$ 之间的差异程度。s_e 也是对误差项 ε 的标准差 σ 的估计，它可以看作在排除了 x 对 y 的线性影响后，y 的随机波动的一个估计量。从实际意义看，s_e 反映了用估计的回归方程预测 y 时产生的预测误差的大小。各观测值越靠近直线，s_e 就越小，根据回归方程进行预测也就越准确；若各观测值全部落在直线上，则 $s_e = 0$，此时用 x 预测 y 是没有误差的。

根据代码框 10-3 中的方差分析表，计算得到的残差标准误 $s_e = 1.800\,3$（pow (3.240950, 1/2)），它表示用每股净资产预测每股收益时平均的预测误差为 1.800 3 元。

2. 模型检验

在建立回归模型之前，已经假定 x 与 y 是线性关系，但这种假定是否成立，需要检验后才能确定。回归分析中的显著性检验主要包括线性关系检验和回归系数检验。

（1）线性关系检验

线性关系检验简称 F 检验，它用于检验因变量 y 和自变量 x 之间的线性关系是否显著，或者说，它们之间能否用一个线性模型 $y = \beta_0 + \beta_1 x + \varepsilon$ 来表示。检验统计量的构造是以回归平方和（SSR）以及残差平方和（SSE）为基础的。将 SSR 除以其相应自由度（SSR 的自由度是自变量的个数 k，一元线性回归中自由度为 1）的结果称为回归均方，记为 MSR；将 SSE 除以其相应自由度（SSE 的自由度为 $n - k - 1$，一元线性回归中自由度为 $n - 2$）的结果称为残差均方，记为 MSE。如果原假设（H_0：$\beta_1 = 0$，两个变量之间的线性

关系不显著）成立，则比值 MSR/MSE 服从分子自由度为 k、分母自由度为 $n-k-1$ 的 F 分布，即

$$F = \frac{\text{SSR} / k}{\text{SSE} / (n-k-1)} = \frac{\text{MSR}}{\text{MSE}} \sim F(k, \, n-k-1) \tag{10.13}$$

如果 H_0 成立，则 MSR / MSE 的值应接近于 1；如果 H_0 不成立，则 MSR / MSE 的值将变得无穷大。因此，较大的 MSR / MSE 值将导致拒绝 H_0，此时就可以断定 x 与 y 之间的线性关系显著。线性关系检验的具体步骤如下：

第 1 步：提出假设：

H_0：$\beta_1 = 0$ （两个变量之间的线性关系不显著）

H_1：$\beta_1 \neq 0$ （两个变量之间的线性关系显著）

第 2 步：计算检验统计量 F。

第 3 步：做出决策。求出统计量的 P 值，设定显著性水平 α，若 $P < \alpha$，则拒绝 H_0，表示两个变量之间的线性关系显著。

代码框 10-3 给出的检验统计量（F-statistic）$F = 84.23$，$P = 3.76\text{e-}09$ 接近于 0，拒绝 H_0，表示每股收益与每股净资产之间的线性关系显著。

除了使用 F 检验外，还可以利用残差图来分析线性关系假定，这一问题将在 10.2.5 节中讨论。

（2）回归系数检验和推断

回归系数检验简称 t 检验，它用于检验自变量 x 对因变量 y 的影响是否显著。在一元线性回归中，由于只有一个自变量，因此回归系数检验与线性关系检验是等价的（在多元线性回归中这两种检验不再等价）。其检验假设为：

H_0：$\beta_1 = 0$ （自变量对因变量的影响不显著）

H_1：$\beta_1 \neq 0$ （自变量对因变量的影响显著）

检验统计量的构造是以回归系数 β_1 的抽样分布为基础的。统计证明，$\hat{\beta}_1$ 服从正态分布，期望值为 $E(\hat{\beta}_1) = \beta_1$，标准误的估计量为：

$$s_{\hat{\beta}_1} = \frac{s_e}{\sqrt{\sum x_i^2 - \frac{1}{n}\left(\sum x_i\right)^2}} \tag{10.14}$$

将回归系数标准化，即可得到检验 β_1 的统计量 t。在 H_0 成立的条件下，$\hat{\beta}_1 - \beta_1 = \hat{\beta}_1$，因此检验统计量为：

$$t = \frac{\hat{\beta}_1}{s_{\hat{\beta}_1}} \sim t(n-2) \tag{10.15}$$

确定显著性水平 α，并根据自由度 $\text{df} = n-2$ 计算出统计量的 P 值，若 $P < \alpha$，则拒绝 H_0，表示 x 对 y 的影响显著。

代码框 10-3 给出的检验统计量 $t = 9.178$，显著性水平 $P = 0.000$（实际值为 3.76e-09，

与 F 检验的 P 值相同），接近于 0，拒绝 H_0，表示每股净资产是影响每股收益的一个显著因素。

除了对回归系数进行检验外，还可以对其进行区间估计。在 $1-\alpha$ 置信水平下，回归系数 β_1 的置信区间为：

$$\hat{\beta}_1 \pm t_{\alpha/2}(n-2)\frac{s_e}{\sqrt{\sum_{i=1}^{n}(x_i-\bar{x})^2}} \tag{10.16}$$

回归模型中常数项 β_0 的置信区间为：

$$\hat{\beta}_0 \pm t_{\alpha/2}(n-2)s_e\sqrt{\frac{1}{n}+\frac{\bar{x}^2}{\sum_{i=1}^{n}(x_i-\bar{x})^2}} \tag{10.17}$$

代码框 10-3 给出的 β_1 的 95% 的置信区间为（0.362，0.573），β_0 的 95% 的置信区间为（-3.115，-0.225）。其中 β_1 的置信区间表示每股净资产每变动 1 元，每股收益的平均改变量为 0.362～0.573 元。

10.2.4　回归预测

回归分析的目的之一是根据所建立的回归方程，用给定的自变量来预测因变量。如果对于 x 的一个给定值 x_0，求出 y 的一个预测值 $\hat{y}_0$，这就是点估计。在点估计的基础上，可以求出 y 的一个估计区间。估计区间有两种：均值的置信区间和个别值的预测区间。

1. 均值的置信区间

均值的置信区间是对 x 的一个给定值 x_0 求出的 y 的均值的估计区间。比如，根据例 10-3 得到的每股收益与每股净资产的估计方程 $\hat{y}=-1.67+0.467\,5\times$ 每股净资产，求出每股净资产为 10 元时每股收益均值的估计区间，这个区间就是因变量的置信区间。

设 $E(y_0)$ 为给定 x_0 时 y 的期望值。当 $x=x_0$ 时，$\hat{y}_0=\hat{\beta}_0+\hat{\beta}_1 x_0$ 就是 $E(y_0)$ 的点估计值。根据参数估计原理，y 的均值的置信区间等于点估计值 ± 估计误差，即 $\hat{y}_0\pm E$。E 是所要求的置信水平的分位数值和点估计量（$\hat{y}_0$）的标准误的乘积。用 $s_{\hat{y}_0}$ 表示 $\hat{y}_0$ 的标准误的估计量，统计证明，求 y 的均值的置信区间时，$s_{\hat{y}_0}$ 的计算公式为：

$$s_{\hat{y}_0}=s_e\sqrt{\frac{1}{n}+\frac{(x_0-\bar{x})^2}{\sum_{i=1}^{n}(x_i-\bar{x})^2}} \tag{10.18}$$

因此，$E(y_0)$ 在 $1-\alpha$ 置信水平下的置信区间为：

$$\hat{y}_0\pm t_{\alpha/2}s_e\sqrt{\frac{1}{n}+\frac{(x_0-\bar{x})^2}{\sum_{i=1}^{n}(x_i-\bar{x})^2}} \tag{10.19}$$

当 $x_0 = \overline{x}$ 时，$\hat{y}_0$ 的标准误的估计量最小，此时有 $s_{\hat{y}_0} = s_e\sqrt{1/n}$。也就是说，当 $x_0 = \overline{x}$ 时，估计是最准确的。x_0 偏离 $\overline{x}$ 越远，y 的均值的置信区间就变得越宽，估计的效果也就越差。

2. 个别值的预测区间

个别值的**预测区间**（prediction interval）是对 x 的一个给定值 x_0 求出 y 的一个个别值的估计区间。比如，在例 10-3 中，估计每股净资产为 9.61 元的那家上市公司（样本号为 10）每股收益的区间，这个区间就是个别值的预测区间。

与置信区间类似，y 的个别值的预测区间等于点估计值±估计误差，即 $\hat{y}_0 \pm E$。E 是所要求的置信水平的分位数值和点估计量（$\hat{y}_0$）的标准误的乘积。用 s_{ind} 表示估计 y 的个别值时 $\hat{y}_0$ 的标准误的估计量，统计证明，s_{ind} 的计算公式为：

$$s_{ind} = s_e\sqrt{1 + \frac{1}{n} + \frac{\left(x_0 - \overline{x}\right)^2}{\sum_{i=1}^{n}\left(x_i - \overline{x}\right)^2}} \tag{10.20}$$

在 $1-\alpha$ 置信水平下 y 的一个个别值的预测区间为：

$$\hat{y}_0 \pm t_{\alpha/2}s_e\sqrt{1 + \frac{1}{n} + \frac{\left(x_0 - \overline{x}\right)^2}{\sum_{i=1}^{n}\left(x_i - \overline{x}\right)^2}} \tag{10.21}$$

与式（10.18）相比，式（10.20）的根号内多了数值 1。因此，即使对于同一个 x_0，这两个区间的宽度也不一样，预测区间要比置信区间宽一些。这两个区间的示意图如图 10-4 所示。

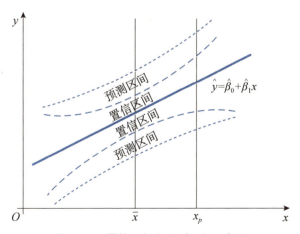

图 10-4　置信区间和预测区间示意图

图 10-4 显示，两个区间的宽度不一样，y 的个别值的预测区间相对要宽一些。二者的差别显示，估计 y 的均值比预测 y 的一个个别值更准确。同样，当 $x_0 = \overline{x}$ 时，预测效果是最好的。

【**例 10-4**】（数据：example10_1.csv）沿用例 10-1。求 25 家上市公司每股收益 95% 的置信区间和预测区间，以及 $x_0 = 10$ 时每股收益的点预测值。

解：代码和结果如代码框 10-4 所示。

代码框 **10-4**　计算每股收益的 **95%** 的置信区间和预测区间及 $x_0 = 10$ 时每股收益的点预测值

```
# 计算点预测值、置信区间和预测区间
import pandas as pd
from statsmodels.formula.api import ols
from statsmodels.stats.outliers_influence import summary_table
df = pd.read_csv('C:/pydata/example/chap10/example10_1.csv')

model1 = ols("每股收益 ~ 每股净资产",data=df).fit()      # 拟合模型
conf_level = 0.95
st, _, _ = summary_table(model1, alpha=1-conf_level)
columns = [x +' ' + y for (x, y) in zip(st.data[0], st.data[1])]
df_res = pd.DataFrame()   # 将 SimpleTable 转为 DataFrame
for i in range(len(st.data) - 2):
    df_res= df_res.append(pd.DataFrame(st.data[i+2], index=columns).T)
df_res.reset_index(drop=True, inplace=True)

round(df_res,2).head()   # 显示前 5 行
```

	Obs	Dep Var Population	Predicted Value	Mean ci 95% low	Mean ci 95% upp	Predict ci 95% low	Predict ci 95% upp	Residual
0	1	0.88	1.07	0.1	2.04	-2.78	4.92	-0.19
1	2	1.14	3.53	2.79	4.28	-0.27	7.33	-2.39
2	3	4.88	6.42	5.47	7.36	2.57	10.26	-1.54
3	4	3.23	2.11	1.27	2.95	-1.71	5.92	1.12
4	5	7.83	7.67	6.52	8.81	3.77	11.56	0.16

注：由于输出结果较多，删除了本章未介绍的一些内容，并且只显示前 5 行。

```
# 绘制置信区间和预测区间图（见图 10-5）
import matplotlib.pyplot as plt
plt.rcParams['font.sans-serif'] = ['SimHei']

df_res['每股净资产'] = df['每股净资产']
df_plot = df_res.sort_values(by='每股净资产')
df_plot.reset_index(drop=True, inplace=True)

plt.figure(figsize=(7, 5))
plt.scatter(df_plot['每股净资产'], df_plot['Dep Var Population'])
p1, = plt.plot(df_plot['每股净资产'], df_plot['Predicted Value'],linewidth=2)
```

```
p2, = plt.plot(df_plot['每股净资产'], df_plot['Mean ci 95% low'], 'r:')
p3, = plt.plot(df_plot['每股净资产'], df_plot['Mean ci 95% upp'], 'r:')
p4, = plt.plot(df_plot['每股净资产'], df_plot['Predict ci 95% low'], 'g--')
p5, = plt.plot(df_plot['每股净资产'], df_plot['Predict ci 95% upp'], 'g--')
plt.xlabel('每股净资产',size=12)
plt.ylabel('每股收益',size=12)
plt.legend([p1, p3, p5], ['回归线', '置信区间 ', '预测区间'])
```

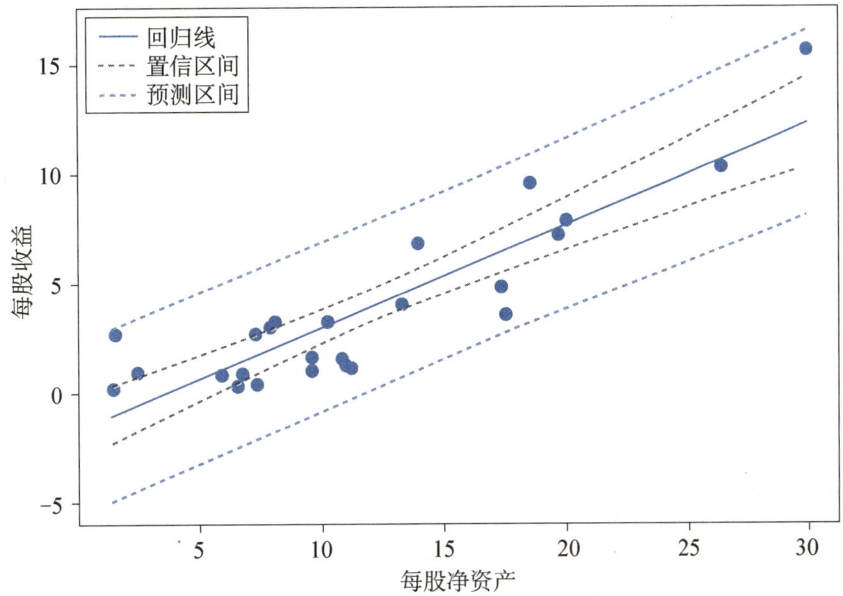

图 10-5　每股收益 95% 的置信区间和预测区间

```
# 计算 x0=10 时每股收益的点预测值
model1.predict(exog=dict(每股净资产=10))
```

```
0    3.004632
dtype: float64
```

代码框 10-4 中的预测结果分别给出了样本观测序号（Obs）、每股收益的观测值（Dep Var Population）、点预测值（Predicted Value）、均值 95% 的置信下限（Mean ci 95% low）和置信上限（Mean ci 95% upp）、个别值的 95% 的预测下限（Predict ci 95% low）和预测上限（Predict ci 95% upp）、预测的残差（Residual），以及每股净资产=10 时每股收益的点预测值。图 10-5 是每股收益与每股净资产的散点图，中间的实线是拟合的回归直线，其两侧的红色虚线是每股收益均值的 95% 的置信带，最外面的两条绿色虚线是每股收益个别值的 95% 的预测带。

10.2.5　模型诊断

在回归模型 $y = \beta_0 + \beta_1 x + \varepsilon$ 中，除了假定 y 与 x 之间是线性关系外，还假定 ε 是期望值为 0、方差相等且服从正态分布的独立随机变量。检验线性关系的方法就是上面介绍的

F 检验。判断 ε 的假定是否成立的方法就是**残差分析**（residual analysis），除了可以对残差的假定进行检验外，还可以对**残差图**（residual plot）进行分析。

1. 残差与残差图

残差是因变量的观测值 y_i 与根据回归方程求出的估计值 $\hat{y}_i$ 之差，用 e 表示，它反映了用估计的回归方程预测 y_i 而引起的误差。第 i 个观测值的残差可表示为：

$$e_i = y_i - \hat{y}_i \tag{10.22}$$

残差除以它的标准误所得的结果称为标准化残差，用 z_e 表示。第 i 个观测值的标准化残差可表示为：

$$z_{e_i} = \frac{e_i}{s_e} = \frac{y_i - \hat{y}_i}{s_e} \tag{10.23}$$

式中，s_e 为残差的标准误。

代码框 10-4 中给出了例 10-3 的回归残差，下面再计算标准化残差，并将每股收益、点预测值、残差一并列出，如代码框 10-5 所示。

代码框 10-5　例 10-3 的残差和标准化残差

```
# 输出例 10-3 的残差和标准化残差
import pandas as pd
import numpy as np
from statsmodels.formula.api import ols
df = pd.read_csv('C:/pydata/example/chap10/example10_1.csv')

model1 = ols("每股收益 ~ 每股净资产",data=df).fit()
df=pd.DataFrame({"样本编号": df['样本编号'],"每股收益": df['每股收益'],
                "点预测值":model1.fittedvalues,"残差": model1.resid,
                "标准化残差": np.array(model1.resid_pearson)})
round(df,4).head()  # 显示前 5 行
```

	样本编号	每股收益	点预测值	残差	标准化残差
0	1	0.88	1.0693	-0.1893	-0.1052
1	2	1.14	3.5329	-2.3929	-1.3292
2	3	4.88	6.4171	-1.5371	-0.8538
3	4	3.23	2.1071	1.1229	0.6237
4	5	7.83	7.6653	0.1647	0.0915

残差图是检验 ε 假定是否成立的常用工具。残差图的横轴是因变量的预测值 $\hat{y}_i$（一元线性回归中，横轴也可以是自变量的值 x_i），纵轴是对应的残差 e_i，$\hat{y}_i$ 与对应的 e_i 在图中用一个点表示，这就是残差的散点图，简称残差图。

为了解读残差图，先观察残差图的形态及其所反映的信息。图 10-6 展示了几种不同形态的残差图。

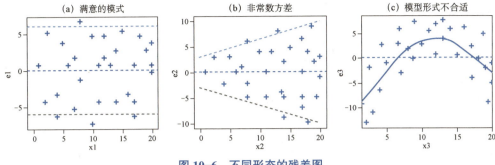

图 10-6　不同形态的残差图

若关于 ε 等方差的假定成立，并且描述 y 与 x 之间关系的回归模型是合理的，那么残差图中的所有点都应以均值 0 为中心随机分布在一条水平带中间，如图 10-6（a）所示。但如果对所有的 x 值 ε 的方差是不同的，例如，对于较大的 x 值相应的残差也较大（或对于较大的 x 值相应的残差较小），如图 10-6（b）所示，这就意味着违背了 ε 方差相等的假设，称为**异方差性**（heteroscedasticity）。如果残差图如图 10-6（c）所示，则表示所选择的回归模型不合理，这时应考虑非线性回归模型。

2. 检验模型假定

残差的正态性检验除了使用 S-W 检验和 K-S 检验外，还可以通过绘制残差的正态 Q-Q 图来完成。利用残差图可以判断模型的方差齐性假定是否成立，如果方差齐性满足，则残差图中的各个点基本上以 0 轴为中心随机分布在一个水平带之内。代码框 10-6 展示了例 10-3 模型诊断的残差图和残差的正态 Q-Q 图。

代码框 10-6　例 10-3 的模型诊断

```python
# 绘制模型的诊断图（见图 10-7）
import pandas as pd
import numpy as np
from statsmodels.formula.api import ols
import statsmodels.api as sm
import matplotlib.pyplot as plt
plt.rcParams['font.sans-serif'] = ['SimHei']
plt.rcParams['axes.unicode_minus']=False
df = pd.read_csv('C:/pydata/example/chap10/example10_1.csv')

model1 = ols("每股收益 ~ 每股净资产",data=df).fit()   # 拟合模型

# 图（a）残差与拟合值图
plt.subplots(1, 2, figsize=(8, 3.5))
plt.subplot(121)
plt.scatter(model1.fittedvalues, model1.resid)
plt.xlabel('拟合值')
plt.ylabel('残差')
plt.title('(a) 残差与拟合值图', fontsize=12)
```

```
plt.axhline(0, ls='--')

# 图（b）正态 Q-Q 图
ax2 = plt.subplot(122)
pplot = sm.ProbPlot(model1.resid, fit=True)
pplot.qqplot(line='r', ax=ax2, xlabel='理论正态值', ylabel='标准化残差的观测值')
ax2.set_title('(b) 正态 Q-Q 图', fontsize=12)

plt.tight_layout()
```

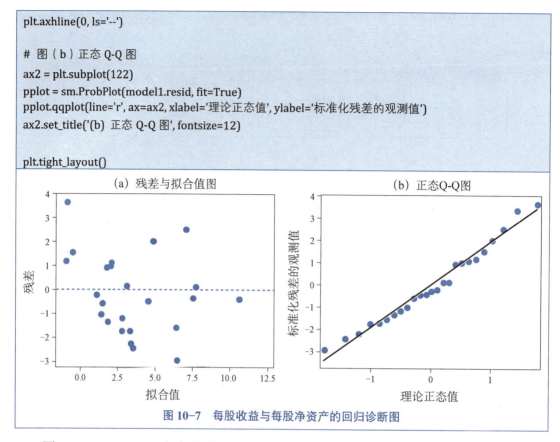

图 10-7　每股收益与每股净资产的回归诊断图

图 10-7（a）显示，各个残差点基本上以 0 轴为中心随机分布在一个水平带之内，没有固定模式，也没有异方差现象。图 10-7（b）的正态 Q-Q 图显示，各个点基本上在直线周围随机分布，没有固定模式。因此，在每股收益与每股净资产的线性模型中，关于 ε 的正态性和方差齐性假定基本成立。

判断残差是否独立的有效方法是根据收集自变量和因变量数据时的先验知识。就截面数据的回归来说，利用先验知识可以判断残差是否独立。但对于时间序列数据，后期的数据往往与前期的数据有一定关系，因而残差会呈现出一定的自相关，此时就需要进行检验。

判断残差之间是否存在自相关的方法之一就是使用 Durbin-Watson 检验，简称 D-W 检验。该检验的原假设为残差无自相关，检验统计量为：

$$d = \frac{\sum_{t=1}^{n}\left(e_t - e_{t-1}\right)^2}{\sum_{t=1}^{n} e_t^2} \tag{10.24}$$

式中，e_t 为第 t 期残差，e_{t-1} 为第 $t-1$ 期残差，n 为观测值的个数。

代码框 10-3 输出的回归结果中包含 D-W 检验的统计量值（Durbin-Watson: 1.993），使用 statsmodels.stats 中 stattools 子模块的 durbin_watson 函数也可以得到该统计量。检验结果是不拒绝原假设[①]，表明残差无自相关。

10.3 多元线性回归

在许多实际问题中，影响因变量的因素往往有多个，这种一个因变量同多个自变量的回归就是**多元回归**（multiple regression）。当因变量与各自变量之间为线性关系时，称为**多元线性回归**（multiple linear regression）。多元线性回归建模的原理与一元线性回归基本相同，但计算和分析的内容要复杂得多，需要借助统计软件来完成。本章主要介绍多元线性回归，并将重点放在 Python 输出结果的解读及其应用上。

10.3.1 多元线性回归模型及其参数估计

在一元线性回归中，可以利用散点图来判断两个变量间的关系，进而作为选择模型的初步依据。但在多元线性回归中，由于有多个自变量，无法用图形来展示因变量与多个自变量之间的关系，因此需要先假定因变量与自变量之间为某种关系，比如为线性关系，然后根据这一假定建立模型，再反过来检验假定是否成立。多元线性回归建模的思路大致如下：

第 1 步：确定所关注的因变量 y 和影响因变量的 k 个自变量。
第 2 步：假定因变量 y 与 k 个自变量之间为线性关系，并建立线性关系模型。
第 3 步：对模型进行估计和检验。
第 4 步：判断模型中是否存在多重共线性，如果存在，则进行处理。
第 5 步：利用回归方程进行预测，并根据预测的残差对回归模型进行诊断。

1. 回归模型与回归方程

设因变量为 y，k 个自变量分别为 x_1, x_2, $\cdots$, x_k，描述因变量 y 依赖于自变量 x_1, x_2, $\cdots$, x_k 和误差项 ε 的方程称为**多元线性回归模型**（multiple linear regression model），其一般形式可表示为：

$$y = \beta_0 + \beta_1 x_1 + \beta_2 x_2 + \cdots + \beta_k x_k + \varepsilon \tag{10.25}$$

式中，β_0, β_1, β_2, $\cdots$, β_k 为模型参数，ε 为误差项。

式（10.25）表示，y 是 x_1, x_2, $\cdots$, x_k 的线性函数（$\beta_0 + \beta_1 x_1 + \beta_2 x_2 + \cdots + \beta_k x_k$ 部分）加上误差项 ε。误差项反映了除 x_1, x_2, $\cdots$, x_k 对 y 的线性关系之外的随机因素对 y 的影响，是不能由 x_1, x_2, $\cdots$, x_k 与 y 之间的线性关系所解释的 y 的误差。

在多元线性回归模型中，对误差项 ε 同样有 3 个基本假定：

（1）正态性。ε 是一个服从正态分布的随机变量，且期望值为 0，即 $E(\varepsilon) = 0$。这意味着对于给定的 x_1, x_2, $\cdots$, x_k 的值，y 的期望值为 $E(y) = \beta_0 + \beta_1 x_1 + \beta_2 x_2 + \cdots + \beta_k x_k$。

（2）方差齐性。对于自变量 x_1, x_2, $\cdots$, x_k 的所有值，ε 的方差 σ^2 都相同。

---

① 利用 D-W 检验统计量的值进行检验时，需要将统计量的值与 D-W 检验统计量的临界值表进行比较，比较烦琐。实际应用时，可以利用自助抽样方法模拟出 D-W 检验的 P 值，再利用 P 值做出决策。

（3）独立性。对于自变量 x_1, x_2, $\cdots$, x_k 的一组给定值，它所对应的 ε 与 x_1, x_2, $\cdots$, x_k 的任意一组其他值所对应的 ε 不相关。同样，对于给定的 x_1, x_2, $\cdots$, x_k 的值，因变量 y 是一个服从正态分布的随机变量。

依据回归模型的假定，有

$$E(y) = \beta_0 + \beta_1 x_1 + \beta_2 x_2 + \cdots + \beta_k x_k \tag{10.26}$$

式（10.26）称为**多元线性回归方程**（multiple linear regression equation），它描述了因变量 y 的期望值与自变量 x_1, x_2, $\cdots$, x_k 之间的关系。

回归模型中的参数 β_0, β_1, β_2, $\cdots$, β_k 是未知的，需要利用样本数据来估计。当用样本估计量 $\hat{\beta}_0$, $\hat{\beta}_1$, $\hat{\beta}_2$, $\cdots$, $\hat{\beta}_k$ 来估计模型中的参数 β_0, β_1, β_2, $\cdots$, β_k 时，就得到了**估计的多元线性回归方程**（estimated multiple linear regression equation），其一般形式为：

$$\hat{y} = \hat{\beta}_0 + \hat{\beta}_1 x_1 + \hat{\beta}_2 x_2 + \cdots + \hat{\beta}_k x_k \tag{10.27}$$

式中，$\hat{y}$ 为因变量 y 的估计量；$\hat{\beta}_0$, $\hat{\beta}_1$, $\hat{\beta}_2$, $\cdots$, $\hat{\beta}_k$ 为参数 β_0, β_1, β_2, $\cdots$, β_k 的估计量；其中，$\hat{\beta}_1$, $\hat{\beta}_2$, $\cdots$, $\hat{\beta}_k$ 为偏回归系数。$\hat{\beta}_1$ 表示当 x_2, x_3, $\cdots$, x_k 不变时，x_1 每改变一个单位，因变量 y 的平均改变量；$\hat{\beta}_2$ 表示当 x_1, x_3, $\cdots$, x_k 不变时，x_2 每改变一个单位，因变量 y 的平均改变量，其余偏回归系数的含义类似。

2. 参数的最小二乘估计

多元线性回归模型中的参数 β_0, β_1, β_2, $\cdots$, β_k 仍然用最小二乘法来估计，也就是使残差平方和最小，即

$$Q = \sum (y_i - \hat{y}_i)^2 = \sum (y_i - \hat{\beta}_0 - \hat{\beta}_1 x_1 - \cdots - \hat{\beta}_k x_k)^2 = \min \tag{10.28}$$

由此得到求解 $\hat{\beta}_0$, $\hat{\beta}_1$, $\hat{\beta}_2$, $\cdots$, $\hat{\beta}_k$ 的标准方程组为：

$$\begin{cases} \left. \dfrac{\partial Q}{\partial \beta_0} \right|_{\beta_0 = \hat{\beta}_0} = 0 \\ \left. \dfrac{\partial Q}{\partial \beta_i} \right|_{\beta_i = \hat{\beta}_i} = 0, \ i = 1, \ 2, \ \cdots, \ k \end{cases} \tag{10.29}$$

【**例 10-5**】（数据：example10_1.csv）沿用例 10-1。建立多元线性回归模型。

解： 这里有每股收益、每股净资产、每股现金流量和总股本 4 个变量，首先需要确定关注的因变量。比如，关注每股收益，每股收益就是因变量，用 y 表示，其余 3 个变量就是自变量，用 x_1, x_2, x_3 表示。要建立的多元线性回归模型为 $y = \beta_0 + \beta_1 x_1 + \beta_2 x_2 + \beta_3 x_3 + \varepsilon$。

根据样本数据可以得到模型的估计方程。代码和结果如代码框 10-7 所示。

代码框 10-7　多元线性回归分析

```
# 拟合多元线性回归模型
from statsmodels.formula.api import ols
import pandas as pd
df = pd.read_csv('C:/pydata/example/chap10/example10_1.csv')
```

```
model_m = ols("每股收益 ~ 每股净资产+每股现金流量+总股本",data=df).fit()
print(model_m.summary())
```

```
                          OLS Regression Results
==============================================================================
Dep. Variable:                  每股收益   R-squared:                       0.871
Model:                           OLS   Adj. R-squared:                  0.853
Method:                Least Squares   F-statistic:                     47.41
Date:               Mon, 20 Feb 2023   Prob (F-statistic):           1.58e-09
Time:                       13:36:38   Log-Likelihood:                -42.740
No. Observations:                 25   AIC:                             93.48
Df Residuals:                     21   BIC:                             98.35
Df Model:                          3
Covariance Type:           nonrobust
==============================================================================
                 coef    std err          t      P>|t|      [0.025      0.975]
------------------------------------------------------------------------------
Intercept     -1.1167      0.597     -1.870      0.076      -2.359       0.125
每股净资产        0.4903      0.055      8.891      0.000       0.376       0.605
每股现金流量       0.1505      0.072      2.091      0.049       0.001       0.300
总股本          -0.2381      0.086     -2.783      0.011      -0.416      -0.060
==============================================================================
Omnibus:                       0.628   Durbin-Watson:                   1.992
Prob(Omnibus):                 0.730   Jarque-Bera (JB):                0.697
Skew:                          0.213   Prob(JB):                        0.706
Kurtosis:                      2.301   Cond. No.                         32.1
==============================================================================

Notes:
[1] Standard Errors assume that the covariance matrix of the errors is correctly specified.
```

```
# 输出方差分析表
from statsmodels.stats.anova import anova_lm
anova_lm(model_m, typ=1)
```

	df	sum_sq	mean_sq	F	PR(>F)
每股净资产	1.0	272.995423	272.995423	128.229092	2.105681e-10
每股现金流量	1.0	13.342307	13.342307	6.267035	2.062595e-02
总股本	1.0	16.491240	16.491240	7.746125	1.114149e-02
Residual	21.0	44.708294	2.128966	NaN	NaN

根据代码框 10-7 中的输出结果，得到估计的多元线性回归方程为：

$$\hat{y} = -1.116\,7 + 0.490\,3x_1 + 0.150\,5x_2 - 0.238\,1x_3$$

各回归系数的实际意义为：

$\hat{\beta}_1 = 0.490\,3$，表示在每股现金流量和总股本不变的条件下，每股净资产每变动 1 元，每股收益平均变动 0.490 3 元。

$\hat{\beta}_2 = 0.150\,5$，表示在每股净资产和总股本不变的条件下，每股现金流量每变动 1 元，每股收益平均变动 0.150 5 元。

$\hat{\beta}_3 = -0.2381$，表示在每股净资产和每股现金流量不变的条件下，总股本每变动 1 亿股，每股收益平均变动 −0.238 1 元。

代码框 10-7 还列出了各回归系数的置信区间。[①] 比如，β_1 的 95% 的置信区间为（0.376，0.605），其含义是：在每股现金流量和总股本不变的条件下，每股净资产每变动 1 元，每股收益的平均变动为 0.376～0.605 元。其他几个回归系数的置信区间的含义类似。

3. 自变量的相对重要性

在多元线性回归分析中，如果关心哪些自变量对因变量的预测相对来说更重要，哪些相对来说不重要，则可以使用**标准回归系数**（standardized regression coefficient）进行评估。

标准回归系数是将因变量和所有自变量都标准化后再进行回归得到的回归系数。计算标准回归系数时，首先将因变量和各个自变量进行标准化[②]处理，然后根据标准化后的值进行回归，得到的方程称为**标准回归方程**（standardized regression equation），该方程中的回归系数就是标准回归系数，用 $\overline{\beta}$ 表示。$\overline{\beta}_i$ 的含义是：在其他自变量取值不变的条件下，自变量 x_i（这里是指原始数据）每变动一个标准差，因变量平均变动 $\overline{\beta}_i$ 个标准差。显然，$\overline{\beta}_i$ 的绝对值越大，说明该自变量 x_i 对因变量的影响就越大，相对于其他自变量而言，它对因变量的预测也就越重要。

以例 10-5 为例，计算标准回归系数的代码和结果如代码框 10-8 所示。

代码框 10-8   计算例 10-5 的标准回归系数

```
# 只列出输出结果的参数估计部分
import pandas as pd
from statsmodels.formula.api import ols
from scipy import stats           # scipy 是基于 numpy 的科学计算包
df = pd.read_csv('C:/pydata/example/chap10/example10_1.csv')

df.drop(['样本编号'],axis=1,inplace=True)          # 删除样本编号一列
z = stats.zscore(df,ddof=1)                        # 数据框标准化
df=pd.DataFrame(z,columns=['z 每股收益','z 每股净资产','z 每股现金流量','z 总股本'])
                                  # 将数组转换成数据框并重新命名为 df
model_z = ols("z 每股收益 ~ z 每股净资产+z 每股现金流量+z 总股本",df).fit()
print(model_z.summary())
```

```
==============================================================================
                 coef     std err        t      P>|t|      [0.025     0.975]
------------------------------------------------------------------------------
Intercept      1.874e-16    0.077    2.44e-15    1.000     -0.159      0.159
z 每股净资产     0.9297      0.105     8.891      0.000      0.712      1.147
z 每股现金流量   0.1887      0.090     2.091      0.049      0.001      0.376
z 总股本        -0.2578      0.093    -2.783      0.011     -0.450     -0.065
==============================================================================
```

---

① 回归系数 β_i 在 $(1-\alpha)$ 置信水平下的置信区间为：$\hat{\beta}_i \pm t_{\alpha/2}(n-k-1)s_{\hat{\beta}_i}$。

② 标准化的计算公式为 $z_i = (x_i - \overline{x})/s$，见第 4 章。

代码框 10-8 中的 coef 列即为标准回归系数，$\bar{\beta}_1 = 0.929\,7$，$\bar{\beta}_2 = 0.188\,7$，$\bar{\beta}_3 = -0.257\,8$。$x_1$ 的标准回归系数 $\bar{\beta}_1 = 0.929\,7$ 表示在其他自变量不变的条件下，每股净资产每改变一个标准差，每股收益平均改变 0.929\,7 个标准差。其他系数的含义类似。按标准回归系数的绝对值大小排序为 $|\bar{\beta}_1| > |\bar{\beta}_3| > |\bar{\beta}_2|$。可见在 3 个自变量中，每股净资产（$x_1$）是影响每股收益最重要的变量，其次是总股本（$x_3$）和每股现金流量（$x_2$）。

10.3.2　拟合优度和显著性检验

1. 模型的拟合优度

多元线性回归模型的拟合优度可以用**多重决定系数**（multiple coefficient of determination）R^2 来评估。其计算公式与式（10.11）形式相同，不同的是其中的 SSR 是根据多元线性回归计算的回归平方和。多重决定系数 R^2 表示在因变量 y 的总误差中被多个自变量共同解释的比例。

在多元线性回归中，自变量个数的增加将影响因变量中被估计的回归方程解释的误差数量。当增加自变量时，预测误差会变小，从而减少残差平方和 SSE。当 SSE 变小时，SSR 就会变大，从而使 R^2 变大。如果模型中增加一个自变量，即使这个自变量在统计上并不显著，R^2 也会变大。因此，为了避免增加自变量而高估 R^2，统计学家使用样本量 n 和自变量的个数 k 来调整 R^2，计算出**调整的多重决定系数**（adjusted multiple coefficient of determination），记为 R_a^2，其计算公式为：

$$R_a^2 = 1 - \left(1 - R^2\right) \times \frac{n-1}{n-k-1} \tag{10.30}$$

R_a^2 的含义与 R^2 类似，不同的是，R_a^2 同时考虑了样本量（n）和模型中自变量的个数（k）的影响，这就使得 R_a^2 的值始终小于 R^2，而且 R_a^2 的值不会随模型中自变量个数的增加而越来越接近于 1。因此，在多元线性回归分析中，通常用调整的多重决定系数来评估回归模型的拟合优度。

R^2 的平方根称为多重相关系数，也称为复相关系数，它度量了因变量与 k 个自变量的整体相关程度。

根据代码框 10-7 中的输出结果，多重决定系数（R-squared）$R^2 = 0.871 = 87.1\%$，调整的多重决定系数（Adj. R-squared）$R_a^2 = 0.853 = 85.3\%$，其含义与 R^2 相同，它表示用样本量和模型中自变量的个数进行调整后，在每股收益取值的总误差中，被每股净资产、每股现金流量和总股本这 3 个自变量解释的比例为 85.3%，表明模型的拟合程度较高。

在多元线性回归中，残差的标准误 s_e 的计算公式与式（10.12）形式相同，不同的是，SSE 是根据多元线性回归计算的残差平方和，它是多元线性回归模型中误差项 ε 的方差 σ^2 的一个估计量。s_e 的含义可解释为：根据自变量 x_1，x_2，$\cdots$，x_k 来预测因变量 y 时的平均预测误差。

根据代码框 10-7 中输出的方差分析表可得估计标准误 $s_e = 1.459$ （pow(2.128966, 1/2)）。其含义是：根据所建立的多元线性回归方程，用每股净资产、每股现金流量和总股本这 3 个自变量预测每股收益时，平均的预测误差为 1.459 元。

2. 模型的显著性检验

在一元线性回归中，由于只有一个自变量，因此 F 检验（线性关系检验）和 t 检验（回归系数检验）是等价的。而在多元线性回归中，这两种检验不再等价。F 检验主要是检验因变量与多个自变量的整体线性关系是否显著。在 k 个自变量中，只要有一个自变量与因变量的线性关系显著，F 检验就显著，但这并不一定意味着每个自变量与因变量的关系都显著。t 检验则是对每个回归系数分别进行检验，以判断每个自变量对因变量的影响是否显著。

（1）线性关系检验

线性关系检验是检验因变量 y 与 k 个自变量之间的关系是否显著，也称为整体显著性检验。检验的具体步骤为：

第 1 步：提出假设：

H_0：$\beta_1 = \beta_2 = \cdots = \beta_k = 0$（线性关系不显著）

H_1：β_1，β_2，$\cdots$，β_k 至少有一个不等于 0（线性关系显著）

第 2 步：计算检验统计量 F：

$$F = \frac{\text{SSR} / k}{\text{SSE} / (n-k-1)} \sim F(k, \ n-k-1) \tag{10.31}$$

第 3 步：做出决策。给定显著性水平 α，根据分子自由度 k、分母自由度 $(n-k-1)$ 计算出统计量的 P 值。若 $P < \alpha$，则拒绝 H_0，表明 y 与 k 个自变量之间的线性关系显著。

（2）回归系数检验

要判断每个自变量对因变量的影响是否显著，需要对各回归系数 β_i $(i=1, 2, \cdots, k)$ 分别进行 t 检验，具体步骤如下。

第 1 步：提出假设。对于任意参数 β_i $(i=1, 2, \cdots, k)$，有

H_0：$\beta_i = 0$；H_1：$\beta_i \neq 0$

第 2 步：计算检验统计量 t：

$$t_i = \frac{\hat{\beta}_i}{s_{\hat{\beta}_i}} \sim t(n-k-1) \tag{10.32}$$

式中，$s_{\hat{\beta}_i}$ 为回归系数 $\hat{\beta}_i$ 的抽样分布的标准差。

第 3 步：做出决策。给定显著性水平 α，根据自由度 $(n-k-1)$ 计算出统计量的 P 值。若 $P < \alpha$，则拒绝 H_0，表明回归系数 β_i 显著。

【例 10-6】（数据：example10_1.csv）沿用例 10-1。对回归模型的线性关系和回归系数分别进行显著性检验（$\alpha = 0.05$）。

解： 检验线性关系提出的假设如下：

H_0：$\beta_1 = \beta_2 = \beta_3 = 0$；$H_1$：$\beta_1$，$\beta_2$，$\beta_3$ 至少有一个不等于 0

根据代码框 10-7 中的输出结果，$F = 47.41$，显著性水平 $P = 1.58\text{e-}09$ 接近于 0，因此拒绝 H_0，表明每股收益与每股净资产、每股现金流量和总股本之间的线性关系显著。

检验回归系数提出的假设如下：

$H_0:\ \beta_i = 0;\ H_1:\ \beta_i \neq 0\ (i = 1,\ 2,\ 3)$

根据代码框 10-7 中的输出结果，$t_1 = 8.891$，$t_2 = 2.091$，$t_3 = -2.783$，相应的 P 值分别为 0.000、0.049、0.011，均小于显著性水平 0.05，因此拒绝原假设，表明每股净资产、每股现金流量和总股本均为影响每股收益的显著因素。

10.3.3　共线性分析

在例 10-5 建立的多元线性回归模型中，3 个自变量均显著，这种情况并不多见。在实际问题中，当回归模型中使用两个或两个以上自变量时，这些自变量往往会提供多余的信息。也就是说，这些自变量之间彼此相关。当回归模型中的自变量彼此相关时，称回归模型存在**多重共线性**（multicollinearity）。

在某些问题中，所使用的自变量之间存在相关关系是很常见的，但是在回归分析中存在多重共线性将会产生某些问题，从而给回归分析造成麻烦。比如，共线性可能会造成回归结果的混乱，甚至会把分析引入歧途；多重共线性可能会对参数估计值的正负号产生影响，特别是 β_i 的正负号有可能与预期的正负号相反，甚至会导致对回归系数的错误估计。因此，当存在多重共线性时，对回归系数的解释要慎重。

识别多重共线性的方法有多种，其中较常用的方法是使用**容忍度**（tolerance）和**方差膨胀因子**（variance inflation factor，VIF）。

某个自变量的容忍度等于 1 减去该自变量为因变量而其余 $k-1$ 个自变量为预测变量时所得到的线性回归模型的决定系数，即 $1 - R_i^2$。容忍度越小，多重共线性越严重。通常认为容忍度小于 0.1 时，存在严重的多重共线性。

方差膨胀因子等于容忍度的倒数，即

$$\text{VIF} = \frac{1}{1 - R_i^2} \tag{10.33}$$

显然，VIF 的最小值是 1，值越大，多重共线性越严重。一般来说，若 VIF ≥ 10，认为存在严重的多重共线性；若 $5 \leqslant$ VIF < 10，认为共线性属于可容忍水平，此时，可根据实际需要决定是否对共线性进行处理；若 VIF < 5，认为共线性属于理想水平，表示共线性很轻微，可以忽略。

根据例 10-5 的多元回归，计算容忍度和 VIF 的代码和结果如代码框 10-9 所示。

代码框 10-9　计算容忍度和 VIF

```
import pandas as pd
from statsmodels.formula.api import ols
df = pd.read_csv('C:/pydata/example/chap10/example10_1.csv')

model_m = ols("每股收益 ~ 每股净资产+每股现金流量+总股本",data=df).fit()

def vif(df_exog, exog_name):
    exog_use = list(df_exog.columns)
    exog_use.remove(exog_name)
```

```
        model_m = ols(f"{exog_name} ~ {'+'.join(list(exog_use))}", data=df_exog).fit()
        rsq = model_m.rsquared
        return 1. / (1. - rsq)

df_vif = pd.DataFrame()
for x in ['每股净资产', '每股现金流量', '总股本']:
    vif_i = vif(df.iloc[:, 2:], x)
    df_vif.loc['VIF', x] = vif_i

df_vif.loc["tolerance"] = 1 / df_vif.loc['VIF']
df_vif
```

	每股净资产	每股现金流量	总股本
VIF	1.784684	1.328641	1.400132
tolerance	0.560323	0.752649	0.714218

代码框 10-9 中的结果显示，容忍度均大于 0.1，VIF 均小于 5，说明本例建立的回归模型不存在共线性。

如果模型中存在严重的多重共线性，就应采取某种措施解决。[①] 比如，可以将一个或多个相关的自变量从模型中剔除，使保留的自变量尽可能不相关。如果共线性不严重，那么从预测的效果来看，可以在模型中保留所有自变量，但应避免对单个参数 β_i 进行 t 检验，并将对因变量 y 的推断限定在自变量样本值的范围内。

10.3.4 回归预测和模型诊断

1. 多元线性回归预测

如果所建立的多元线性回归模型不存在问题，就可根据给定的 k 个自变量，求出因变量 y 的点预测值、平均值的置信区间和个别值的预测区间。由于置信区间和预测区间的计算公式复杂，这里不再列出，利用 Python 很容易得到预测结果。

【例 10-7】（数据：example10_1.csv）沿用例 10-5。根据例 10-5 的多元线性回归方程 $\hat{y} = -1.1167 + 0.4903x_1 + 0.1505x_2 - 0.2381x_3$，求每股收益的点预测值、95% 的置信区间和预测区间，以及每股净资产 = 5、每股现金流量 = 5、总股本 = 5 时每股收益的点预测值。

解：代码框 10-10 展示了 Python 代码和结果，其中包括点预测值、残差、标准化残差、置信区间和预测区间。

代码框 10-10　多元线性回归预测

```
# 计算点预测值、置信区间和预测区间
import pandas as pd
from statsmodels.formula.api import ols
from statsmodels.stats.outliers_influence import summary_table
df = pd.read_csv('C:/pydata/example/chap10/example10_1.csv')

model_m = ols("每股收益 ~ 每股净资产+每股现金流量+总股本",data=df).fit()
```

---

① 处理多重共线性问题有很多办法，感兴趣的读者可参考回归方面的书籍。

```
conf_level = 0.95
st, _, _ = summary_table(model_m, alpha=1-conf_level)
columns = [x +' ' + y for (x, y) in zip(st.data[0], st.data[1])]
df_res = pd.DataFrame()              # 将 SimpleTable 转为 DataFrame
for i in range(len(st.data) - 2):
    df_res = df_res.append(pd.DataFrame(st.data[i+2], index=columns).T)
df_res.reset_index(drop=True, inplace=True)

df_res.drop(columns=['Std Error Mean Predict',
                'Student Residual','Std Error Residual'],inplace=True) # 删除列
round(df_res,2).head()      # 显示前 5 行
```

	Obs	Dep Var Population	Predicted Value	Mean ci 95% low	Mean ci 95% upp	Predict ci 95% low	Predict ci 95% upp	Residual
0	1	0.88	1.44	0.59	2.29	-1.71	4.59	-0.56
1	2	1.14	2.92	1.99	3.85	-0.25	6.09	-1.78
2	3	4.88	5.9	4.97	6.83	2.73	9.08	-1.02
3	4	3.23	2.77	1.87	3.67	-0.4	5.94	0.46
4	5	7.83	7.79	6.74	8.84	4.58	11	0.04

```
# 每股净资产=5、每股现金流量=5、总股本=5 时每股收益的点预测值
model_m.predict(exog=dict(每股净资产=5,每股现金流量=5,总股本=5))
```

```
0    0.896996
dtype: float64
```

2. 多元线性回归模型的诊断

与一元线性回归类似，可以用残差图来诊断模型的各项假定。绘制残差图的代码和结果如代码框 10-11 所示。

代码框 10-11　绘制残差图诊断模型

```
# 绘制残差图诊断模型（见图 10-8）
model_m = ols("每股收益 ~ 每股净资产+每股现金流量+总股本",data=df).fit()
x = model_m.fittedvalues; y = model_m.resid

plt.subplots(1, 2, figsize=(8, 3.5))
plt.subplot(121)
plt.scatter(model_m.fittedvalues, model_m.resid)
plt.xlabel('拟合值')
plt.ylabel('残差')
plt.title('(a) 残差与拟合值图', fontsize=12)
plt.axhline(0, ls='--')

ax2 = plt.subplot(122)
pplot = sm.ProbPlot(model_m.resid, fit=True)
pplot.qqplot(line='r', ax=ax2, xlabel='理论正态值', ylabel='标准化的观测值')
ax2.set_title('(b) 正态 Q-Q 图', fontsize=12)

plt.tight_layout()
```

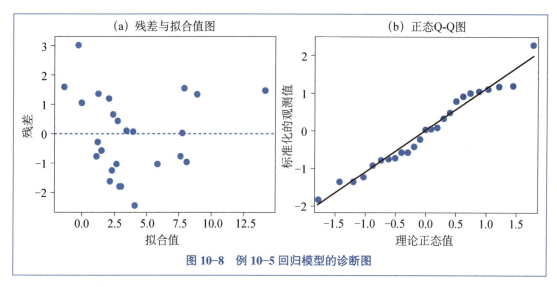

图 10-8　例 10-5 回归模型的诊断图

　　图 10-8（a）显示，残差基本上满足随机分布，但是否需要建立非线性模型还需要做进一步的分析。图 10-8（b）显示，残差基本上满足正态性假定，读者可以对残差进行正态性检验以获得更多证据。

习题

10.1　下面是来自 R 语言的 anscombe 数据集（前 3 行和后 3 行）。

x1	x2	x3	x4	y1	y2	y3	y4
10	10	10	8	8.04	9.14	7.46	6.58
8	8	8	8	6.95	8.14	6.77	5.76
13	13	13	8	7.58	8.74	12.74	7.71
……	……	……	……	……	……	……	……
12	12	12	8	10.84	9.13	8.15	5.56
7	7	7	8	4.82	7.26	6.42	7.91
5	5	5	8	5.68	4.74	5.73	6.89

　　分别绘制 x1 和 y1、x2 和 y2、x3 和 y3、x4 和 y4 的散点图，并建立一元线性回归模型，从散点图和各回归模型中你会得到哪些启示？

10.2　随机抽取 10 家航空公司，对其最近一年的航班准点率和顾客投诉次数进行调查，所得数据如下（前 3 行和后 3 行）。

航空公司编号	航班准点率（%）	投诉次数（次）
1	81.8	21
2	76.6	58
3	76.6	85
……	……	……
8	70.8	122

续表

航空公司编号	航班准点率（%）	投诉次数（次）
9	91.4	18
10	68.5	125

（1）用航班准点率作为自变量，顾客投诉次数作为因变量，求出估计的回归方程，并解释回归系数的意义。

（2）检验回归系数的显著性（$\alpha = 0.05$）。

（3）如果航班准点率为 80%，估计顾客的投诉次数。

10.3　为了分析影响不良贷款的因素，一家商业银行在所属的多家分行中随机抽取 25 家，得到的不良贷款、贷款余额、应收贷款、贷款项目个数、固定资产投资等有关数据如下（前 3 行和后 3 行）。

不良贷款 （亿元）	贷款余额 （亿元）	应收贷款 （亿元）	贷款项目个数 （个）	固定资产投资 （亿元）
0.9	67.3	6.8	5	51.9
1.1	111.3	19.8	16	90.9
4.8	173.0	7.7	17	73.7
……	……	……	……	……
1.2	109.6	10.3	14	67.9
7.2	196.2	15.8	16	39.7
3.2	102.2	12.0	10	97.1

（1）用不良贷款作为因变量，建立多元线性回归模型。

（2）分析模型中是否存在共线性。

（3）比较 4 个自变量在不良贷款中的相对重要性。

10.4　下面是来自 R 语言的 mtcars 数据集，该数据集摘自 1974 年美国《汽车趋势》杂志，包括 32 款汽车（1973 年至 1974 年款）的油耗、汽车设计和性能等共 11 个指标。根据该数据集（前 3 行和后 3 行），以行驶距离（disp）为因变量，每加仑油行驶的英里数（mpg）、气缸数（cyl）、总马力（hp）、后轴比（drat）和汽车自重（wt）为自变量，建立多元线性回归模型，并对模型进行综合评估。

	disp	mpg	cyl	hp	drat	wt
Mazda RX4	160.0	21.0	6	110	3.90	2.620
Mazda RX4 Wag	160.0	21.0	6	110	3.90	2.875
Datsun 710	108.0	22.8	4	93	3.85	2.320
……	……	……	……	……	……	……
Ferrari Dino	145.0	19.7	6	175	3.62	2.770
Maserati Bora	301.0	15.0	8	335	3.54	3.570
Volvo 142E	121.0	21.4	4	109	4.11	2.780

第 11 章 时间序列分析和预测

现实生活中的很多数据是按时间顺序记录的，比如，各年的国内生产总值（GDP）、各月份的居民消费价格指数（CPI）、每个交易日的股票价格指数等。这种按时间顺序记录的数据就是**时间序列**（time series），其中的观测时间可以是年份、季度、月份或其他任何时间形式。如果用 t 表示观测时间，Y_t 表示时间 t 上的观测值，时间序列就是由 t 和 Y_t 构成的序列。本章首先介绍时间序列的成分及其分解，然后介绍时间序列的一些简单预测方法。

11.1 时间序列的成分及其分解

研究时间序列的目的主要是对未来做出预测。比如，明年的企业销售额会达到多少？下个月的住房销售价格会下降吗？这只股票明天会上涨吗？要想对未来的结果做出预测，就需要知道它们在过去的一段时间里是如何变化的，这就需要考察时间序列的变化形态，进而建立适当的模型来做出预测。

11.1.1 时间序列的成分

时间序列的变化可能受一种或几种因素的影响，导致它在不同时间上的取值存在差异，这些影响因素就是时间序列的**成分**（components）。一个时间序列通常由 4 种成分组成，即趋势、季节变动、循环波动和不规则波动。

趋势（trend）是时间序列在一段较长时期内呈现出来的持续向上或持续向下的变动。比如，一个地区的居民收入是逐年增长的，一个企业的生产成本是逐年下降的，这就是趋势。趋势在一定观察期内可能呈线性变化，但随着时间的推移也可能呈现出非线性变化。

季节变动（seasonal fluctuation）是时间序列呈现出的以年为周期的固定变动模式，这种模式年复一年重复出现。它是诸如气候条件、生产条件、节假日或人们的风俗习惯等各种因素影响的结果。农业生产、交通运输、旅游、商品销售等都有明显的季节变动特征。比如，某个电商在节假日的打折促销会使销售额增加，铁路和航空客运在节假日会迎来客流高峰，一个水力发电企业会因水流高峰的到来而发电量猛增，这些都是季节变动引起的。

循环波动（cyclical fluctuation）也称周期波动，它是时间序列呈现出的非固定长度的周期性变动。比如，通常所说的景气周期、加息周期这类术语就是所谓的循环波动。循环波动的周期可能会持续一段时间，但与趋势不同，它不是朝着单一方向的持续变动，而是涨落相间的交替波动，比如，经济从低谷到高峰，又从高峰慢慢滑入低谷，而后又慢慢回升；它也不同于季节变动，季节变动有比较固定的规律且变动周期为一年，而循环波动则无固定规律，变动周期多在一年以上且周期长短不一。观察周期波动需要较长的时间序列**数据**，就大多数商务与经济数据而言，由于数据量的限制，难以找出波动的周期，因此，当序列较短时，可不考虑周期波动。

不规则波动（irregular fluctuation）也称随机波动，它是时间序列中除去趋势、季节变动和周期波动之后剩余的波动。随机波动是由一些偶然因素引起的，通常夹杂在时间序列中，致使时间序列产生一种波浪形或振荡式的变动。随机波动的因素不可预知，也不能控制，因此在分析时通常不予以单独考虑。

时间序列的 4 种成分分别用 T（趋势）、S（季节变动）、C（循环波动）和 e（不规则波动）表示，观测值与各成分之间的关系可以用**加法模型**（additive model）表示，也可以用**乘法模型**（multiplicative model）表示。当不考虑循环波动成分时，加法模型可表示为：

$$Y_t = T_t + S_t + e_t \tag{11.1}$$

乘法模型可表示为：

$$Y_t = T_t \times S_t \times e_t \tag{11.2}$$

分析时间序列的成分是建立预测模型的基础。比如，画出时间序列的折线图以观察其成分和变化模式，平滑掉序列中的随机成分以观察其内在的变化规律，这些均可作为选择预测方法的依据。图 11-1 是 Python 模拟的含有不同成分的时间序列折线图。

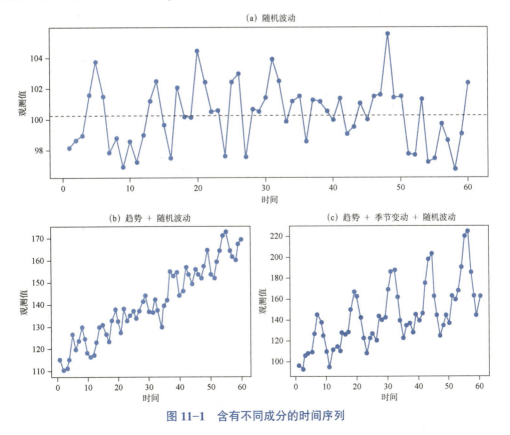

图 11-1　含有不同成分的时间序列

一个时间序列可能只含有一种成分，也可能同时含有几种成分。观察时间序列的折线图可以大致判断时间序列所包含的成分。下面通过几个时间序列来观察其所包含的成分。

【例 11-1】（数据：example11_1.csv）表 11-1 是某电子产品制造企业 2006—2023 年的净利润、产量、管理成本和销售价格的时间序列。绘制折线图并观察其所包含的成分。

表 11-1　某电子产品制造企业 2006—2023 年的经营数据（前 5 行和后 5 行）

年份	净利润（万元）	产量（万台）	管理成本（万元）	销售价格（元）
2006	1 200.6	46	28.0	199
2007	1 750.7	56	60.3	233
2008	2 938.1	63	73.5	213
2009	3 126.0	129	121.3	230
2010	3 250.3	173	126.9	223
……	……	……	……	……
2019	6 563.6	1 755	181.8	227
2020	6 682.4	2 479	173.8	235
2021	7 500.5	3 366	210.2	222
2022	6 885.8	4 559	206.5	215
2023	7 765.6	6 281	223.6	225

解： 绘制折线图的 Python 代码和结果如代码框 11-1 所示。

代码框 11-1　绘制折线图

```
# 图 11-2 的绘制代码
import pandas as pd
import matplotlib.pyplot as plt
plt.rcParams['font.sans-serif']=['SimHei']
df = pd.read_csv('C:/pydata/example/chap11/example11_1.csv')

# 绘制折线图
plt.subplots(2, 2, figsize=(8.5, 6.5))
plt.subplot(221)
df['净利润'].plot(kind='line',linewidth=1,marker='o',\
            markersize=4,xlabel='年份',ylabel='净利润')
plt.xticks(range(0, 18, 2), df['年份'][::2])
plt.title('(a)  净利润序列')

plt.subplot(222)
df['产量'].plot(kind='line',linewidth=1,marker='o',\
            markersize=4,xlabel='年份',ylabel='产量')
plt.xticks(range(0, 18, 2), df['年份'][::2])
plt.title('(b)  产量序列')

plt.subplot(22,)
df['管理成本'].plot(kind='line',linewidth=1,marker='o',\
            markersize=4,xlabel='年份',ylabel='管理成本')
```

```
plt.xticks(range(0, 18, 2), df['年份'][::2])
plt.title('(c)  管理成本序列')

plt.subplot(224)
df['销售价格'].plot(kind='line',linewidth=1,marker='o',\
                    markersize=4,xlabel='年份',ylabel='销售价格')
plt.xticks(range(0, 18, 2), df['年份'][::2])
plt.title('(d)  销售价格序列')

plt.tight_layout()    # 紧凑布局
```

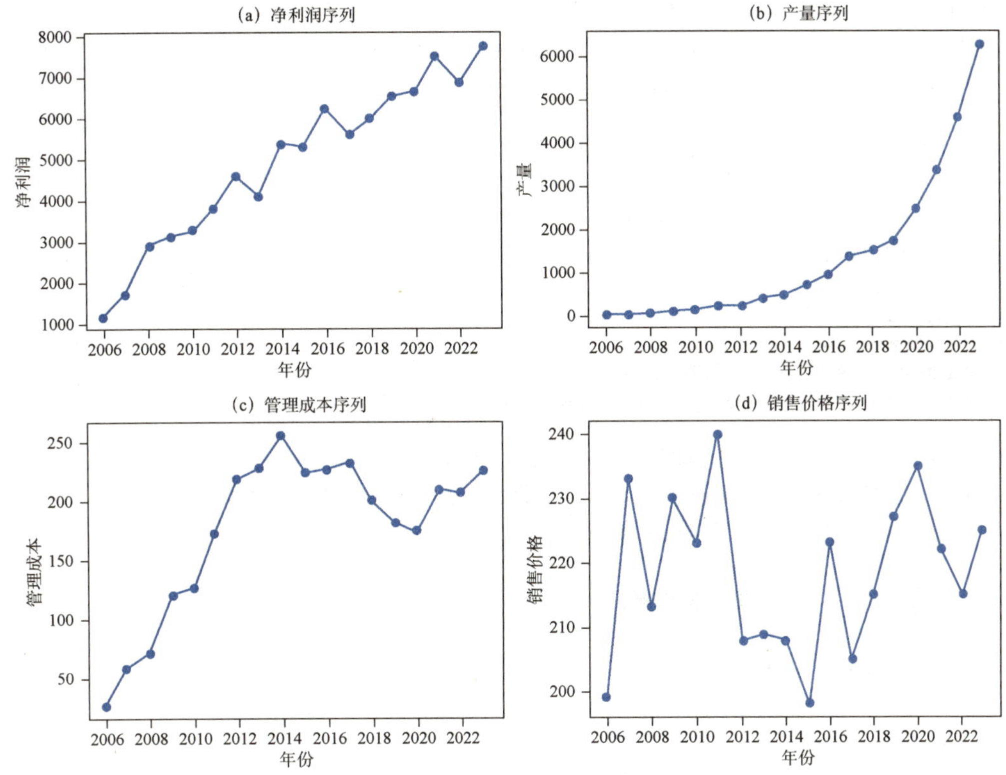

图 11-2　例 11-1 中 4 个时间序列的折线图

　　图 11-2 显示，净利润呈现线性上升趋势；产量呈现指数增长趋势；管理成本呈现出某种非线性变化形态；销售价格没有明显的固定模式，呈现出一定的随机波动。

　　【例 11-2】（数据：example11_2.csv）表 11-2 是一家饮料生产企业 2018—2023 年各月份的销售量数据。绘制销售量的折线图和按年折叠图并观察其所包含的成分。

表 11-2　某饮料生产企业 2018—2023 年各月份的销售量数据　　　　　单位：万吨

月份	2018 年	2019 年	2020 年	2021 年	2022 年	2023 年
1 月	116.2	136.3	151.2	163.2	172.8	184.4
2 月	111.8	133.0	144.5	152.6	164.2	178.7
3 月	128.2	152.2	170.9	173.8	194.9	219.7

续表

月份	2018 年	2019 年	2020 年	2021 年	2022 年	2023 年
4 月	129.1	150.2	167.0	167.0	190.1	217.8
5 月	129.6	152.6	170.4	174.2	201.6	233.4
6 月	151.2	179.5	202.6	208.8	226.6	249.2
7 月	174.7	198.2	223.2	235.7	263.0	292.2
8 月	166.6	194.4	224.2	242.4	268.3	290.6
9 月	149.8	170.4	193.9	193.9	222.2	253.2
10 月	131.5	146.9	166.6	172.3	195.4	219.9
11 月	113.8	130.1	146.4	148.8	173.8	200.0
12 月	133.4	146.9	161.3	161.8	194.4	230.1

解：绘制各图形的 Python 代码和结果如代码框 11-2 所示。

代码框 11-2   绘制折线图和按年折叠图

```
# 图 11-3 的绘制代码
import pandas as pd
import matplotlib.pyplot as plt
import seaborn as sns
plt.rcParams['font.sans-serif']=['SimHei']
example11_2 = pd.read_csv('C:/pydata/example/chap11/example11_2.csv')

df = pd.melt(example11_2,id_vars=['月份'],var_name='年份',value_name='销售量')# 融合数据
df['日期'] = df['年份']+"-"+df['月份']           # 添加带有年份和月份的日期列
df['日期'] = pd.to_datetime(df['日期'].map(lambda x : x.replace("年","").replace("月","")))
                                                # 创建时间序列
df.index=df['日期']   # 将日期设置为索引

plt.subplots(1, 2, figsize=(11, 4.5))
plt.subplot(121)

#（a）销售量的折线图
plt.plot(df['销售量'], marker='o',linewidth=1,markersize=4)
plt.xlabel('时间')
plt.ylabel('销售量')
plt.title("(a) 销售量的折线图",size=15)
for i in range(2019,2024):
    plt.vlines(pd.to_datetime(str(i)+"-01-01"),90,300,
            linestyles='--',linewidth=0.6,color='grey')

#（b）销售量的按年折叠图
plt.subplot(122)
sns.lineplot(df['月份'],df['销售量'],hue=df['年份'],
            marker='o',markersize=5,linewidth=1)
plt.title("(b) 销售量的按年折叠图",size=15)

plt.tight_layout()    # 紧凑布局
```

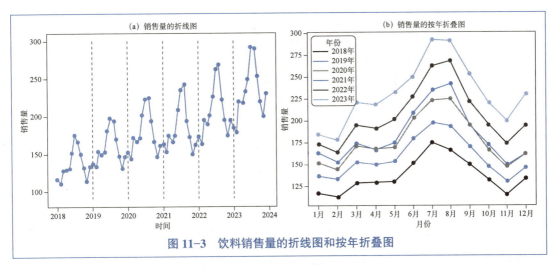

图 11-3　饮料销售量的折线图和按年折叠图

图 11-3（a）显示，2018—2023 年各年销售量的走势有明显的季节成分和线性趋势。图 11-3（b）显示，各年销售量的折线几乎没有交叉，形状大致相同，表明存在季节变化；销售量的淡季为 1 月份、2 月份和 11 月份，旺季为 7 月份和 8 月份；后面年份的销售量明显高于前面年份的销售量，表明存在线性上升趋势。

11.1.2　成分分解

当时间序列含有多种成分时，可以将各个成分依次分解出来，以便观察和分析各成分对时间序列的影响，进而为建立预测模型提供依据。

分解时间序列成分时，通常先确定季节成分。季节成分一般用**季节指数**（seasonal index）来表示，用于反映时间序列中的季节变化。在计算出季节指数后，用时间序列的每一个观测值除以相应的季节指数以消除季节成分。消除季节成分后的时间序列即为含有趋势和随机成分的时间序列。再将趋势剔除，即为随机波动序列。下面通过一个例子说明成分分解的过程。

【**例 11-3**】（数据：example11_2.csv）沿用例 11-2。分解销售量的各个成分，绘制成分分解图并观察各个成分的特征。

使用 statsmodels 模块中的 seasonal_decompose 函数可以对时间序列进行分解，使用 sale_compose.plot 函数可以绘制各成分分解图。Python 代码和结果如代码框 11-3 所示。

代码框 11-3　饮料销售量的成分分解

```
# 销售量的成分分解（使用代码框 11-2 创建的时间序列 df）
sale_compose = seasonal_decompose(df['销售量'],model='multiplicative', # 采用乘法模型分解
                                  period=12,                  # 设置序列周期
                                  two_sided=True,             # 默认使用中心化移动平均
                                  extrapolate_trend='freq')   # 输出趋势成分和随机成分
# 展示各成分的分解结果和观测值
df_sale=pd.concat([sale_compose.seasonal,                     # 季节成分
                  sale_compose.trend,                         # 趋势成分
```

	sale_compose.resid,　　　　　　　# 随机成分	
	sale_compose.observed],axis=1)　# 观测值	
round(df_sale,4)　　# 展示结果的前 5 行和后 5 行		

日期	seasonal	trend	resid	销售量
2018/1/1	0.8967	125.8756	1.0295	116.2
2018/2/1	0.8488	127.7587	1.0309	111.8
2018/3/1	0.9828	129.6418	1.0062	128.2
2018/4/1	0.9571	131.5249	1.0256	129.1
2018/5/1	0.9826	133.4080	0.9887	129.6
...	...	...	...	...
2023/8/1	1.2541	232.6218	0.9961	290.6
2023/9/1	1.0645	234.7136	1.0134	253.2
2023/10/1	0.9207	236.8054	1.0086	219.9
2023/11/1	0.8049	238.8972	1.0401	200.0
2023/12/1	0.8983	240.9890	1.0629	230.1

72 rows × 4 columns

注：seasonal_decompose 函数默认 model='additive'，即采用加法模型进行分解。运行 sale_compose.seasonal[0:12]可查看 12 个月份的季节指数。各成分的分解结果相乘即为实际观测值，即 seasonal×trend×resid=销售量。

```
# 绘制成分分解图（见图 11-4）
fig = sale_compose.plot()　# 绘制成分分解图
fig.set_size_inches(6,8)　# 设置图形大小

plt.tight_layout()　　# 紧凑布局
```

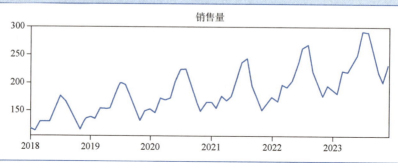

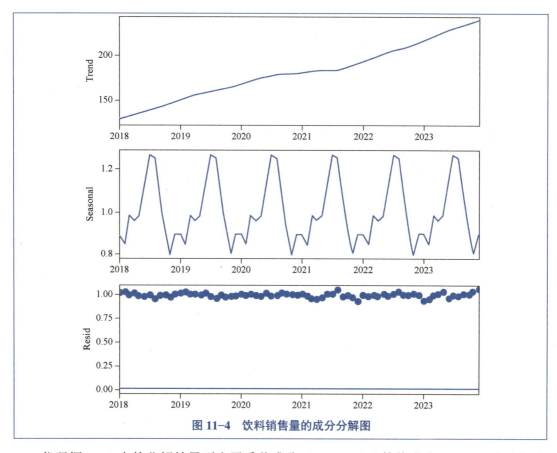

图 11-4　饮料销售量的成分分解图

代码框 11-3 中的分解结果列出了季节成分（seasonal）、趋势成分（trend）和随机成分（resid）。季节成分即季节指数，它反映了销售量的季节变动，数值越大，表示销售量越多，即销售旺季；数值越小，表示销售量越小，即销售淡季。结果显示，11 月份、1 月份和 2 月份的季节指数较小，为销售淡季；7 月份和 8 月份的季节指数较大，为销售旺季。趋势成分是剔除季节成分和随机成分后的结果，表示销售量在不受季节因素和随机波动的影响下的走势。随机成分是剔除季节成分和趋势成分后的结果，表示销售量在不受季节因素和趋势因素影响下的波动。

图 11-4 的第 1 幅图是销售量的实际观测值；第 2 幅图是剔除季节成分和随机成分后的趋势，结果显示，销售量呈线性上升趋势；第 3 幅图是销售量的季节变动，结果显示，销售旺季在 7 月份和 8 月份，销售淡季在 1 月份、2 月份和 11 月份；第 4 幅图是销售量的随机波动。

11.1.3　随机成分平滑

随机波动通常会掩盖时间序列的固有模式，利用短期移动平均对时间序列进行平滑可以去除时间序列中的随机波动，从而有利于观察其形态或固有模式。比如，股票价格指数中的 5 日移动平均、10 日移动平均等就属于此类。

移动平均（moving average）是选择固定长度的移动间隔，对时间序列逐期移动，以求得的平均数作为平滑值。设移动间隔长度为 $m\,(1 < m < t)$，则 t 期的移动平均平滑值 T_t 为：

$$T_t = \frac{Y_{t-k} + Y_{t-k+1} + \cdots + Y_t + \cdots + Y_{t+k-1} + Y_{t+k}}{m} \tag{11.3}$$

式中，$k = (m-1)/2$。

移动平均值是相应观测值的代表值，因此需要进行中心化。当移动间隔长度 m 为奇数时，比如，$m = 3$，则 $k = 1$，第 1 个 3 期移动平均值就是第 1、2、3 个值的平均，中心化后的结果应该对应于第 2 个观测值（T_2 对应于 Y_2）；第 2 个移动平均值是第 2、3、4 个值的平均，中心化后的结果应该对应于第 3 个观测值（T_3 对应于 Y_3），依此类推。

当 m 为偶数时，比如，$m = 4$，则 $k = 1.5$，向上取整 $k = 2$，向下取整 $k = 1$，中心化移动平均值是两个 4 期移动平均值的再平均。比如，第 1 个 4 期移动平均值是第 1、2、3、4 个值的平均值和第 2、3、4、5 个值的平均值的平均，中心化后的结果应该对应于第 3 个观测值（T_3 对应于 Y_3）；第 2 个 4 期移动平均值是第 2、3、4、5 个值的平均值和第 3、4、5、6 个值的平均值的平均，中心化后的结果应该对应于第 4 个观测值（T_4 对应于 Y_4），依此类推。表 11-3 是一个虚拟时间序列移动平均的计算结果，NA 表示没有数值。

表 11-3　虚拟时间序列的移动平均中心化计算结果

时间	观测值	$m=3$ 中心化移动平均	$m=5$ 中心化移动平均	$m=4$ 非中心化移动平均	$m=4$ 中心化移动平均
1	10	NA	NA	NA	NA
2	20	20	NA	NA	NA
3	30	30	30	NA	30
4	40	40	40	25	40
5	50	50	50	35	50
6	60	60	60	45	60
7	70	70	70	55	70
8	80	80	80	65	80
9	90	90	NA	75	NA
10	100	NA	NA	85	NA

【例 11-4】（数据：example11_1.csv）沿用例 11-1。分别采用 $m = 3$ 和 $m = 5$ 对销售价格数据进行移动平均平滑，并将实际值和平滑值绘成图形进行比较。

解：使用 pandas 中的 df.rolling 函数可进行移动平均，代码和结果如代码框 11-4 所示。

代码框 11-4　销售价格的移动平均（$m = 3$ 和 $m = 5$）

```
# 移动平均
import pandas as pd
df = pd.read_csv('C:/pydata/example/chap11/example11_1.csv')

# 移动平均
```

```
ma3 = df['销售价格'].rolling(window=3, center=True).mean()      # 3 期移动平均
ma5 = df['销售价格'].rolling(window=5, center=True).mean()      # 5 期移动平均
df_ma = pd.DataFrame({"年份":df['年份'],"销售价格": df['销售价格'],
                      "3 期移动平均": ma3, "5 期移动平均": ma5})
round(df_ma,2)
```

	年份	销售价格	3 期移动平均	5 期移动平均
0	2006	199	NaN	NaN
1	2007	233	215.00	NaN
2	2008	213	225.33	219.6
3	2009	230	222.00	227.8
4	2010	223	231.00	222.8
5	2011	240	223.67	222.0
6	2012	208	219.00	217.6
7	2013	209	208.33	212.6
8	2014	208	205.00	209.2
9	2015	198	209.67	208.6
10	2016	223	208.67	209.8
11	2017	205	214.33	213.6
12	2018	215	215.67	221.0
13	2019	227	225.67	220.8
14	2020	235	228.00	222.8
15	2021	222	224.00	224.8
16	2022	215	220.67	NaN
17	2023	225	NaN	NaN

```
# 绘制实际值和平滑值的折线图（见图 11-5）
import matplotlib.pyplot as plt
plt.rcParams['font.sans-serif']=['SimHei']

plt.figure(figsize=(8,5.5))
l1,= plt.plot(df_ma['销售价格'],linestyle='-', marker='o',linewidth=0.8)
l2,= plt.plot(df_ma['3 期移动平均'],linestyle='-.', marker='+',linewidth=0.8)
l3,= plt.plot(df_ma['5 期移动平均'],linestyle='-.', marker='*',linewidth=0.8)
plt.xticks(range(0, 18, 2), df['年份'][::2])
plt.legend(handles=[l1,l2,l3],labels=['销售价格','3 期移动平均','5 期移动平均'],
           loc='best',prop={'size': 10})
plt.xlabel('时间',size=12)
plt.ylabel("销售价格",size=12)
```

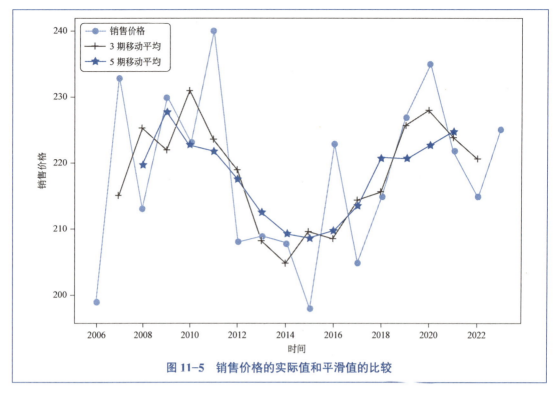

图 11-5　销售价格的实际值和平滑值的比较

图 11-5 显示，移动间隔越长，曲线就越平滑。实际应用中，可根据数据的波动情况和分析目的合理选择移动间隔的长度。当数据量较大时，移动间隔可长一些。但如果数据是以固定长度的周期采集的，则移动间隔的长度最好与数据的采集周期一致，这样可以有效去除序列中的随机波动。比如，如果数据是按季度采集的，则移动间隔的长度应取 4；如果数据是按月采集的，则移动间隔的长度应取 12；等等。

11.2　预测方法的选择与评估

时间序列预测的基本步骤大致如下：

第 1 步：确定时间序列所包含的成分。

第 2 步：找出适合该时间序列的预测方法。

第 3 步：对可能的预测方法进行评估，以确定最佳预测方法。

第 4 步：分析预测的残差，以检验模型是否合适。

一个时间序列可能只含有一种成分，也可能同时含有几种成分。含有不同成分的时间序列所适用的预测方法是不同的。选择什么预测方法首先取决于历史数据的变化模式，即时间序列所包含的成分；其次取决于所能获得的历史数据的多少，有些方法只要有少量数据就能进行预测，而有些方法却要求有较多数据；最后取决于所要求的预测期的长短，有些方法只能进行短期预测，有些则可以进行相对长期的预测。表 11-4 列出了本章介绍的预测方法及其所适合的数据模式、对数据的要求和预测期的长短等。

表 11-4 预测方法的选择

预测方法	适合的数据模式	对数据的要求	预测期
简单指数平滑	随机波动	5 个以上	短期
Holt 指数平滑	线性趋势	5 个以上	短期至中期
Winters 指数平滑	趋势和季节成分	至少有 4 个周期的季度或月份数据	短期至中期
一元线性回归	线性趋势	10 个以上	短期至中期
指数模型	非线性趋势	10 个以上	短期至中期
多项式函数	非线性趋势	10 个以上	短期至中期

在选择出预测方法并利用该方法进行预测后，反过来还需要对所选择的方法进行评估，以确定所选择的方法是否合适。

一种预测方法的好坏取决于预测误差的大小。预测误差是预测值与实际值的差值，度量方法有**平均误差**（mean error）、**平均绝对误差**（mean absolute deviation）、**均方误差**（mean square error）、**平均百分比误差**（mean percentage error）和**平均绝对百分比误差**（mean absolute percentage error）等，其中较为常用的是均方误差。当同一个时间序列有几种可供选择的预测方法时，以预测误差最小者为宜。

均方误差是误差平方和的平均数，用 MSE 表示，计算公式为：

$$\text{MSE} = \frac{\sum_{i=1}^{n}(Y_i - F_i)^2}{n} \tag{11.4}$$

式中，Y_i 为第 i 期的实际值，F_i 为第 i 期的预测值，n 为预测误差的个数。

除了比较误差大小外，还可以绘制残差图来分析所使用的模型是否合适。在残差图中，如果各残差围绕 0 轴随机分布，没有固定的模式，则说明所使用的模型是合适的，残差离 0 轴越近，表示所选择的模型越好。

11.3 指数平滑预测

指数平滑（exponential smoothing）预测是用平滑值进行预测的方法，因而也称为**平滑法**（smoothing method）预测。根据时间序列所包含的成分不同，平滑法也有不同的预测模型。

11.3.1 指数平滑模型的一般表达

如果一个时间序列包含趋势、季节和随机成分，设季节周期长度为 p（季度数据 $p=4$，月份数据 $p=12$），则指数平滑加法模型的一般表达式为：

$$\hat{Y}_{t+h} = a_t + h \times b_t + s_{t-p+h} \tag{11.5}$$

式中，$\hat{Y}_{t+h}$ 为 $t+h$ 期的预测值；h 为要预测的 t 期以后的时期数；$a_t = \alpha(Y_t - s_{t-p}) +$

$(1-\alpha)(a_{t-1}+b_{t-1})$，即 t 期的平滑值；$b_t = \beta(a_t - a_{t-1}) + (1-\beta)b_{t-1}$，即 t 期的趋势值；$s_t = \gamma(Y_t - a_t) + (1-\gamma)s_{t-p}$，即 t 期的季节成分。

其中，α、β、γ 分别为模型的参数，也称平滑系数，取值范围均为 0～1（含 0 和 1）。Y_t 为 t 期的实际值；a_{t-1} 为 $t-1$ 期的平滑值；b_{t-1} 为 $t-1$ 期的趋势值；s_t 为 t 期的季节调整因子，s_{t-p} 为 $t-p$ 期的季节调整因子。

式（11.5）通常简称 **Winters 加法模型**（Winters's additive model），它表示预测值是随机成分（平滑值）、趋势成分、季节成分三者之和。因此，Winters 加法模型通常用于对含有趋势成分、季节成分和随机成分的时间序列的预测。

如果时间序列不含有季节成分，则式（11.5）可表示为：

$$\hat{Y}_{t+h} = a_t + h \times b_t \tag{11.6}$$

式（11.6）称为 Holt 指数平滑预测模型，通常简称 **Holt 模型**（Holt's model），该模型适用于对含有趋势成分的时间序列的预测。

如果时间序列不含有趋势成分和季节成分，且时间序列的波动是由随机因素所致，则式（11.5）可表示为：

$$\hat{Y}_{t+h} = \alpha Y_t + (1-\alpha)a_t \tag{11.7}$$

式（11.7）称为**简单指数平滑**（simple exponential smoothing）模型。该模型主要用于随机序列的平滑预测。简单指数平滑通常只得到 $t+1$ 期的预测值。

季节周期长度为 p 的指数平滑乘法模型的一般表达式为：

$$\hat{Y}_{t+h} = (a_t + h \times b_t) \times s_{t-p+h} \tag{11.8}$$

式中，$a_t = \alpha(Y_t / s_{t-p}) + (1-\alpha)(a_{t-1} + b_{t-1})$，$b_t = \beta(a_t - a_{t-1}) + (1-\beta)b_{t-1}$，$s_t = \gamma(Y_t / a_t) + (1-\gamma)s_{t-p}$。

11.3.2　简单指数平滑预测

简单指数平滑预测是加权平均的一种特殊形式，它是把 t 期的实际值 Y_t 和 t 期的平滑值 a_t 的加权平均作为 $t+h$ 期的预测值，如式（11.7）所示。观测值离现时期越远，其权数越小，且呈指数下降，因而称为指数平滑。

由于在开始计算时还没有第 1 期的平滑值 a_1，因此通常可以设 a_1 等于第 1 期的实际值，即 $a_1 = Y_1$，或者设 $a_1 = (Y_1 + Y_2 + Y_3)/3$。

使用简单指数平滑法预测的关键是确定一个合适的平滑系数 α。因为不同的 α 对预测结果会产生不同的影响。当 $\alpha = 0$ 时，预测值只是重复上一期的预测结果；当 $\alpha = 1$ 时，预测值就是上一期的实际值。α 越接近于 1，模型对时间序列变化的反应就越及时，因为它对当前的实际值赋予了比预测值更大的权数。同样，α 越接近于 0，意味着对当前的预测值赋予了更大的权数，因此模型对时间序列变化的反应就越慢。

简单指数平滑法的优点是只需少数几个观测值就能进行预测，方法相对简单；其缺点是预测值往往滞后于实际值，而且无法考虑趋势和季节成分。

【例 11-5】（数据：example11_1.csv）沿用例 11-1。采用简单指数平滑模型预测

2024 年的销售价格，将实际值和预测值绘制成图形进行比较，并绘制残差图检验模型的预测效果。

　　解： 图 11-2（d）显示，销售价格序列没有明显的变化模式，呈现出一定的随机波动，因此可采用式（11.7）给出的简单指数平滑模型做预测。使用 statsmodels 模块中的 SimpleExpSmoothing 函数、pandas 模块中的 df.ewm 函数均可以进行简单指数平滑预测。使用 SimpleExpSmoothing 函数进行预测的代码和结果如代码框 11-5 所示。

代码框 11-5　销售价格的简单指数平滑预测

```
import pandas as pd
import matplotlib.pyplot as plt
from statsmodels.tsa.holtwinters import SimpleExpSmoothing
plt.rcParams['font.sans-serif']=['SimHei']
plt.rcParams['axes.unicode_minus']=False
df = pd.read_csv('C:/pydata/example/chap11/example11_1.csv')

df.index= pd.date_range(start='2006', end='2023', freq='AS')
                              # 返回从 1 月 1 日开始的固定频率的日期时间索引
# 拟合简单指数平滑模型(alpha=0.3)
model = SimpleExpSmoothing(df['销售价格']).fit(smoothing_level=0.3, optimized=True)
model.params         # 输出模型参数
```

```
{'smoothing_level': 0.3,
 'smoothing_trend': nan,
 'smoothing_seasonal': nan,
 'damping_trend': nan,
 'initial_level': 216.45565553518918,
 'initial_trend': nan,
 'initial_seasons': array([], dtype=float64),
 'use_boxcox': False,
 'lamda': None,
 'remove_bias': False}
```

注：smoothing_level: 0.3 为事先指定的平滑系数。initial_level: 216.455 655 535 189 18 为系统确定的初始平滑值。读者可以尝试使用不同的平滑系数进行预测。

```
# 绘制实际值和拟合值图（见图 11-6）
df['price_ses'] = model.fittedvalues
plt.figure(figsize=(7,4.5))
l1, = plt.plot(df['销售价格'],linestyle='-', marker='o',linewidth=0.8)
l2, = plt.plot(df['price_ses'],linestyle='--', marker='*',linewidth=0.8)
plt.legend(handles=[l1,l2],labels=['销售价格','拟合值'],loc='best',prop={'size': 10})
plt.xlabel('时间',size=12)
plt.ylabel("销售价格",size=12)
```

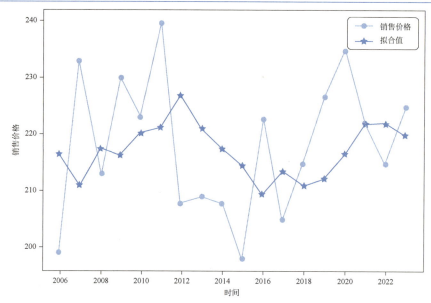

图 11-6   销售价格的实际值与简单指数平滑拟合值

```
# 计算 2024 年的预测值
p_model = modcl.forecast(1)   # 向后预测 1 期
p_model
```

```
2024-01-01      221.488831
Freq: AS-JAN, dtype: float64
```

```
# 绘制预测图和残差图（见图 11-7）
import scipy

# 图（a）预测图
plt.subplots(1, 2, figsize=(11, 4))
plt.subplot(121)

ax = df['销售价格'].plot(marker="o",linewidth=0.8,color="black")        # 绘制实际值
ax.set_ylabel("销售价格",size=12)
ax.set_xlabel("时间",size=12)
model.forecast(1).plot(ax=ax, style="--", marker="o", color="red")   # 绘制预测值
simulations = model.simulate(nsimulations=2, repetitions=1000,
                             error="add",random_errors=scipy.stats.norm)
                             # 重复模拟 100 次，模拟步长为 2
random_errors="bootstrap"
# 计算置信区间并绘图
low_CI_95 = p_model-1.96*simulations.std(axis=1)
high_CI_95 = p_model+1.96*simulations.std(axis=1)
low_CI_80 = p_model-1.28*simulations.std(axis=1)
high_CI_80 = p_model+1.28*simulations.std(axis=1)

plt.fill_between(['2024'],low_CI_95,high_CI_95,alpha=0.3,color='grey',linewidth=20)
plt.fill_between(['2024'],low_CI_80,high_CI_80,alpha=0.3,color='blue',linewidth=20)
plt.xlim('2005','2025')
plt.title('(a) 销售价格的简单指数平滑预测',size=13)
```

```
# 图 (b) 残差图
res = model.resid
plt.subplot(122)
plt.scatter(range(len(res)),res, marker='o')
plt.hlines(0,0,17,linestyle='--',color='red')
plt.xticks(range(0, 18, 2), df['年份'][::2])
plt.xlabel('时间',size=12)
plt.ylabel("残差",size=12)
plt.title('(b) 简单指数平滑预测残差',size=13)
```

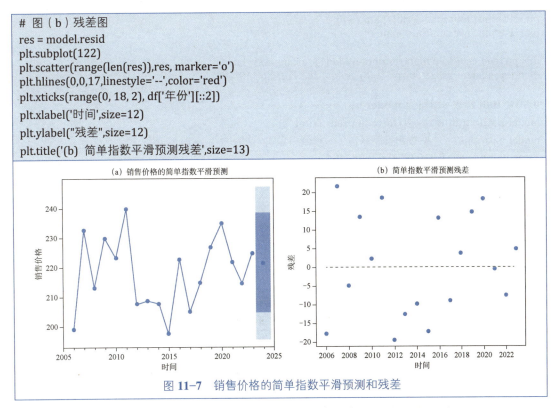

图 11-7　销售价格的简单指数平滑预测和残差

图 11-6 展示了销售价格的简单指数平滑的拟合效果，可用于判断预测模型是否合适。图 11-7（a）中的折线表示销售价格实际值，红色圆点是 2024 年的预测值，灰色区域是预测值的置信区间，其中的浅灰色区域是 95% 的置信区间，深灰色区域是 80% 的置信区间。图 11-7（b）的残差图显示，残差围绕 0 轴随机波动，无固定模式，表明采用简单指数平滑预测模型是合适的。

11.3.3　Holt 指数平滑预测

Holt 指数平滑预测是以其提出者 C. C. Holt 的名字命名的，通常简称 Holt 模型。当时间序列存在趋势成分时，简单指数平滑的预测值总是滞后于实际值。而 Holt 模型则改进了简单指数平滑模型，它将趋势成分也考虑进来，用平滑值对序列的线性趋势进行修正，建立线性平滑模型进行预测。Holt 模型如式（11.6）所示。

【例 11-6】（数据：example11_1.csv）沿用例 11-1。用 Holt 指数平滑模型预测 2024 年的净利润，将实际值和预测值绘制成图形进行比较，并绘制残差图检验模型的预测效果。

解：图 11-2（a）显示，净利润具有明显的线性趋势，因此可采用 Holt 指数平滑模型进行预测。Python 代码和结果如代码框 11-6 所示。

代码框 11-6　净利润的 Holt 指数平滑预测

```
import pandas as pd
import matplotlib.pyplot as plt
from statsmodels.tsa.holtwinters import SimpleExpSmoothing,ExponentialSmoothing,Holt
```

```
plt.rcParams['font.sans-serif']=['SimHei']
plt.rcParams['axes.unicode_minus']=False

df = pd.read_csv('C:/pydata/example/chap11/example11_1.csv')
df.index=pd.date_range(start="2006", end="2023", freq="AS")
```

 # 拟合 Holt 指数平滑模型(model_h)

```
model_h = Holt(df['净利润']).fit(optimized=True)
model_h.params      # 输出模型系数
```

```
{'smoothing_level': 0.31929713027882184,
 'smoothing_trend': 0.31929713027882184,
 'smoothing_seasonal': nan,
 'damping_trend': nan,
 'initial_level': 1171.2001873185363,
 'initial_trend': 506.18960662093696,
 'initial_seasons': array([], dtype=float64),
 'use_boxcox': False,
 'lamda': None,
 'remove_bias': False}
```

注：smoothing_level 为系统确定的平滑系数 α（反映随机成分）；smoothing_trend 为系统确定的平滑系数 β（反映趋势成分）；initial_level 为初始平滑值；initial_trend 为初始趋势值。

 # 绘制实际值和拟合值图（见图 11-8）

```
df['净利润_holt'] = model_h.fittedvalues
plt.figure(figsize=(7,4.5))
l1, = plt.plot(df['净利润'],linestyle='-', marker='o',linewidth=1)
l2, = plt.plot(df['净利润_holt'],linestyle='--', marker='^',linewidth=1)
plt.legend(handles=[l1,l2],labels=['净利润','拟合值'],loc='best',prop={'size': 10})
plt.xlabel('时间',size=12)
plt.ylabel("净利润",size=12)
```

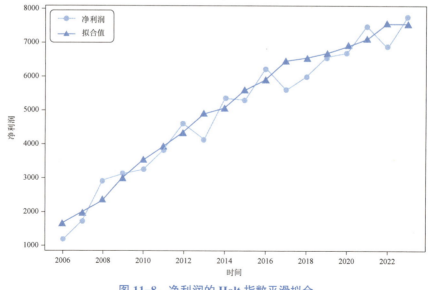

图 11-8　净利润的 Holt 指数平滑拟合

 # 2024 年净利润的预测值

```
model_h.forecast(1)
```

```
2024-01-01      7884.016624
Freq: AS-JAN, dtype: float64
```

注：要预测 2025 年的净利润，设置 model_h.forecast(2)即可。

```python
# 绘制预测图和残差图（见图 11-9）
import scipy

# 图（a）预测图
plt.subplots(1, 2, figsize=(11, 4))
plt.subplot(121)

ax = df['净利润'].plot(marker="o",linewidth=1,color="black")          # 绘制实际值
ax.set_ylabel("净利润",size=12)
ax.set_xlabel("时间",size=12)
model_h.forecast(1).plot(ax=ax, style="--", marker="o", color="red") # 绘制预测值
# 绘制置信区间
simulations = model_h.simulate(2, repetitions=1000, error="add",
                               random_errors=scipy.stats.norm)
low_CI_95 = model_h.forecast(1)-1.96*simulations.std(axis=1)
high_CI_95 = model_h.forecast(1)+1.96*simulations.std(axis=1)
low_CI_80 = model_h.forecast(1)-1.28*simulations.std(axis=1)
high_CI_80 = model_h.forecast(1)+1.28*simulations.std(axis=1)

plt.fill_between(['2024'],low_CI_95,high_CI_95,alpha=0.3,color='grey',linewidth=20)
plt.fill_between(['2024'],low_CI_80,high_CI_80,alpha=0.3,color='blue',linewidth=20)
plt.xlim('2005','2025')
plt.title('(a) 净利润的 Holt 指数平滑预测',size=13)

# 图（b）残差图
plt.subplot(122)
res = model_h.resid
plt.scatter(range(len(res)),res, marker='o')
plt.hlines(0,0,17,linestyle='--',linewidth=1,color='red')
plt.xlabel('时间',size=12)
plt.xticks(range(0, 18, 2), df['年份'][::2])
plt.ylabel("残差",size=12)
plt.title('(b)   Holt 指数平滑预测残差',size=13)
```

图 11-9　净利润的 Holt 指数平滑预测和残差

图 11-8 展示了净利润的 Holt 指数平滑的拟合效果，从拟合值与实际值的接近程度来看，预测模型比较理想。图 11-9（a）中的折线是净利润的实际值，红色圆点是 2024 年的预测值，灰色区域是预测值的置信区间，其中浅灰色区域是 95%的置信区间，深灰色区域是 80%的置信区间。图 11-9（b）的残差图显示，残差围绕 0 轴随机波动，无固定模式，表明采用 Holt 指数平滑预测模型是合适的。

11.3.4　Winters 指数平滑预测

Holt 指数平滑模型适用于含有趋势成分但不含季节成分的时间序列的预测。如果时间序列中既含有趋势成分又含有季节成分，则可以使用 Winters 指数平滑模型进行预测，如式（11.5）所示。

【例 11-7】（数据：example11_2.csv）沿用例 11-2。采用 Winters 模型预测 2024 年的销售量，将实际值和预测值绘制成图形进行比较，并绘制残差图检验模型的预测效果。

解： 图 11-3 显示，各月份销售量的走势有明显的季节成分和线性趋势，适合用 Winters 指数平滑模型进行预测。Python 代码和结果如代码框 11-7 所示。

代码框 11-7　饮料销售量的 Winters 指数平滑预测

```python
import pandas as pd
import matplotlib.pyplot as plt
import seaborn as sns
from statsmodels.tsa.holtwinters import SimpleExpSmoothing,ExponentialSmoothing,Holt
plt.rcParams['font.sans-serif']=['SimHei']
plt.rcParams['axes.unicode_minus']=False
df = pd.read_csv('C:/pydata/example/chap11/example11_2.csv')

df = pd.melt(df,id_vars=['月份'],var_name='年份',value_name='销售量')
df['日期'] = df['年份']+"-"+df['月份']
df['日期'] = pd.to_datetime(df['日期'].map(lambda x : x.replace("年","").replace("月","")))

#　拟合 Winters 模型（(model_w)），并确定模型参数 α，β 和 γ 以及模型系数 a，b 和 s
model_w = ExponentialSmoothing(df['销售量'],
                                       trend="add",
                                       seasonal="add",seasonal_periods=12,
                                       initialization_method="estimated",).fit()
model_w.params
```

```
{'smoothing_level': 0.2674849721026357,
 'smoothing_trend': 2.6737854586954263e-12,
 'smoothing_seasonal': 0.7325150278879025,
 'damping_trend': nan,
 'initial_level': 125.55954623819407,
 'initial_trend': 1.7032316591873615,
 'initial_seasons': array([-11.06372597, -15.45388201,   0.79681964,   0.10763917,
         -0.26568621,  19.37994134,  38.3313859 ,  26.47781905,
          4.14656619, -17.25070878, -36.33989219, -18.18685602]),
 'use_boxcox': False,
 'lamda': None,
 'remove_bias': False}
```

注：smoothing_level 为系统确定的平滑系数 α（反映随机成分）；smoothing_trend 为系统确定的平滑系数 β（反映趋势成分）；smoothing_seasonal 为系统确定的平滑系数 γ（反映季节成分）。initial_level 为初始平滑值；initial_trend 为初始趋势值；initial_seasons 为系统确定的季节指数。

 # Winters 模型的拟合图（见图 11-10）
```
df['销售量_hw'] = model_w.fittedvalues
plt.figure(figsize=(7,4.5))
l1, = plt.plot(df['日期'],df['销售量'],linestyle='-', marker='o',linewidth=1,markersize=4)
l2, = plt.plot(df['日期'],df['销售量_hw'],linestyle='--', marker='*',linewidth=1,markersize=4)
plt.legend(handles=[l1,l2],labels=['销售量','拟合值'],loc='best',prop={'size': 10})
plt.xlabel('时间',size=12)
plt.ylabel("销售量",size=12)
```

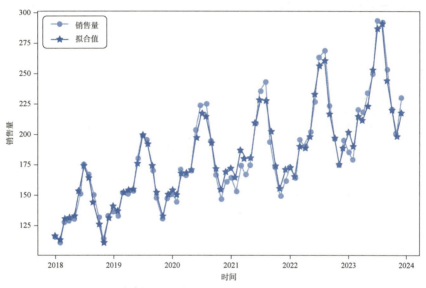

图 11-10　饮料销售量的实际值和 Winters 指数平滑拟合值

 # Winters 模型 2024 年销售量的预测
```
model_w1 = model_w.forecast(12)
round(model_w1,4)
```

72	215.5824
73	212.5203
74	252.3120
75	248.5675
76	261.3797
77	278.0310
78	319.3688
79	317.8370
80	277.7176
81	244.2291
82	223.7609
83	241.4410

dtype: float64

```
# 绘制预测图和残差图（见图 11-11）
import scipy

# 图（a）预测图
plt.subplots(1, 2, figsize=(11, 4))
plt.subplot(121)

ax = df['销售量'].plot(marker="o",markersize=4,linewidth=1,color="black")# 绘制实际值
ax.set_ylabel("销售量",size=12)
ax.set_xlabel("时间",size=12)
# 绘制 2024 年 12 个月的预测值
model_w.forecast(12).plot(ax=ax, style="--", marker="o",linewidth=1, markersize=4,color="red")
plt.xticks(range(0, 72, 12), df['年份'][::12])
plt.axvline(72, ls='--', c='grey',linewidth=1)
plt.title('(a) 销售量的 Winters 指数平滑预测',size=13)

# 图（b）残差图
plt.subplot(122)
res = model_w.resid
plt.scatter(range(len(res)),res, marker='^')
plt.hlines(0,0,72,linestyle='--',linewidth=1,color='red')
plt.xlabel('时间',size=12)
plt.ylabel("残差",size=12)
plt.xticks(range(0, 72, 12), df['年份'][::12])
plt.title('(b)    Winters 指数平滑预测残差',size=13)
```

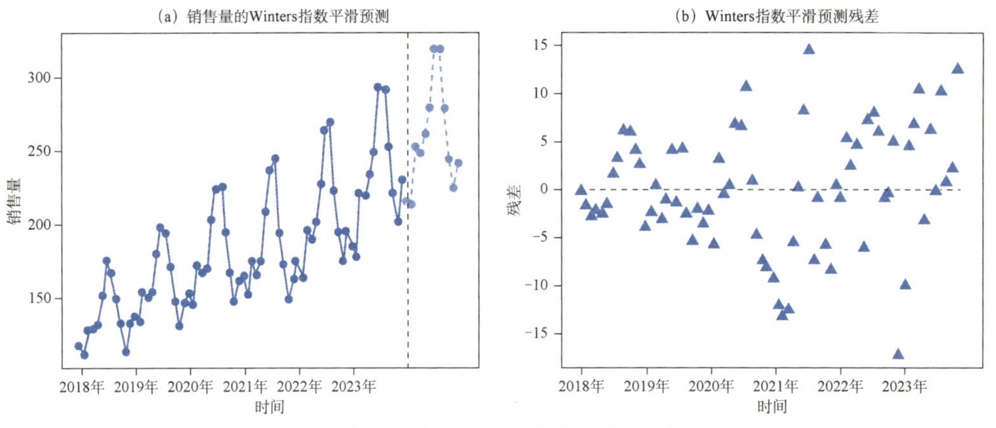

图 11-11   销售量的 Winters 指数平滑预测和残差

图 11-10 展示了 Winters 指数平滑的拟合效果，从拟合值与实际值的接近程度来看，预测模型比较理想。图 11-11（a）中虚线右侧的圆点是 2024 年各月份的预测值。图 11-11（b）显示，残差基本上围绕 0 轴随机波动，表明所选择的 Winters 指数平滑预测模型基本上是合适的。但后期的残差明显大于前期的残差，存在异方差现象，因此可考虑选择其他模型（该方面内容超出了本书的范围，有兴趣的读者可参阅时间序列方面的书籍）。

11.4 趋势外推预测

趋势外推预测是将观测值与时间的关系用模型表达出来，同时假定这种关系在未来的一段时间里可以延续，这样就可以利用这种关系模型进行外推预测。当时间序列存在明显的线性趋势时，可使用线性趋势模型进行预测，如果时间序列存在某种非线性变化形态，则可以使用非线性模型进行预测。

11.4.1 线性趋势预测

线性趋势（linear trend）是时间序列按一个固定的常数（不变的斜率）增长或下降。例如，图 11-2（a）显示，净利润随着时间的推移有明显的线性趋势。时间序列为线性趋势时，除了可以用 Holt 指数平滑模型进行预测外，还可使用一元线性回归模型进行预测。

用 $\hat{Y}_t$ 表示 Y_t 的预测值，t 表示时间变量，一元线性回归的预测方程可表示为：

$$\hat{Y}_t = b_0 + b_1 t \tag{11.9}$$

式中，b_1 为趋势线的斜率，表示时间 t 改变一个单位时观测值的平均改变值。趋势方程中的两个待定系数 b_0 和 b_1 可根据最小二乘法求得。一元线性回归预测的误差可用残差标准误（残差的标准差）来衡量。

【例 11-8】（数据：example11_1.csv）沿用例 11-1。用一元线性回归方程预测 2024 年的净利润，将实际值和预测值绘制成图形进行比较，并绘制残差图检验模型的预测效果。

解：一元线性回归预测的 Python 代码和结果如代码框 11-8 所示。

代码框 11-8　净利润的一元线性回归预测

```
import pandas as pd
from statsmodels.formula.api import ols
df = pd.read_csv('C:/pydata/example/chap11/example11_1.csv')

# 拟合一元线性回归模型（l_model）
l_model = ols("净利润 ~ 年份",data=df).fit()
print(l_model.summary())  # 输出模型结果
```

```
                        OLS Regression Results
==============================================================================
Dep. Variable:                 净利润   R-squared:                       0.952
Model:                           OLS   Adj. R-squared:                  0.949
Method:                Least Squares   F-statistic:                     314.7
Date:               Tue, 14 Feb 2023   Prob (F-statistic):           6.03e-12
Time:                       08:14:51   Log-Likelihood:                -134.04
No. Observations:                 18   AIC:                             272.1
Df Residuals:                     16   BIC:                             273.9
Df Model:                          1
Covariance Type:           nonrobust
==============================================================================
```

	coef	std err	t	P>|t|	[0.025	0.975]
Intercept	-7.092e+05	4.03e+04	-17.617	0.000	-7.95e+05	-6.24e+05
年份	354.5140	19.985	17.739	0.000	312.148	396.880

Omnibus:	0.082	Durbin-Watson:	1.812
Prob(Omnibus):	0.960	Jarque-Bera (JB):	0.306
Skew:	0.051	Prob(JB):	0.858
Kurtosis:	2.369	Cond. No.	7.82e+05

Notes:

[1] Standard Errors assume that the covariance matrix of the errors is correctly specified.

[2] The condition number is large, 7.82e+05. This might indicate that there are strong multicollinearity or other numerical problems.

```
# 计算各年的预测值和预测残差
df_pre = pd.DataFrame({"年份": df['年份'], "净利润": df['净利润'],
                "预测值": l_model.fittedvalues, "预测残差": l_model.resid})
df_pre.loc[18, '年份'] = 2024
df_pre = df_pre.astype({'年份': int})   # 年份为整数
df_pre.loc[18, '预测值'] = l_model.predict(exog=dict(年份=2024)).values # 2024 年的预测值

round(df_pre,2)
```

	年份	净利润	预测值	预测残差
0	2006	1200.6	1919.55	-718.95
1	2007	1750.7	2274.06	-523.36
2	2008	2938.1	2628.58	309.52
3	2009	3126.0	2983.09	142.91
4	2010	3250.3	3337.60	-87.30
5	2011	3814.0	3692.12	121.88
6	2012	4616.4	4046.63	569.77
7	2013	4125.3	4401.15	-275.85
8	2014	5386.2	4755.66	630.54
9	2015	5313.2	5110.17	203.03
10	2016	6250.1	5464.69	785.41
11	2017	5623.0	5819.20	-196.20
12	2018	6000.7	6173.72	-173.02
13	2019	6563.6	6528.23	35.37
14	2020	6682.4	6882.74	-200.34
15	2021	7500.5	7237.26	263.24
16	2022	6885.8	7591.77	-705.97
17	2023	7765.6	7946.29	-180.69
18	2024	NaN	8300.80	NaN

```
# 绘制预测图和残差图（见图 11-12）
import matplotlib.pyplot as plt
plt.rcParams['font.sans-serif'] = ['SimHei']
plt.rcParams['axes.unicode_minus'] = False

# 图（a）预测图
plt.subplots(1, 2, figsize=(11, 4))
plt.subplot(121)
l1=plt.plot(df_pre['净利润'], marker='o')
l2=plt.plot(df_pre['预测值'], marker='*',linewidth=1,markersize=8,ls='-.')
plt.axvline(17, ls='--', c='grey',linewidth=1)
plt.xticks(range(0, 19, 2), df_pre['年份'][::2])
plt.xlabel('年份',size=12)
plt.ylabel('净利润',size=12)
plt.legend(['净利润', '预测值'],prop={'size': 11})
plt.title('(a) 净利润的一元线性回归预测',size=13)

# 图（b）残差图
plt.subplot(122)
res = l_model.resid   # 计算残差
plt.scatter(range(len(res)),res, marker='o',linewidth=1)
plt.hlines(0,0,17,linestyle='--',color='red',linewidth=1)
plt.xlabel('时间',size=12)
plt.xticks(range(0, 19, 2), df_pre['年份'][::2])
plt.ylabel("残差",size=12)
plt.title('(b) 一元线性回归预测残差',size=13)
```

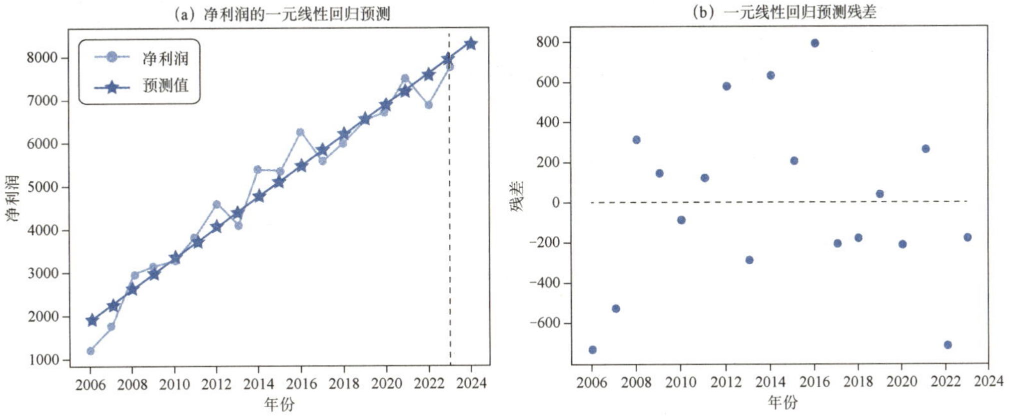

图 11-12 净利润的一元线性回归预测和残差

由代码框 11-8 中的输出结果得到一元线性回归预测方程为：$\hat{Y}_t = (-7.092e+05) + 354.514\,0\,t$。决定系数 $R^2 = 95.2\%$，F 检验的 $P = 6.03\text{e-}12$，表示模型显著。$b_1 = 354.514\,0$，表示时间每变动一年，净利润平均变动 354.514 0 万元。图 11-12（a）展示了净利润的实际值和预测值。图 11-12（b）显示，残差基本上围绕 0 轴随机分布，表明所选的模型是合适的。

11.4.2 非线性趋势预测

非线性趋势（non-linear trend）有各种各样复杂的形态。例如，图 11-2（b）和（c）就有不同的非线性形态。下面介绍几种常用的非线性趋势的预测方法。

1. 指数曲线

指数曲线（exponential curve）用于描述以几何级数递增或递减的现象，即时间序列的观测值 Y_t 按指数规律变化，或者说逐期观测值按一定的增长率增长或衰减。比如，图 11-2（b）显示，产量的变化就呈现出某种指数变化趋势。指数曲线的方程为：

$$\hat{Y}_t = b_0 \exp(b_1 t) = b_0 e^{b_1 t} \tag{11.10}$$

式中，b_0 和 b_1 为待定系数，exp 为自然对数 ln 的反函数，e=2.718 281 828 459…。

指数曲线模型也可以写成下面的形式：

$$\hat{Y}_t = b_0 b_1^t \tag{11.11}$$

【例 11-9】（数据：example11_1.csv）沿用例 11-1。用指数曲线预测 2024 年的产量，将实际值和预测值绘制成图形进行比较，并绘制残差图检验模型的预测效果。

解：指数曲线预测的 Python 代码和结果如代码框 11-9 所示。

代码框 11-9　产量的指数曲线预测

```python
import pandas as pd
import numpy as np
from statsmodels.formula.api import ols
import matplotlib.pyplot as plt
plt.rcParams['font.sans-serif']=['SimHei']
plt.rcParams['axes.unicode_minus']=False
df = pd.read_csv('C:/pydata/example/chap11/example11_1.csv')

# 拟合指数曲线模型（e_model）
e_model = ols("np.log(产量) ~ 年份",data=df).fit()
print(e_model.summary())    # 输出模型结果
```

```
                            OLS Regression Results
==============================================================================
Dep. Variable:           np.log(产量)   R-squared:                       0.993
Model:                            OLS   Adj. R-squared:                  0.992
Method:                 Least Squares   F-statistic:                     2184.
Date:                Tue, 14 Feb 2023   Prob (F-statistic):           1.54e-18
Time:                        12:30:02   Log-Likelihood:                 11.497
No. Observations:                  18   AIC:                            -18.99
Df Residuals:                      16   BIC:                            -17.21
Df Model:                           1
Covariance Type:            nonrobust
==============================================================================
                 coef    std err          t      P>|t|      [0.025      0.975]
------------------------------------------------------------------------------
Intercept     -573.2192     12.401    -46.224      0.000    -599.508    -546.930
```

年份	0.2877	0.006	46.733	0.000	0.275	0.301

Omnibus:		0.827	Durbin-Watson:	1.471
Prob(Omnibus):		0.661	Jarque-Bera (JB):	0.552
Skew:		−0.406	Prob(JB):	0.759
Kurtosis:		2.720	Cond. No.	7.82e+05

Notes:

[1] Standard Errors assume that the covariance matrix of the errors is correctly specified.

[2] The condition number is large, 7.82e+05. This might indicate that there are strong multicollinearity or other numerical problems.

注：把模型变换成指数形式为：$\hat{Y}_t = -573.219\,2\exp(0.287\,7t) = -573.219\,2e^{0.287\,7t}$。

```
# 计算各年的预测值和预测残差
df_pre = pd.DataFrame({"年份": df['年份'], "产量": df['产量'],
                       "预测值": np.exp(e_model.fittedvalues)})
df_pre['残差'] = df_pre['产量'] - df_pre['预测值']
df_pre.loc[18, '年份'] = 2024
df_pre = df_pre.astype({'年份': int})
df_pre.loc[18, '预测值'] = np.exp(e_model.predict(exog=dict(年份=2024)).values)
round(df_pre,2)
```

	年份	产量	预测值	残差
0	2006	46	48.13	-2.13
1	2007	56	64.17	-8.17
2	2008	63	85.56	-22.56
3	2009	129	114.08	14.92
4	2010	173	152.11	20.89
5	2011	246	202.82	43.18
6	2012	248	270.42	-22.42
7	2013	407	360.56	46.44
8	2014	484	480.75	3.25
9	2015	706	641.00	65.00
10	2016	950	854.67	95.33
11	2017	1363	1139.56	223.44
12	2018	1502	1519.42	-17.42
13	2019	1755	2025.89	-270.89
14	2020	2479	2701.19	-222.19
15	2021	3366	3601.60	-235.60
16	2022	4559	4802.14	-243.14
17	2023	6281	6402.86	-121.86
18	2024	NaN	8537.16	NaN

```
# 绘制预测图和残差图（见图 11-13）

# 图（a）预测图
plt.subplots(1, 2, figsize=(11, 4))
plt.subplot(121)

l1=plt.plot(df_pre['产量'], marker='o',linewidth=1)
l2=plt.plot(df_pre['预测值'], marker='*',markersize=6,linewidth=1,ls='-.')
plt.axvline(17, ls='--', c='grey',linewidth=1)
plt.xticks(range(0, 19, 2), df_pre['年份'][::2])
plt.xlabel('年份',size=12)
plt.ylabel('产量',size=12)
plt.legend(['产量', '预测值'],prop={'size': 11})
plt.title('(a) 产量的指数曲线预测',size=13)

# 图（b）残差图
plt.subplot(122)
df_pre['残差'] = df_pre['产量'] - df_pre['预测值']
plt.scatter(range(len(df_pre['残差'])),df_pre['残差'], marker='o')
plt.hlines(0,0,17,linestyle='--',linewidth=1,color='red')
plt.xlabel('时间',size=12)
plt.xticks(range(0, 19, 2), df_pre['年份'][::2])
plt.ylabel("残差",size=12)
plt.title('(b) 指数曲线预测残差',size=13)
```

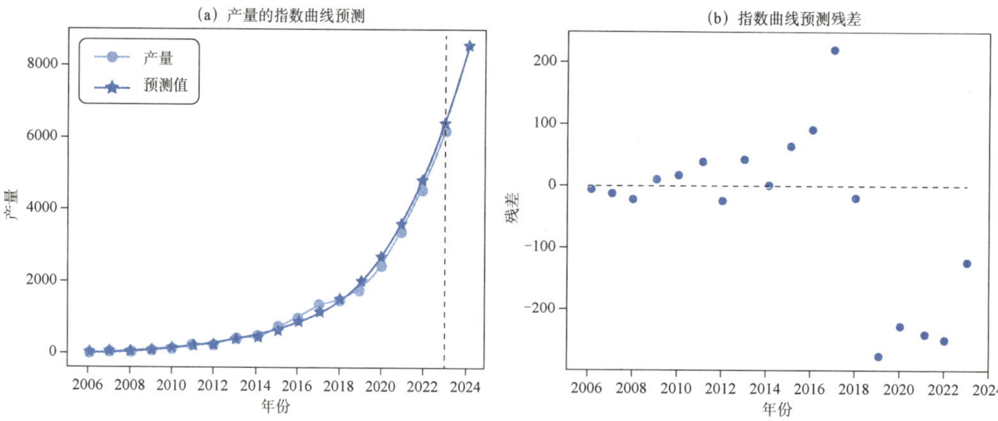

图 11-13　产量的指数曲线预测和残差

　　图 11-13（a）显示模型拟合的效果较好，图 11-13（b）显示残差有异方差现象，但总体上看没有明显的固定模式，说明所选的预测方法基本上是合理的。

2. 多阶曲线

　　有些现象的变化形态比较复杂，它们不是按照某种固定的形态变化，而是有升有降，在变化过程中可能有几个拐点，这时就需要拟合多项式函数。当只有一个拐点时，可以拟合二阶曲线，即抛物线；当有两个拐点时，需要拟合三阶曲线；当有 $k-1$ 个拐点时，需要

拟合 k 阶曲线。k 阶曲线函数的一般形式为：

$$\hat{Y}_t = b_0 + b_1 t + b_2 t^2 + \cdots + b_k t^k \tag{11.12}$$

将其线性化后可根据回归中的最小二乘法求得曲线中的系数 b_0，b_1，b_2，$\cdots$，b_k。

【**例 11-10**】（数据：example11_1.csv）沿用例 11-1。分别拟合二阶曲线和三阶曲线来预测 2024 年的管理成本，并将实际值和预测值绘制成图形进行比较，同时将二阶曲线预测的残差与三阶曲线预测的残差绘制成图形进行比较。

解：图 11-2（c）显示，管理成本的变化可以考虑拟合二阶曲线（即抛物线，视为有一个拐点），也可以考虑拟合三阶曲线（视为有两个拐点）。这里分别拟合二阶曲线和三阶曲线进行预测，并对预测效果进行比较。Python 代码和结果如代码框 11-10 所示。

代码框 11-10　管理成本的二阶曲线和三阶曲线预测

```
import pandas as pd
import numpy as np
import matplotlib.pyplot as plt
import seaborn as sns
from statsmodels.formula.api import ols
plt.rcParams['font.sans-serif']=['SimHei']
plt.rcParams['axes.unicode_minus']=False
df = pd.read_csv('C:/pydata/example/chap11/example11_1.csv')

# 拟合二阶曲线模型（model2）和三阶曲线模型（model3）
df['t'] = df['年份']-2005
model2 = ols("管理成本 ~ t+pow(t,2)",data=df).fit()              # 拟合二阶曲线
model3 = ols("管理成本 ~ t+pow(t,2)+pow(t,3)",data=df).fit()   # 拟合三阶曲线

# 计算二阶曲线和三阶曲线的预测值和残差
df_pre = pd.DataFrame({"年份": df['年份'], "管理成本": df['管理成本'],
                       "二阶曲线预测值": model2.fittedvalues,"二阶曲线残差": model2.resid,
                       "三阶曲线预测值": model3.fittedvalues,"三阶曲线残差": model3.resid})
df_pre.loc[18, '年份'] = 2024
df_pre = df_pre.astype({'年份': int})
df_pre.loc[18, '二阶曲线预测值'] = model2.predict(exog=dict(t=19)).values
df_pre.loc[18, '三阶曲线预测值'] = model3.predict(exog=dict(t=19)).values
round(df_pre,2)
```

	年份	管理成本	二阶曲线预测值	二阶曲线残差	三阶曲线预测值	三阶曲线残差
0	2006	28.0	29.07	-1.07	2.60	25.40
1	2007	60.3	63.07	-2.77	55.29	5.01
2	2008	73.5	93.93	-20.43	98.99	-25.49
3	2009	121.3	121.65	-0.35	134.50	-13.20
4	2010	126.9	146.23	-19.33	162.58	-35.68
5	2011	172.4	167.66	4.74	184.01	-11.61

6	2012	218.7	185.96	32.74	199.58	19.12
7	2013	227.7	201.11	26.59	210.06	17.64
8	2014	254.6	213.12	41.48	216.23	38.37
9	2015	224.0	221.98	2.02	218.87	5.13
10	2016	226.5	227.71	-1.21	218.76	7.74
11	2017	232.0	230.30	1.70	216.67	15.33
12	2018	200.1	229.74	-29.64	213.39	-13.29
13	2019	181.8	226.04	-44.24	209.69	-27.89
14	2020	173.8	219.20	-45.40	206.35	-32.55
15	2021	210.2	209.22	0.98	204.16	6.04
16	2022	206.5	196.09	10.41	203.88	2.62
17	2023	223.6	179.83	43.77	206.30	17.30
18	2024	NaN	160.42	NaN	212.19	NaN

实际值和预测值曲线（见图 11-14）

```python
# 图（a）预测图
plt.subplots(1, 2, figsize=(11, 4))
plt.subplot(121)
l1=plt.plot(df_pre['管理成本'], marker='o',linewidth=1)
l2=plt.plot(df_pre['二阶曲线预测值'], marker='+', ls='-.',linewidth=1)
l3=plt.plot(df_pre['三阶曲线预测值'], marker='*', ls='-.',linewidth=1)

plt.axvline(16, ls='--', c='grey',linewidth=1)
plt.xticks(range(0, 19, 2), df_pre['年份'][::2])
plt.xlabel('年份',size=12)
plt.ylabel('管理成本',size=12)
plt.legend(['管理成本', '二阶曲线预测值','三阶曲线预测值'],prop={'size': 11})
plt.title('(a) 管理成本的二阶曲线和三阶曲线预测',size=13)

# 图（b）残差图
plt.subplot(122)
plt.scatter(range(len(df_pre['二阶曲线残差'])),df_pre['二阶曲线残差'], marker='+')
plt.scatter(range(len(df_pre['三阶曲线残差'])),df_pre['三阶曲线残差'], marker='*',linewidth=1)
plt.hlines(0,0,18,linestyle='--',color='red',linewidth=1)

plt.xticks(range(0, 19, 2), df_pre['年份'][::2])
plt.xlabel('年份',size=12)
plt.ylabel('残差',size=12)
plt.legend([ '二阶曲线残差','三阶曲线残差'],prop={'size': 11})
plt.title('(b) 二阶曲线和三阶曲线预测残差',size=13)
```

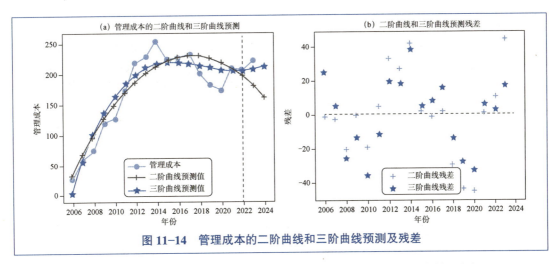

图 11-14　管理成本的二阶曲线和三阶曲线预测及残差

图 11-14（a）展示了管理成本的实际值与二阶和三阶曲线的拟合值。图 11-14（b）显示，三阶曲线的预测残差略小一些。

习题

11.1　下表是某只股票连续 35 个交易日的收盘价格（前 3 行和后 3 行）。

时间	收盘价格（元）
1	33.82
2	33.64
3	34.00
……	……
33	32.36
34	33.00
35	33.18

（1）分别采用 $m=5$ 和 $m=10$ 对收盘价格进行平滑，并绘制实际值和平滑值的图形进行比较。

（2）分别采用以下方法进行预测，并绘制预测图和残差图，对结果进行比较。

（a）简单指数平滑和 Holt 指数平滑；

（b）一元线性回归和指数曲线；

（c）二阶曲线和三阶曲线。

11.2　下表是某地区 2018—2023 年各月份的社会消费品零售总额（单位：亿元）。

月份	2018 年	2019 年	2020 年	2021 年	2022 年	2023 年
1 月	874.0	981.5	1 097.6	1 245.8	1 375.2	1 506.5
2 月	809.4	909.0	1 016.5	1 153.8	1 270.3	1 391.5

续表

月份	2018 年	2019 年	2020 年	2021 年	2022 年	2023 年
3 月	782.5	882.1	990.0	1 136.1	1 255.7	1 393.2
4 月	780.2	880.0	985.1	1 119.3	1 232.3	1 363.9
5 月	835.7	944.3	1 062.5	1 209.7	1 330.5	1 473.0
6 月	829.2	941.3	1 058.3	1 214.0	1 342.9	1 490.4
7 月	815.7	925.7	1 038.8	1 216.9	1 341.4	1 480.5
8 月	832.9	944.3	1 056.7	1 244.7	1 377.0	1 516.5
9 月	911.3	1 032.7	1 152.1	1 263.5	1 398.8	1 543.5
10 月	946.7	1 074.6	1 198.4	1 413.9	1 556.0	1 712.0
11 月	923.8	1 050.6	1 173.7	1 396.9	1 547.9	1 705.4
12 月	1 016.7	1 153.0	1 290.1	1 431.8	1 587.9	1 736.7

（1）绘制观测值图和按年折叠图，观察数据的变化特征和变化模式。

（2）使用 Winters 指数平滑法预测 2024 年各月份的社会消费品零售总额，并绘制预测图和预测的残差图，分析预测的效果。

参考书目

[1] 韦斯·麦金尼. 利用 Python 进行数据分析. 徐敬一，译. 北京：机械工业出版社，2018.

[2] 明日科技，高春艳，刘志铭. Python 数据分析：从入门到实践. 吉林：吉林大学出版社，2020.

[3] 江雪松，邹静. Python 数据分析. 北京：清华大学出版社，2020.

[4] 马里奥·多布勒，蒂姆·高博曼. Python 数据可视化. 李瀛宇，译. 北京：清华大学出版社，2020.

[5] 丹尼尔·陈. Python 数据分析——活用 Pandas 库. 武传海，译. 北京：人民邮电出版社，2020.

[6] 吴喜之. Python——统计人的视角. 北京：中国人民大学出版社，2018.

[7] 吴喜之，张敏. Python——数据科学的手段. 北京：中国人民大学出版社，2021.

[8] 贾俊平. 统计学——Python 实现. 北京：高等教育出版社，2021.

[9] 贾俊平. 数据分析基础——Python 实现. 北京：中国人民大学出版社，2022.

[10] 贾俊平. 数据可视化分析——基于 R 语言. 3 版. 北京：中国人民大学出版社，2023.

[11] 贾俊平. 统计学——基于 R. 5 版. 北京：中国人民大学出版社，2023.

图书在版编目（CIP）数据

统计学：基于 Python/贾俊平，吴翌琳著. --北
京：中国人民大学出版社，2024.1
（基于 Python 的数据分析丛书）
ISBN 978-7-300-32232-2

Ⅰ.①统… Ⅱ.①贾… ②吴… Ⅲ.①统计分析–应
用软件 Ⅳ.①C819

中国国家版本馆 CIP 数据核字（2023）第 183036 号

基于 Python 的数据分析丛书
统计学——基于 Python
贾俊平　吴翌琳　著
Tongjixue——Jiyu Python

出版发行	中国人民大学出版社			
社　　址	北京中关村大街 31 号		**邮政编码**	100080
电　　话	010－62511242（总编室）		010－62511770（质管部）	
	010－82501766（邮购部）		010－62514148（门市部）	
	010－62515195（发行公司）		010－62515275（盗版举报）	
网　　址	http://www.crup.com.cn			
经　　销	新华书店			
印　　刷	北京密兴印刷有限公司			
开　　本	787 mm×1092 mm　1/16		**版　　次**	2024 年 1 月第 1 版
印　　张	18.5 插页 1		**印　　次**	2025 年 3 月第 3 次印刷
字　　数	431 000		**定　　价**	49.00 元

中国人民大学出版社　理工出版分社

教师教学服务说明

　　中国人民大学出版社理工出版分社以出版经典、高品质的统计学、数学、心理学、物理学、化学、计算机、电子信息、人工智能、环境科学与工程、生物工程、智能制造等领域的各层次教材为宗旨。

　　为了更好地为一线教师服务，理工出版分社着力建设了一批数字化、立体化的网络教学资源。教师可以通过以下方式获得免费下载教学资源的权限：

★　在中国人民大学出版社网站 www.crup.com.cn 进行注册，注册后进入"会员中心"，在左侧点击"我的教师认证"，填写相关信息，提交后等待审核。我们将在一个工作日内为您开通相关资源的下载权限。

★　如您急需教学资源或需要其他帮助，请加入教师 QQ 群或在工作时间与我们联络。

中国人民大学出版社　理工出版分社

🔔　教师 QQ 群：229223561(统计2组) 982483700(数据科学) 361267775(统计1组)
　　　教师群仅限教师加入，入群请备注 (学校＋姓名)

☎　联系电话：010-62511967，62511076

✉　电子邮箱：lgcbfs@crup.com.cn

📍　通讯地址：北京市海淀区中关村大街 31 号中国人民大学出版社 507 室（100080）